Gerhard Helbig   Joachim Buscha
Kurze deutsche Grammatik für Ausländer

Gerhard Helbig
Kurze deutsche Grammatik für Ausländer
Joachim Buscha

VEB Verlag Enzyklopädie Leipzig

Helbig, Gerhard:
Kurze deutsche Grammatik für Ausländer / Gerhard
Helbig ; Joachim Buscha. – 5., unveränd. Aufl. –
Leipzig : Verlag Enzyklopädie, 1988. – 294 S.
ISBN 3-324-00047-5
NE: 2. Verf.

ISBN 3-324-00047-5
5., unveränderte Auflage
© VEB Verlag Enzyklopädie Leipzig, 1988
Verlagslizenz-Nr. 434-130/144/88
Printed in the German Democratic Republic
Satz: INTERDRUCK Graphischer Großbetrieb Leipzig, III/18/97
Druck und Einband: Karl-Marx-Werk,
Graphischer Großbetrieb, Pößneck V 15/30
Einband und Typographie: Hans-Jörg Sittauer, Leipzig
Redaktionsschluß der 1. Auflage: 31. 12. 1972
LSV 0815
Bestell-Nr.: 576 038 8
00900

Vorwort

Die vorliegende Grammatik basiert auf der umfangreicheren „Deutschen Grammatik" von G. Helbig/J. Buscha, die als Handbuch geschrieben und als Nachschlagewerk sowohl für den Deutschlehrer als auch für den Lernenden gedacht ist. Mit der „Deutschen Grammatik" teilt sie die Konzeption und die Gliederung. Auch was im Vorwort und in der Einleitung zur „Deutschen Grammatik" über die Unterschiede einer Fremdsprachen- und einer Muttersprachengrammatik sowie über die Einteilung der Wortklassen gesagt ist, gilt in gleichem Maße für das vorliegende Buch.
Die Kurzgrammatik unterscheidet sich von der „Deutschen Grammatik" dadurch, daß sie vor allem als Leitfaden und Repetitorium für den Lernenden bestimmt ist. Sie verzichtet auf speziellere Regularitäten, auf die Erklärung bestimmter Zusammenhänge, auf eine Vielzahl von Beispielen und zum Teil auch auf umfangreiche Listen zu einzelnen Wortklassen (z. B. zu den Konjunktionen und zu den Partikeln). Die Kurzgrammatik soll dem Lernenden auch ohne Lehrer helfen, sich über die wichtigsten grammatischen Erscheinungen der deutschen Gegenwartssprache Auskunft zu holen. Wo diese Auskunft nicht ausreicht, muß freilich auf die entsprechenden Stellen der „Deutschen Grammatik" verwiesen werden.

Inhaltsverzeichnis

Abkürzungen und Symbole 12

Die einzelnen Wortklassen 13

Verb 14

1.	Formensystem	14
1.1.	Konjugation	14
1.2.	Formenbildung der regelmäßigen Verben	17
1.2.1.	Präsens	17
1.2.2.	Präteritum	17
1.2.3.	Andere Tempora	18
1.3.	Person und Numerus	18
2.	Einteilung der Verben	19
2.1	Klassifizierung der Verben nach morphologischen Kriterien	19
2.1.1.	Finite und infinite Verbformen	19
2.1.2.	Regelmäßige und unregelmäßige Verben	19
2.1.2.1.	Unterschiede zwischen regelmäßigen und unregelmäßigen Verben	
2.1.2.2.	Besondere Gruppen der unregelmäßigen Verben	20
2.1.2.3.	Besondere Gruppen der regelmäßigen Verben	20
2.1.2.4.	Alphabetische Liste der unregelmäßigen Verben	21
2.1.2.5.	Mischtypen von regelmäßiger und unregelmäßiger Konjugation	26
2.2.	Klassifizierung der Verben nach syntaktischen Kriterien	26
2.2.1.	Verhältnis im Prädikat	26
2.2.2.	Verhältnis zum Subjekt	27
2.2.3.	Verhältnis zum Objekt	27
2.2.4.	Rektion der Verben	28
2.2.5.	Verhältnis zu Subjekt und Objekt	31
2.2.6.	Verhältnis zu allen Aktanten	31
2.3.	Klassifizierung der Verben nach semantischen Kriterien	31
2.3.1.	Aktionsarten	31
2.3.2.	Funktionsverben	32
2.3.2.1.	Wesen und Liste der Funktionsverben	32
2.3.2.2.	Semantische Leistungen der Funktionsverben	34
3.	Infinite Verbformen	35
3.1.	Formensystem	35
3.1.1.	Infinitiv	35
3.1.2.	Partizip I	37
3.1.3.	Partizip II	37
3.2.	Syntaktische Beschreibung	39
3.2.1.	Infinitiv	39
3.2.2.	Partizip I	41
3.2.3.	Partizip II	42
4.	Hilfsverben	43
4.1.	Formenbestand	43
4.2.	Syntaktische Beschreibung	44

4.3.	Semantische Beschreibung 45		7.	Modi 67
4.3.1.	Hilfsverben mit Infinitiv/Partizip II 45		7.1.	Formenbestand 67
			7.1.1.	Konjunktiv 67
4.3.2.	Hilfsverben mit Infinitiv/– 46		7.1.2.	Imperativ 69
			7.2.	Gebrauch der Modi 70
5.	Tempora 51		7.2.1.	Konjunktiv 70
5.1.	Formenbestand 51		7.2.1.1.	Indirekte Rede 70
5.2.	Tempussystem und objektive Zeit 53		7.2.1.2.	Konditionalsatz 73
			7.2.1.3.	Konjunktiv im einfachen Satz 75
5.3.	Semantische Beschreibung der absoluten Tempora 54		7.2.2.	Imperativ 76
			8.	Reflexive Verben 76
5.3.1.	Präsens 54		8.1.	Formenbestand 76
5.3.2.	Präteritum 55		8.2.	Syntaktische Beschreibung 77
5.3.3.	Perfekt 56			
5.3.4.	Plusquamperfekt 57		8.2.1.	Reflexive Verben 78
5.3.5.	Futur I 57		8.2.2.	Formal-reflexive Verben 79
5.3.6.	Futur II 58			
5.4.	Gebrauch der relativen Tempora 59		8.2.3.	Besondere reflexive Konstruktionen 80
			8.2.4.	Reziproke Verben 81
6.	Genera 60		8.3.	Zustandsreflexiv 81
6.1.	Formenbestand 60		9.	Verben mit trennbarem ersten Glied 82
6.2.	Syntaktische Beschreibung 61			
			9.1.	Trennung bei den finiten und den infiniten Formen 82
6.2.1.	Einteilung nach der Zahl der Glieder 61			
			9.2.	Bedingungen für Trennbarkeit 83
6.2.2.	Ableitung aus dem Aktiv 61			
			9.3.	Verben, Substantive und Adjektive als erste Glieder 84
6.3.	Semantische Beschreibung 62			
6.4.	Vorgangspassiv 62			
6.4.1.	Einschränkungen für das Vorgangspassiv nach T 1 a 62		**Substantivwörter** 86	
			1.	Syntaktische Beschreibung 86
6.4.2.	Einschränkungen für das Vorgangspassiv nach T 1 b bis T 1 f 64			
			2.	Semantische Beschreibung 86
6.4.3.	Anschluß des Agens im Vorgangspassiv 64		2.1.	Substantiv 87
			2.2.	Substantivische Pronomina 87
6.5.	Zustandspassiv 64			
6.5.1.	Ableitung des Zustandspassivs 64		3.	Formenbestand 88
			3.1.	Substantiv 88
6.5.2.	Unterscheidung von anderen Formen 65		3.1.1.	Deklination im Singular 88
			3.1.2.	Deklination im Plural 89
6.5.3.	Einschränkungen für die Bildung des Zustandspassivs 66		3.1.3.	Besonderheiten der Pluralbildung 92

Inhaltsverzeichnis 7

3.1.4.	Deklination der Eigennamen 92		4.	Zahladjektiv 129
3.1.5.	Deklination der substantivisch gebrauchten Adjektive und Partizipien 93		4.1.	Kardinalia 129
			4.2.	Ordinalia 132
			4.3.	Bruchzahlen 133
			4.4.	Unbestimmte Zahladjektive 135
3.2.	Substantivische Pronomina 95			
3.2.1.	Personalpronomen 95		**Adverb** 136	
3.2.2.	Interrogativpronomen 96		1.	Formenbestand 136
3.2.3.	Demonstrativpronomen 97		2.	Besondere Gruppen der Adverbien 137
3.2.4.	Indefinitpronomen 99		2.1.	Konjunktionaladverbien 137
3.2.5.	Possessivpronomen 102			
3.2.6.	Relativpronomen 103		2.2.	Frageadverbien 138
3.2.7.	Pronominaladverbien 104			
3.2.7.1.	Formenbestand 104		3.	Syntaktische Subklassen 138
3.2.7.2.	Gebrauch der Pronominaladverbien 104		4.	Semantische Subklassen 139
4.	Kategorien des Substantivs 106		4.1.	Lokaladverbien 139
4.1.	Genus 106		4.2.	Temporaladverbien 140
4.1.1.	Natürliches Geschlecht und grammatisches Genus 106		4.3.	Modaladverbien 140
			4.4.	Kausaladverbien 141
			5.	Syntaktische Verbindbarkeit mit dem Verb (Valenz) 141
4.1.2.	Doppeltes Genus 109			
4.2.	Numerus 110			
4.2.1.	Singulariatantum 110			
4.2.2.	Pluraliatantum 112		**Funktionswörter 1**	
4.3.	Kasus 112		(Besondere Arten der Pronomina) 142	
4.3.1.	Wesen der Kasus 112			
4.3.2.	Satzgliedfunktionen der reinen Kasus 113		1.	Artikelwörter 142
			1.1.	Wesen und syntaktische Beschreibung 142
4.3.3.	Präpositionale Kasus 115		1.2.	Formenbestand 144
			1.3.	Semantische Beschreibung der Artikelwörter 146
Adjektiv 119				
1.	Formenbestand 119			
1.1.	Deklination 119			
1.2.	Graduierung 122		1.4.	Regeln für den Gebrauch des bestimmten, des unbestimmten und des Nullartikels 148
2.	Syntaktische Subklassen 124			
			1.4.1.	Bestimmter Artikel 148
3.	Rektion der Adjektive 127		1.4.2.	Unbestimmter Artikel 150
3.1.	Adjektive mit einem Kasus 127		1.4.3.	Nullartikel 152
3.2.	Adjektive mit verschiedenen Kasus 128		2.	Pronomen *es* 156
			2.1.	*es* als Prowort 156

2.2.	*es* als Korrelat 157		2.	Modalwörter 190
2.2.1.	Korrelat eines Substantivs (syntaktisches Subjekt) 157		2.1.	Abgrenzung vom Adverb 190
2.2.2.	Korrelat eines Substantivs (logisches Subjekt) 158		2.2.	Wesen der Modalwörter 191
2.2.3.	Korrelat von Nebensätzen 158		2.3.	Semantische Subklassen der Modalwörter 192
2.3.	*es* als formales Subjekt und Objekt 159		3.	Negationswörter 193
2.4.	Kongruenz zwischen finitem Verb und Pronomen *es* 161		3.1.	Syntaktische Beschreibung 193
			3.2.	Semantische Beschreibung 193
			3.3.	Besonderheiten 195
			3.3.1.	Stellung des Negationswortes *nicht* 195

Funktionswörter 2 (Fügewörter) 162

1.	Präpositionen 163		3.3.2.	Verwendung von *kein* und *nicht* 197
1.1.	Formenbestand 163		3.3.3.	Negationsbedeutung ohne oder mit anderem Negationsträger 198
1.2.	Syntaktische Beschreibung 164			
1.3.	Rektion der Präpositionen 166		3.3.4.	Negationsträger ohne Negationsbedeutung 199
1.4.	Wesen und Aufgaben der Präpositionen 167		3.3.5.	Doppelte Negation 199
1.5.	Alphabetische Liste zum Gebrauch der Präpositionen 168		3.3.6.	Zu einzelnen Negationswörtern 200
			4.	Satzäquivalente 201
2.	Konjunktionen 181		4.1.	Syntaktische Beschreibung 201
2.1.	Subordinierende Konjunktionen 182		4.2.	Semantische Beschreibung 201
2.2.	Koordinierende Konjunktionen 183			
2.2.1.	Arten der Nebenordnung 183			

Der Satz 205

Satzglieder 206

2.2.2.	Aufgaben der koordinierenden Konjunktionen 184		1.	Prädikat 207
			1.1.	Finites Verb 207
2.3.	Semantische Gruppen 185		1.2.	Grammatischer Prädikatsteil 207

Funktionswörter 3 (Adverbähnliche Wörter) 188

			1.3.	Lexikalisch-idiomatischer Prädikatsteil 207
1.	Partikeln 188		1.4.	Prädikativ (= Subjektsprädikativ) 208
1.1.	Abgrenzung von anderen Wortklassen 188		1.5.	Objektsprädikativ 209
1.2.	Wesen der Partikeln 189		2.	Subjekt 209
1.3.	Semantische Subklassen der Partikeln 189		3.	Objekt 210
			3.1.	Allgemeines 210

3.2.	Akkusativobjekt 210		2.3.2.	Objekt zum Prädikativ 227
3.3.	Dativobjekt 211			
3.4.	Genitivobjekt 211		2.4.	Adverbialbestimmung 228
3.5.	Präpositionalobjekt 211			
3.6.	Objekt zum Prädikativ 212		2.4.1.	Notwendige Adverbialbestimmung 228
4.	Adverbialbestimmung 212		2.4.2.	Freie Adverbialbestimmung 228
4.1.	Syntaktische Beschreibung 212			
4.2.	Semantische Klassen 214		2.5.	Ergänzungsangabe 229
5.	Ergänzungsangabe 214			

Attribut 231

5.1.	Ergänzungsangabe zum Satz 214
5.2.	Ergänzungsangabe zu einzelnen Gliedern 215
5.2.1.	Prädikatives Attribut 215
5.2.2.	Possessiver Dativ 216

1.	Attribut und Satzglieder 231
2.	Attribut und Wortklassen 231
3.	Die einzelnen Attribute 232
3.1.	Adjektiv und Adverb 232
3.2.	Partizip I und II 233
3.3.	Substantiv 233
3.3.1.	Substantiv im Genitiv 233
3.3.2.	Substantiv im Präpositionalkasus 234
3.3.3.	Substantiv im Präpositionalkasus mit „von" 235
3.3.4.	Substantiv im merkmallosen Kasus 235
3.4.	Infinitiv mit *zu* 236
4.	Das mehrgliedrige Attribut beim Substantiv 236
4.1.	Erweiterung des adjektivischen und partizipialen Attributs 236
4.2.	Verbindung von adjektivischen und partizipialen Attributen 238
4.3.	Mehrgliedrige substantivische Attribute 239
5.	Attribut bei substantivischen Pronomina 240
6.	Apposition 241
6.1.	Enge Apposition 241
6.2.	Lockere Apposition 242
6.3.	Apposition bei substantivischen Pronomina 243

Satzgliedstellung 217

1.	Bedingungen für die Satzgliedstellung 217
1.1.	Syntaktische Bedingungen 217
1.1.1.	Stellungstyp 217
1.1.2.	Syntaktische Verbnähe 220
1.2.	Morphologische Bedingungen 220
1.3.	Sprecherintention 221
1.3.1.	Neutrale Satzgliedstellung 221
1.3.2.	Hervorhebende Satzgliedstellung 222
2.	Stellung der einzelnen Satzglieder 223
2.1.	Prädikat 223
2.1.1.	Finites Verb 223
2.1.2.	Grammatischer Prädikatsteil 223
2.1.3.	Lexikalisch-idiomatischer Prädikatsteil 224
2.1.4.	Prädikativ (= Subjektsprädikativ) 224
2.1.5.	Objektsprädikativ 225
2.2.	Subjekt 225
2.3.	Objekt 226
2.3.1.	Objekt zum finiten Verb 226

Satzarten 244
1. Aussagesatz 244
2. Fragesatz 244
2.1. Entscheidungsfrage (Satzfrage) 245
2.2. Ergänzungsfrage (Wortfrage) 245
3. Aufforderungssatz 246
4. Die Satzarten in indirekter Form 247
4.1. Indirekter Aussagesatz 247
4.2. Indirekter Fragesatz 247
4.3. Indirekter Aufforderungssatz 248

Satzmodelle 249

1. Wesen und Kriterien der Satzmodelle 249
2. Liste der Satzmodelle 251

Zusammengesetzter Satz 256

1. Allgemeines 256
1.1. Koordinative Verbindung (= Nebenordnung, Parataxe) 256
1.2. Subordinative Verbindung (= Unterordnung, Hypotaxe) 258
1.2.1. Formen der Subordination im Satzgefüge 258
1.2.2. Inhaltliche Beziehungen der Subordination im Satzgefüge 259
1.3. Besondere Arten der Verbindung von Sätzen 259

2. Nebensätze 261
2.1. Formenbestand 261
2.1.1. Form der Nebensätze 261
2.1.2. Stellung der Nebensätze 261
2.1.3. Grad der Abhängigkeit der Nebensätze 262
2.1.4. Wortstellung im Hauptsatz 262
2.1.5. Infinitivkonstruktionen 263
2.1.6. Partizipialkonstruktionen 264
2.2. Syntaktische Beschreibung der Nebensätze 265
2.3. Semantische Klassen der Nebensätze 267
2.3.1. Subjektsatz 267
2.3.2. Objektsatz 267
2.3.3. Adverbialsätze 268
2.3.3.1. Temporalsatz 268
2.3.3.2. Lokalsatz 270
2.3.3.3. Modalsätze 270
2.3.3.4. Kausalsätze 272
2.3.3.5. *anstatt daß* – Satz 275
2.3.3.6. Adversativsatz 275
2.3.4. Weiterführender Nebensatz 275
2.3.5. Attributsatz im engeren Sinne 275
2.3.5.1. Restriktiver Attributsatz 275
2.3.5.2. Nichtrestriktiver Attributsatz 275
2.3.5.3. Besonderheiten im Gebrauch der Relativpronomina 276

Sachregister 279

Wortregister 288

Abkürzungen und Symbole

(Dieses Verzeichnis enthält die Abkürzungen und Symbole, die im gesamten Buch verwendet werden. Abkürzungen und Symbole, die nur in einzelnen Kapiteln erscheinen, werden dort erläutert.)

Sing.	= Singular	Gen. bzw. G	= Genitiv
Pl.	= Plural	Nom. bzw. N	= Nominativ
Pers.	= Person	Präp.	= Präposition
Präs.	= Präsens	Inf.	= Infinitiv
Prät.	= Präteritum	Part.	= Partizip
Perf.	= Perfekt	HS	= Hauptsatz
Plusq.	= Plusquamperfekt	NS	= Nebensatz
Fut. I	= Futur I	neg	= Negation
Fut. II	= Futur II	obl.	= obligatorisch
Mask.	= Maskulinum	fak.	= fakultativ
Neutr.	= Neutrum	ugs.	= umgangssprachlich
Fem.	= Femininum	lit.	= literarisch
Akk. bzw. A	= Akkusativ	vgl.	= vergleiche
Dat. bzw. D	= Dativ	u. ä.	= und ähnliches

*	= ungrammatischer (= falscher) Satz
(*)	= halbgrammatischer (= unüblicher) Satz
→	= wird zu, ist transformierbar in
←	= wird aus, ist transformierbar aus, geht zurück auf
↔	= wird nicht zu, ist nicht transformierbar in
↮	= wird nicht aus, ist nicht transformierbar aus, geht nicht zurück auf

Die einzelnen Wortklassen

Verb

1. Formensystem

1.1. Konjugation

Die Verben sind die einzige Wortklasse, deren Elemente konjugiert werden können, d. h. in Person, Numerus, Tempus, Genus und Modus verändert werden können. Die folgende Konjugationstabelle zeigt die Formveränderungen, die bei der Konjugation des regelmäßigen Verbs *fragen* vor sich gehen:

		Aktiv		Vorgangspassiv	
			Präsens		
		Indikativ	*Konjunktiv*	*Indikativ*	*Konjunktiv*
Sing.					
1. Pers.	ich	frage	frage	werde gefragt	werde gefragt
2. Pers.	du	fragst	fragest	wirst gefragt	werdest gefragt
3. Pers.	er, sie, es	fragt	frage	wird gefragt	werde gefragt
Pl.					
1. Pers.	wir	fragen	fragen	werden gefragt	werden gefragt
2. Pers.	ihr	fragt	fraget	werdet gefragt	werdet gefragt
3. Pers.	sie	fragen	fragen	werden gefragt	werden gefragt

			Präteritum		
		Indikativ	*Konjunktiv*	*Indikativ*	*Konjunktiv*
Sing.					
1. Pers.	ich	fragte	fragte	wurde gefragt	würde gefragt
2. Pers.	du	fragtest	fragtest	wurdest gefragt	würdest gefragt
3. Pers.	er, sie, es	fragte	fragte	wurde gefragt	würde gefragt
Pl.					
1. Pers.	wir	fragten	fragten	wurden gefragt	würden gefragt
2. Pers.	ihr	fragtet	fragtet	wurdet gefragt	würdet gefragt
3. Pers.	sie	fragten	fragten	wurden gefragt	würden gefragt

Perfekt

Aktiv — Vorgangspassiv

		Indikativ	Konjunktiv	Indikativ	Konjunktiv
Sing.					
1. Pers.	ich	habe gefragt	habe gefragt	bin gefragt worden	sei gefragt worden
2. Pers.	du	hast gefragt	habest gefragt	bist gefragt worden	sei(e)st gefragt worden
3. Pers.	er, sie, es	hat gefragt	habe gefragt	ist gefragt worden	sei gefragt worden
Pl.					
1. Pers.	wir	haben gefragt	haben gefragt	sind gefragt worden	seien gefragt worden
2. Pers.	ihr	habt gefragt	habet gefragt	seid gefragt worden	seiet gefragt worden
3. Pers.	sie	haben gefragt	haben gefragt	sind gefragt worden	seien gefragt worden

Plusquamperfekt

Aktiv — Vorgangspassiv

		Indikativ	Konjunktiv	Indikativ	Konjunktiv
Sing.					
1. Pers.	ich	hatte gefragt	hätte gefragt	war gefragt worden	wäre gefragt worden
2. Pers.	du	hattest gefragt	hättest gefragt	warst gefragt worden	wär(e)st gefragt worden
3. Pers.	er, sie, es	hatte gefragt	hätte gefragt	war gefragt worden	wäre gefragt worden
Pl.					
1. Pers.	wir	hatten gefragt	hätten gefragt	waren gefragt worden	wären gefragt worden
2. Pers.	ihr	hattet gefragt	hättet gefragt	wart gefragt worden	wär(e)t gefragt worden
3. Pers.	sie	hatten gefragt	hätten gefragt	waren gefragt worden	wären gefragt worden

Futur I

Aktiv   Vorgangspassiv

		Indikativ	Konjunktiv	Indikativ	Konjunktiv
Sing.					
1. Pers.	ich	werde fragen	werde fragen	werde gefragt werden	werde gefragt werden
2. Pers.	du	wirst fragen	werdest fragen	wirst gefragt werden	werdest gefragt werden
3. Pers.	er, sie, es	wird fragen	werde fragen	wird gefragt werden	werde gefragt werden
Pl.					
1. Pers.	wir	werden fragen	werden fragen	werden gefragt werden	werden gefragt werden
2. Pers.	ihr	werdet fragen	werdet fragen	werdet gefragt werden	werdet gefragt werden
3. Pers.	sie	werden fragen	werden fragen	werden gefragt werden	werden gefragt werden

Futur II

Aktiv

		Indikativ	Konjunktiv
Sing.			
1. Pers.	ich	werde gefragt haben	werde gefragt haben
2. Pers.	du	wirst gefragt haben	werdest gefragt haben
3. Pers.	er, sie, es	wird gefragt haben	werde gefragt haben
Pl.			
1. Pers.	wir	werden gefragt haben	werden gefragt haben
2. Pers.	ihr	werdet gefragt haben	werdet gefragt haben
3. Pers.	sie	werden gefragt haben	werden gefragt haben

Vorgangspassiv

		Indikativ	Konjunktiv
Sing.			
1. Pers.	ich	werde gefragt worden sein	werde gefragt worden sein
2. Pers.	du	wirst gefragt worden sein	werdest gefragt worden sein
3. Pers.	er, sie, es	wird gefragt worden sein	werde gefragt worden sein
Pl.			
1. Pers.	wir	werden gefragt worden sein	werden gefragt worden sein
2. Pers.	ihr	werdet gefragt worden sein	werdet gefragt worden sein
3. Pers.	sie	werden gefragt worden sein	werden gefragt worden sein

1.2. Formenbildung der regelmäßigen Verben

1.2.1. Präsens

Der Indikativ des Präsens wird gebildet, indem an den Stamm des Verbs folgende Personalendungen angefügt werden:

1. Pers. Sing.: -e	1. Pers. Pl.: -en
2. Pers. Sing.: -st	2. Pers. Pl.: -t
3. Pers. Sing.: -t	3. Pers. Pl.: -en

Anmerkung:
1. In der 2. Pers. Sing., 3. Pers. Sing. und 2. Pers. Pl. wird zwischen Stamm und Personalendung ein *e* eingefügt, wenn der Stamm auf *-d* oder *-t* endet:

du red*e*st, er red*e*t, ihr red*e*t

2. In der Endung der 2. Pers. Sing. fällt das *s* weg, wenn der Stamm des Verbs auf *-s (-ß), -x* oder *-z* ausgeht:

du ra*s*t, du grü*ß*t, du mi*x*t, du hei*z*t

3. In der 1. Pers. Sing. wird im Stamm das *e* ausgestoßen, wenn der Infinitiv auf *-eln* ausgeht:

hand*eln* – ich hand*le*

4. In der 1. Pers. und 3. Pers. Pl. tritt statt *-en* nur die Endung *-n* auf, wenn der Infinitiv auf *-eln* oder *-ern* ausgeht:

wir hand*eln*, sie hand*eln*

1.2.2. Präteritum

Der Indikativ des Präteritums wird bei den regelmäßigen Verben gebildet, indem zwischen Stamm und Personalendung ein *-t-* eingefügt wird. In der 2. Pers. Sing. und Pl. wird nicht nur ein *-t-*, sondern *-te-* eingefügt. In der 3. Pers. Sing. – die schon im Präsens auf *-t* ausgeht – wird im Präteritum der regelmäßigen Verben ein zusätzliches *-e* angefügt:

ich frag-*t*-e	wir frag-*t*-en
du frag-*te*-st	ihr frag-*te*-t
er frag-*t*-e	sie frag-*t*-en

Anmerkung:
In der 2. Pers. Sing., 3. Pers. Sing. und 2. Pers. Pl. wird zwischen dem Stamm einerseits und dem Präteritumskennzeichen *t* und der Personal-

endung andererseits ein *e* eingefügt, wenn der Stamm auf *-d* oder *-t* endet:

du red-*e*-t-est

1.2.3.
Andere Tempora

Das *Perfekt* wird gebildet durch das Präsens des Hilfsverbs *haben* oder *sein* + Partizip II.

Das *Plusquamperfekt* wird gebildet durch das Präteritum des Hilfsverbs *haben* oder *sein* + Partizip II.

Das *Futur I* wird gebildet durch das Präsens des Hilfsverbs *werden* + Infinitiv I.

Das *Futur II* wird gebildet durch das Präsens des Hilfsverbs *werden* + Infinitiv II.

1.3.
Person und Numerus

1. Die Kategorie der *Person* (im grammatischen Sinne) ist in jeder konjugierten Form des Verbs enthalten.
Es sind drei Personen zu unterscheiden:

	Singular	Plural
die sprechende Person (1. Pers.)	ich	wir
die angesprochene Person (2. Pers.)	du	ihr
die besprochene Person (3. Pers.)	er, sie, es	sie

Der Begriff der grammatischen Person umschließt in der 3. Person sowohl Personen als auch Nicht-Personen der außersprachlichen Realität. Bei der 1. und 2. grammatischen Person handelt es sich immer auch um natürliche Personen.

2. Auch die Kategorie des *Numerus* ist in jeder konjugierten Verbform enthalten. Es sind zwei Numeri zu unterscheiden: Singular (Einzahl, Nicht-Gegliedertheit) und Plural (Mehrzahl, Gegliedertheit).

3. Zwischen dem syntaktischen Subjekt des Satzes und der konjugierten Form (Personalform, finite Form) des Verbs besteht das Verhältnis der *Kongruenz*. Kongruenz bedeutet Übereinstimmung des finiten Verbs mit dem Subjekt in Person und Numerus. Die Personalform des Verbs muß in Person und Numerus dem Subjekt entsprechen:

Ich hol*e* das Buch.
Er hol*t* das Buch.
Die Studenten hol*en* das Buch.

2.
Einteilung der Verben

2.1.
Klassifizierung der Verben nach morphologischen Kriterien

2.1.1.
Finite und infinite Verbformen
1. Die finiten Verbformen drücken 5 Kategorien aus:
(1) die drei Personen
(2) die zwei Numeri: Singular und Plural
(3) die sechs Tempora: Präsens, Präteritum, Perfekt, Plusquamperfekt, Futur I, Futur II
(4) die drei Genera: Aktiv, Vorgangspassiv, Zustandspassiv
(5) die drei Modi: Indikativ, Konjunktiv, Imperativ

2. Die infiniten Verbformen drücken die Person, den Numerus sowie den Modus nicht aus und sind nicht konjugiert.

2.1.2.
Regelmäßige und unregelmäßige Verben
Nach der *Art der Flexion* unterscheiden wir zwischen *regelmäßigen* und *unregelmäßigen* Verben.

2.1.2.1.
Unterschiede zwischen regelmäßigen und unregelmäßigen Verben
1. Zwischen den regelmäßigen und den unregelmäßigen Verben bestehen folgende primäre Unterschiede:
(1) Regelmäßige Verben bilden ihr Präteritum mit Hilfe des Suffixes -*t*-, unregelmäßige Verben ohne zusätzliches Suffix.
(2) Regelmäßige Verben bilden ihr Partizip II mit dem Suffix -*t* oder -*et*, unregelmäßige Verben mit Hilfe des Suffixes -*en*.
(3) Regelmäßige Verben ändern im Präteritum und Partizip II ihren Stammvokal nicht, unregelmäßige Verben ändern ihren Stammvokal in gesetzmäßiger Weise in den drei Stammformen Infinitiv – Präteritum – Partizip II (Ablaut).
Wir vergleichen:

regelmäßig
fr*a*gen – fr*a*g-*t*-e – gefr*a*g*t*

unregelmäßig
f*i*nden – f*a*nd – gef*u*nd-*en*

2. Neben diesen primären Unterschieden gibt es folgende Besonderheiten der unregelmäßigen Verben:

(1) Im Unterschied zu den regelmäßigen Verben ist die 1. und 3. Pers. Sing. im Präteritum bei den unregelmäßigen Verben endungslos:

ich fand – er fand

Aber *regelmäßig:*

ich frag*te* – er frag*te*

(2) Bei verschiedenen unregelmäßigen Verben tritt in der 2. und 3. Person Singular ein zusätzlicher Wandel des Stammvokals auf, entweder (a) ein i-Umlaut (a → ä, o → ö, au → äu) oder (b) ein Wechsel von e – vereinzelt auch ä und ö – zu i bzw. ie:[1]

(a) backen: ich backe, du bäckst, er bäckt
stoßen: ich stoße, du stößt, er stößt
laufen: ich laufe, du läufst, er läuft
(b) helfen: ich helfe, du hilfst, er hilft
gebären: ich gebäre, du gebierst, sie gebiert
erlöschen: es erlischt

2.1.2.2.
Besondere Gruppen der unregelmäßigen Verben

1. Die drei Verben *gehen, stehen, tun* haben zusätzlich einen Wechsel im Konsonantismus:

ge*h*en – gi*ng* – gega*ng*en
ste*h*en – sta*nd* – gesta*nd*en
tu*n* – ta*t* – geta*n*

2. Das Verb *sein* setzt sich in der Konjugation aus verschiedenen Stämmen zusammen:

ich bin, du bist, er ist, wir sind, ihr seid, sie sind
ich war, ich bin gewesen

2.1.2.3.
Besondere Gruppen der regelmäßigen Verben

Zu den regelmäßigen Verben gehören auch einige Gruppen von Verben, die in ihrer Tempusbildung einige Besonderheiten aufweisen.

1. Einige Verben (*brennen, kennen, nennen, rennen, senden, wenden*) verändern ihren Stammvokal; sie haben im Präsens ein *e*, im Präteritum und im Partizip II jedoch ein *a*:

brennen, brannte, gebrannt
kennen, kannte, gekannt

---

[1] Wenn solche Verben im Stamm auf -t auslauten, sind sie in der 3. Person Sing. endungslos: fech*t*en – er ficht; flech*t*en – er flicht

Anmerkung:
Von den Verben dieser Gruppe haben *senden* und *wenden* auch Konjugationsformen, die diese Unregelmäßigkeit nicht zeigen:

senden, sendete/sandte, gesendet/gesandt
wenden, wendete/wandte, gewendet/gewandt

2. Einige andere Verben (*bringen, denken*) verändern ebenfalls im Präteritum und Partizip II ihren Stammvokal im Verhältnis zum Präsens; außerdem wird das *n* des Präsens ausgestoßen und der dem *n* folgende Konsonant verändert:

bringen – brachte – gebracht
denken – dachte – gedacht

3. Die modalen Hilfsverben und das Verb *wissen* weisen mehrere Besonderheiten auf; vgl. dazu Kapitel „Hilfsverben" (S. 43 f).

2.1.2.4. Alphabetische Liste der unregelmäßigen Verben

Die Liste enthält die drei Stammformen (Infinitiv – Präteritum – Partizip II) und folgende zusätzliche Informationen:
(1) Vor dem Infinitiv steht ein (*r*), wenn das gleiche Verb auch regelmäßig konjugiert werden kann, wenn auch manchmal mit verschiedener Valenz und/oder verschiedener Bedeutung.
(2) Vor der betreffenden Form steht ein +, wenn es sich um eine veraltete oder ausschließlich gehobene Konjugationsform handelt.
(3) In Klammern hinter dem Infinitiv steht die 3. Pers. Sing. Präsens, wenn die 2. und 3. Pers. Sing. Präs. vom Infinitiv abweicht, etwa durch Umlaut oder Wechsel von *e* (*ä, ö*) zu *i*.
(4) In Klammern hinter dem Präteritum steht der Stammvokal des Konjunktivs Präteritum, wenn dieser vom Indikativ Präteritum abweicht.
(5) In Klammern vor dem Partizip II steht *ist*, wenn die Vergangenheitsformen mit *sein* gebildet werden. *Hat* ist nur vermerkt, wenn es alternativ zu *sein* verwendet wird.
(6) In die alphabetische Liste sind auch jene Verben aufgenommen, die ihrem Wesen nach zwar regelmäßig konjugiert werden, aber einige Besonderheiten aufweisen.

	Infinitiv	Präteritum	Partizip II
	backen (bäckt)	buk (+ü)	gebacken
	befehlen (befiehlt)	befahl (+ö)	befohlen
	beginnen	begann (+ä/ö)	begonnen
	beißen	biß	gebissen
	bergen (birgt)	barg (+ä)	geborgen
	bersten (birst)	barst (+ä)	(ist) geborsten
(r)	bewegen	bewog (+ö)	bewogen

	Infinitiv	Präteritum	Partizip II
	biegen	bog (ö)	(ist/hat) gebogen
	bieten	bot (ö)	geboten
	binden	band (ä)	gebunden
	bitten	bat (ä)	gebeten
	blasen (bläst)	blies	geblasen
	bleiben	blieb	(ist) geblieben
(r) +	bleichen	blich	(ist) geblichen
	braten (brät)	briet	gebraten
	brechen (bricht)	brach (ä)	gebrochen
	brennen	brannte (+ e)	gebrannt
	bringen	brachte (ä)	gebracht
	denken	dachte (ä)	gedacht
(r) +	dingen	dingte	gedungen
	dreschen (drischt)	drosch (+ ö), drasch (+ ä)	gedroschen
	dringen	drang (+ ä)	(ist/hat) gedrungen
	dürfen (darf)	durfte (ü)	gedurft
	empfangen (empfängt)	empfing	empfangen
	empfehlen (empfiehlt)	empfahl (+ ä/ö)	empfohlen
	empfinden	empfand (ä)	empfunden
	erlöschen (erlischt)	erlosch (+ ö)	(ist) erloschen
(r)	erschrecken (erschrickt)	erschrak (ä)	(ist) erschrocken
	essen (ißt)	aß (ä)	gegessen
	fahren (fährt)	fuhr (ü)	(ist/hat) gefahren
	fallen (fällt)	fiel	(ist) gefallen
	fangen (fängt)	fing	gefangen
	fechten (ficht)	focht (+ ö)	gefochten
	finden	fand (ä)	gefunden
	flechten (flicht)	flocht (+ ö)	geflochten
	fliegen	flog (ö)	(ist/hat) geflogen
	fliehen	floh (+ ö)	(ist) geflohen
	fließen	floß (+ ö)	(ist) geflossen
(r) +	fragen	frug (ü)	gefragt
	fressen (frißt)	fraß (ä)	gefressen
	frieren	fror (ö)	gefroren
(r)	gären	gor (+ ö)	(ist/hat) gegoren
	gebären (gebärt/gebiert)	gebar (ä)	geboren
	geben (gibt)	gab (ä)	gegeben
	gedeihen	gedieh	(ist) gediehen
	gehen	ging	(ist) gegangen
	gelingen	gelang (ä)	(ist) gelungen
	gelten (gilt)	galt (+ ä)	gegolten

	Infinitiv	Präteritum	Partizip II
	genesen	genas (+ä)	(ist) genesen
	genießen	genoß (ö)	genossen
	geraten (gerät)	geriet	(ist) geraten
	geschehen (geschieht)	geschah (ä)	(ist) geschehen
	gewinnen	gewann (+ä/ö)	gewonnen
	gießen	goß (+ö)	gegossen
	gleichen	glich	geglichen
(r)	gleiten	glitt	(ist) geglitten
(r)	glimmen	glomm (+ö)	geglommen
	graben (gräbt)	grub (+ü)	gegraben
	greifen	griff	gegriffen
	haben (hast, hat)	hatte (ä)	gehabt
	halten (hält)	hielt	gehalten
(r)	hängen	hing	gehangen
(r)	hauen	hieb	gehauen
	heben	hob (+ö)	gehoben
	heißen	hieß	geheißen
	helfen (hilft)	half (+ä/ü)	geholfen
	kennen	kannte (+e)	gekannt
(r) +	klimmen	klomm (ö)	geklommen
	klingen	klang (ä)	geklungen
	kneifen	kniff	gekniffen
	kommen	kam (ä)	(ist) gekommen
	können (kann)	konnte (ö)	gekonnt
	kriechen	kroch (+ö)	(ist) gekrochen
	laden (lädt/ladet)	lud (+ü)	geladen
	lassen (läßt)	ließ	gelassen
	laufen (läuft)	lief	(ist/hat) gelaufen
	leiden	litt	gelitten
	leihen	lieh	geliehen
	lesen (liest)	las (ä)	gelesen
	liegen	lag (ä)	gelegen
	lügen	log (+ö)	gelogen
	mahlen	mahlte	gemahlen
	meiden	mied	gemieden
(r)	melken	molk (+ö)	gemolken
	messen (mißt)	maß (+ä)	gemessen
	mißlingen	mißlang (ä)	(ist) mißlungen
	mögen (mag)	mochte (ö)	gemocht
	müssen (muß)	mußte (ü)	gemußt
	nehmen (nimmt)	nahm (ä)	genommen
	nennen	nannte (+e)	genannt
	pfeifen	pfiff	gepfiffen
(r) +	pflegen	pflog (ö)	gepflogen
	preisen	pries	gepriesen
(r)	quellen (quillt)	quoll (+ö)	(ist) gequollen
	raten (rät)	riet	geraten

Morphologische Einteilung

	Infinitiv	Präteritum	Partizip II
	reiben	rieb	gerieben
	reißen	riß	(ist/hat) gerissen
	reiten	ritt	(ist/hat) geritten
	rennen	rannte (+ e)	(ist) gerannt
	riechen	roch (+ ö)	gerochen
	ringen	rang (+ ä)	gerungen
	rinnen	rann (+ ä/ö)	(ist) geronnen
	rufen	rief	gerufen
(r)	salzen	salzte	gesalzen
	saufen (säuft)	soff (+ ö)	gesoffen
(r)	saugen	sog (+ ö)	gesogen
(r)	schaffen	schuf (ü)	geschaffen
(r)	schallen	scholl (+ ö)	(hat/ist) geschollen
	scheiden	schied	(hat/ist) geschieden
	scheinen	schien	geschienen
	scheißen	schiß	geschissen
	schelten (schilt)	schalt (+ ä/ö)	gescholten
(r)	scheren	schor (+ ö)	geschoren
	schieben	schob (+ ö)	geschoben
	schießen	schoß (+ ö)	geschossen
(r) +	schinden	schund (ü)	geschunden
	schlafen (schläft)	schlief	geschlafen
	schlagen (schlägt)	schlug (ü)	geschlagen
	schleichen	schlich	(ist) geschlichen
(r)	schleifen	schliff	geschliffen
(r) +	schleißen	schliß	geschlissen
	schließen	schloß (ö)	geschlossen
	schlingen	schlang (+ ä)	geschlungen
	schmeißen	schmiß	geschmissen
(r)	schmelzen (schmilzt)	schmolz (+ ö)	(hat/ist) geschmolzen
(r) +	schnauben	schnob (ö)	geschnoben
	schneiden	schnitt	geschnitten
	schreiben	schrieb	geschrieben
	schreien	schrie	geschrien
	schreiten	schritt	(ist) geschritten
	schweigen	schwieg	geschwiegen
(r)	schwellen (schwillt)	schwoll (+ ö)	(ist) geschwollen
	schwimmen	schwamm (+ ä/ö)	(ist/hat) geschwommen
	schwinden	schwand (+ ä)	(ist) geschwunden
	schwingen	schwang (+ ä)	geschwungen
(r)	schwören	schwor (ö), schwur (+ ü)	geschworen
	sehen (sieht)	sah (ä)	gesehen
	sein (ist)	war (ä)	(ist) gewesen
(r)	senden	sandte (e)	gesandt

Infinitiv	Präteritum	Partizip II
(r) sieden	sott (+ ö)	gesotten
singen	sang (ä)	gesungen
sinken	sank (ä)	(ist) gesunken
sinnen	sann (+ ä/ö)	gesonnen
sitzen	saß (ä)	gesessen
sollen (soll)	sollte	gesollt
(r) spalten	spaltete	gespalten
speien	spie	gespien
spinnen	spann (+ ä/ö)	gesponnen
sprechen (spricht)	sprach (ä)	gesprochen
sprießen	sproß (+ ö)	(ist) gesprossen
springen	sprang (ä)	(ist) gesprungen
stechen (sticht)	stach (+ ä)	gestochen
(r) stecken	stak (+ ä)	gesteckt
stehen	stand (ä/ü)	gestanden
stehlen (stiehlt)	stahl (+ ä)	gestohlen
steigen	stieg	(ist) gestiegen
sterben (stirbt)	starb (+ ü)	(ist) gestorben
stieben	stob (+ ö)	(ist) gestoben
stinken	stank	gestunken
stoßen (stößt)	stieß	(hat/ist) gestoßen
streichen	strich	(hat/ist) gestrichen
streiten	stritt	gestritten
tragen (trägt)	trug (ü)	getragen
treffen (trifft)	traf (ä)	getroffen
treiben	trieb	(hat/ist) getrieben
treten (tritt)	trat (ä)	(hat/ist) getreten
(r) triefen	troff (+ ö)	getroffen
trinken	trank (ä)	getrunken
trügen	trog (+ ö)	getrogen
tun (tut)	tat (ä)	getan
verderben (verdirbt)	verdarb (ü)	(hat/ist) verdorben
verdrießen	verdroß (+ ö)	verdrossen
vergessen (vergißt)	vergaß (ä)	vergessen
verlieren	verlor (+ ö)	verloren
(r) verlöschen (verlischt)	verlosch (+ ö)	(ist) verloschen
(r) wachsen (wächst)	wuchs (ü)	(ist) gewachsen
waschen (wäscht)	wusch (ü)	gewaschen
(r) weben	wob (+ ö)	gewoben
(r) weichen	wich	(ist) gewichen
weisen	wies	gewiesen
(r) wenden	wandte (e)	gewandt
werben (wirbt)	warb (+ ü)	geworben
werden (wirst, wird)	wurde (ü)	(ist) geworden
werfen (wirft)	warf (ü)	geworfen
(r) wiegen[1]	wog (ö)	gewogen

[1] Infinitiv auch: wägen

Infinitiv	Präteritum	Partizip II
winden	wand (+ ä)	gewunden
wissen (weiß)	wußte (ü)	gewußt
wollen (will)	wollte	gewollt
wringen	wrang (+ ä)	gewrungen
zeihen	zieh	geziehen
ziehen	zog (ö)	(hat/ist) gezogen
zwingen	zwang (ä)	gezwungen

2.1.2.5.
Mischtypen von regelmäßiger und unregelmäßiger Konjugation

1. Ein Mischtyp entsteht dadurch, daß neben einem unregelmäßigen Präteritum ein regelmäßiges Partizip II steht oder umgekehrt:

mahlen – mahlte – gemahlen
spalten – spaltete – gespaltet/gespalten
hauen – hieb/haute – gehauen
stecken – steckte/stak – gesteckt

2. Ein anderer Mischtyp entsteht dadurch, daß regelmäßige und unregelmäßige Konjugationsformen ohne Bedeutungsunterschied nebeneinanderstehen:

gären – gärte/gor – gegärt/gegoren
melken – melkte/molk – gemelkt/gemolken

3. Ein dritter Mischtyp entsteht dadurch, daß regelmäßige und unregelmäßige Konjugationsformen mit Bedeutungsunterschied nebeneinanderstehen; es handelt sich um homonyme Verbvarianten:
bewegen:

Er *bewog* ihn zu dieser Entscheidung   (= veranlassen).
Die Nachricht *bewegte* die Welt   (= in Bewegung versetzen).

schaffen:

Der Dichter *schuf* ein großes Kunstwerk   (= schöpferisch gestalten).
Wir haben heute viel *geschafft*   (= arbeiten, erledigen).
Er hat den Brief zur Post *geschafft*   (= wegbringen).

erschrecken:

Das Auto hat das Kind *erschreckt*   (= in den Zustand des Schreckens versetzen).
Das Kind ist vor dem Auto *erschrocken*   (= in den Zustand des Erschreckens geraten).

2.2.
Klassifizierung der Verben nach syntaktischen Kriterien

2.2.1.
Verhältnis im Prädikat

Nach dem *Verhältnis im Prädikat* unterscheidet man zwischen *Vollverben* und *Hilfsverben*; vgl. Kapitel „Hilfsverben" (S. 43 ff.).

2.2.2. Verhältnis zum Subjekt

Nach dem *Verhältnis zum Subjekt* unterscheidet man vier Arten von Verben:

1. Die meisten Verben können mit einem Subjekt aller drei Personen verbunden werden; man nennt diese Verben *persönliche Verben:*

ich schwimme, *du* schwimmst, *er* schwimmt, *wir* schwimmen, *ihr* schwimmt, *sie* schwimmen

2. Einige Verben können nur mit einem Subjekt der 3. Person verbunden werden:

Die Arbeit mißlang ihm.

3. Andere Verben werden vor allem mit dem unpersönlichen *es* (3. Person) als Subjekt verbunden; man nennt diese Verben *unpersönliche Verben:*

Es regnet.

4. Eine weitere Gruppe bilden jene Verben, die notwendig mit einem logischen Subjekt im Plural erscheinen, das jedoch syntaktisch entweder durch ein pluralisches Subjekt (a) oder durch ein singularisches Subjekt in Verbindung mit einer Präpositionalgruppe mit der Präposition *mit* (b) ausgedrückt ist:

(a) *Wir* vereinbaren die nächste Besprechung.
(b) *Ich* vereinbare *mit ihm* die nächste Besprechung.

2.2.3. Verhältnis zum Objekt

Nach dem *Verhältnis zum Objekt* unterscheidet man *transitive* und *intransitive Verben.*

Transitive Verben sind solche Verben, bei denen ein Akkusativobjekt stehen kann, das bei der Passivtransformation zum Subjektsnominativ wird:

besuchen, senden, verweisen, erwarten, anregen ...

Intransitive Verben sind solche Verben, bei denen kein Akkusativobjekt stehen kann, unabhängig davon, ob ein anderes Kasus- oder Präpositionalobjekt bei ihnen stehen kann:

denken, sterben, helfen, warten, fallen, reisen, erkranken, wachsen, ruhen ...

Zu den syntaktischen Reflexen des Unterschieds zwischen transitiven und intransitiven Verben vgl. die Kapitel „Genera" (S. 62 ff.) und Tempora (S. 51 f.).

Anmerkung:

Nicht zu den transitiven Verben gerechnet werden solche Verben, die zwar einen Akkusativ bei sich haben, der jedoch bei der Passivtransformation nicht zum Subjektsnominativ wird:

Der Sammelband *enthält* viele Aufsätze.
→ *Viele Aufsätze werden von dem Sammelband enthalten.

Solche Verben mit einem nicht subjektfähigen Akkusativ (einem Akkusativ des Inhalts) sind weder transitiv noch intransitiv, sondern sind Mittelverben (pseudo-transitive Verben).

2.2.4.
Rektion der Verben

Die Rektion der Verben ist ihre Fähigkeit, ein von ihnen abhängiges Substantiv (oder Pronomen) in einem bestimmten Kasus (Prädikativ, Kasusobjekt oder Präpositionalobjekt) zu fordern. Manche Verben können auch zwei verschiedene Kasus nebeneinander regieren, andere regieren alternativ zwei (oder mehr) verschiedene Kasus; oftmals ist damit ein Bedeutungsunterschied verbunden. Die Rektion der Verben gibt keine Auskunft darüber, ob Subjekte, Adverbialbestimmungen, Infinitive, Nebensätze usw. stehen können oder müssen, ob die Objekte obligatorisch oder fakultativ auftreten. Diese Eigenschaften werden von der Valenz festgelegt; vgl. Kapitel „Satzmodelle", (S. 249 ff.).
Die folgenden Listen geben eine kleine Auswahl der Verben mit Rektion:

1. Verben, die den *Nominativ* (als Prädikativ) regieren:
bleiben, heißen, sein, werden; genannt werden

2. Verben, die den *Akkusativ* regieren:
achten, anreden, anschreien, ansehen, bauen, bedeuten, behalten, benutzen, bewahren, bewundern, ehren, einwickeln, einschmieren, ersteigen, erziehen, essen, hassen, lesen, lieben, loben, salzen, schlagen, schreiben, tadeln, trinken, umgestalten, umschreiben, verstecken, verteidigen, zeichnen

3. Verben, die den *Dativ* regieren:
abraten, ähneln, angehören, auffallen, ausweichen, begegnen, beistehen, danken, dienen, drohen, einfallen, entgegengehen, entgehen, entsprechen, fehlen, folgen, gefallen, gehorchen, gehören, gelingen, genügen, geraten, glücken, gratulieren, helfen, mißfallen, mißlingen, mißraten, mißtrauen, nachgeben, nachgehen, nützen, passen, schaden, schmekken, trauen, unterliegen, vertrauen, vorangehen, widersprechen, zukommen, zuhören, zuraten, zureden, zustreben, zustimmen, zuvorkommen

4. Verben, die den *Genitiv* regieren:
sich annehmen, bedürfen, sich bemächtigen, sich enthalten, sich entsinnen, sich erbarmen, sich erinnern, sich (er)freuen, gedenken, sich rühmen, sich schämen

5. Verben, die *einen Präpositionalkasus* regieren:
- an$_D$: arbeiten, sich bereichern, erkranken, fehlen, gewinnen, hängen, liegen, mitwirken, sich rächen, sterben, teilnehmen, verlieren, zweifeln
- an$_A$: anknüpfen, appellieren, denken, sich entsinnen, glauben, sich machen, sich wenden
- auf$_D$: basieren, beharren, beruhen, bestehen, fußen
- auf$_A$: achten, achtgeben, ankommen, aufpassen, ausgehen, sich berufen, sich beschränken, sich besinnen, sich beziehen, eingehen, sich einstellen, folgen, hoffen, hören, sich konzentrieren, reagieren, sich verlassen, vertrauen, verzichten, warten
- aus: bestehen, sich ergeben, folgen, resultieren
- bei: anrufen, bleiben
- für: sich bedanken, eintreten, sich entscheiden, gelten, sich interessieren, sein, sorgen, stimmen
- gegen: sich aussprechen, einschreiten, sich entscheiden, sich erheben, kämpfen, polemisieren, protestieren, stimmen, sich sträuben, verstoßen, sich wehren, sich wenden
- in$_D$: sich ausdrücken, bestehen, sich täuschen, sich üben
- in$_A$: eintreten, einwilligen, sich fügen, sich verlieben, sich vertiefen
- mit: sich abgeben, anfangen, aufhören, sich aussprechen, sich befassen, beginnen, sich begnügen, sich beschäftigen, diskutieren, reden, sprechen, sich unterhalten, sich verheiraten, sich verloben, zögern, zusammenstoßen
- nach: aussehen, forschen, fragen, klingeln, riechen, rufen, schreien, schmecken, sich sehnen, streben, suchen, verlangen
- über$_A$: arbeiten, sich ärgern, sich aufregen, sich aussprechen, debattieren, sich beschweren, diskutieren, sich einigen, sich empören, sich erregen, herrschen, klagen, lachen, nachdenken, referieren, scherzen, spotten, sich täuschen, verfügen, weinen
- um: sich ängstigen, sich bemühen, gehen (= sich handeln), klagen, sich kümmern, nachsuchen, sich sorgen, streiten, trauern
- von: abhängen, absehen, ausgehen, sich distanzieren, sich erholen, herrühren, hören, träumen
- vor$_D$: sich ängstigen, sich ekeln, erschrecken, fliehen, sich fürchten, sich genieren, sich scheuen
- zu: ansetzen, antreten, beitragen, dienen, sich entschließen, führen, gehören, gelangen, kommen, neigen, passen, rechnen, zählen

6. Verben, die *einen Präpositionalkasus* regieren, der alternativ durch *verschiedene Präpositionen* (ohne wesentlichen Bedeutungsunterschied im Verb) realisiert ist:
mitwirken an$_D$/bei; sich freuen an$_D$/auf$_A$/über$_A$; sich belustigen an$_D$/über$_A$; leiden an$_D$/unter$_D$; sich einlassen auf$_A$/in$_A$; rechnen auf$_A$/mit; drängen auf$_A$/nach; schimpfen auf$_A$/über$_A$; anwachsen auf$_A$/zu; kämpfen für/um; schwärmen für/von; sich entschließen für/zu; kämpfen gegen/mit; abstechen gegen/von; greifen nach/zu; sich erkundigen nach/über$_A$; schreiben über$_A$/von; sich drücken um/von/vor$_D$; wissen um/von

7. Verben, die einen *doppelten Akkusativ* regieren:
fragen, kosten, lehren, nennen, rufen, schelten, schimpfen

8. Verben, die *Akkusativ* und *Dativ* regieren:
abtreten, anbieten, antragen, antun, befehlen, beifügen, berichten, bescheren, bestimmen, bewilligen, bezeichnen, bieten, borgen, bringen, deuten, empfehlen, entziehen, erlauben, erweisen, erzählen, geben, gestatten, gestehen, lassen, leihen, leisten, liefern, melden, mitteilen, nachweisen, opfern, raten, rauben, reichen, sagen, schenken, schicken, schreiben, schulden, senden, spenden, übergeben, überlassen, untersagen, verbieten, verschaffen, versprechen, verzeihen, vorhalten, vorlegen, vorlesen, vorrechnen, vortragen, vorwerfen, widmen, zeigen, zufügen

9. Verben, die *Akkusativ* und *Genitiv* regieren:
anklagen, beschuldigen, bezichtigen, entbinden, entheben, überführen, versichern, verweisen

10. Verben, die den *Akkusativ* und *einen Präpositionalkasus* regieren:
als$_A$: ansehen, bezeichnen, rühmen
an$_D$: beteiligen, erkennen
an$_A$: adressieren, anschließen, binden, erinnern, gewöhnen, liefern, richten, schreiben, verkaufen, verraten, verweisen
auf$_A$: beschränken, beziehen, bringen, hinweisen, lenken
aus: folgern, gewinnen, herauslesen, schließen, schlußfolgern
durch: dividieren, teilen
für: ausgeben, erklären, geben, halten
gegen: abhärten, erheben, tauschen
in$_D$: sehen
in$_A$: einführen, einteilen, setzen
mit: addieren, aufziehen (= großziehen), beschäftigen, betrügen, necken, plagen, vereinbaren, vergleichen, verknüpfen
nach: benennen, beurteilen, fragen
über$_A$: aussprechen, verhängen
um: betrügen, bitten, bringen, ersuchen
von: abbringen, abhalten, entbinden, entlasten, freisprechen
vor$_D$: beschützen, bewahren, schützen, verbergen, warnen; ekeln, grauen, schaudern
zu: anhalten, auffordern, befähigen, beglückwünschen, benutzen, bevollmächtigen, bewegen, brauchen, degradieren, drängen, einladen, ermahnen, ernennen, erziehen, machen, mißbrauchen, rechnen, treiben, überreden, veranlassen, verführen, verleiten, verpflichten, verurteilen, wählen, zählen, zwingen

11. Verben, die den *Akkusativ* und *einen Präpositionalkasus* regieren, der alternativ durch *verschiedene Präpositionen* (ohne wesentlichen Bedeutungsunterschied im Verb) realisiert ist:
hindern an$_D$/bei/in$_D$; interessieren an$_D$/für; verteilen an$_A$/unter$_D$; befreien aus/von; belegen durch/mit; gewinnen für/zu; übertreffen in$_D$/mit; befragen nach/über$_A$; schreiben über$_A$/von

12. Verben, die den *Dativ* und *einen Präpositionalkasus* regieren:
an$_D$:   fehlen, liegen, mangeln
auf$_A$:   antworten
bei: helfen
für: danken
mit: dienen
über$_A$/von: (alternativ ohne wesentlichen Bedeutungsunterschied): berichten
vor: ekeln, grauen, schaudern
zu: gratulieren, raten, verhelfen

13. Verben, die *mehrere Präpositionalkasus* nebeneinander regieren:
sich rächen an$_D$ – für; klagen auf$_A$ – gegen; schließen aus/von – auf$_A$; werden aus – zu; sich bedanken bei – für; sich unterscheiden durch – von; sich verantworten für – vor$_D$; sich entscheiden für/zu – gegen; kämpfen für/um – mit/gegen; streiten mit – um/über$_A$; verhandeln mit – über$_A$; sprechen mit/zu – über$_A$/von; urteilen nach – über$_A$

14. Verben, die den *Akkusativ* und *mehrere Präpositionalkasus* nebeneinander regieren:
übersetzen aus – in$_A$; gewinnen aus – mit; rechtfertigen durch/ mit – vor$_D$; überzeugen durch/mit – von; überreden durch/mit – zu; sagen zu – über$_A$/von

2.2.5.
Verhältnis zu Subjekt und Objekt

Nach dem *Verhältnis zu Subjekt und Objekt* unterscheidet man die besonderen Gruppen der *reflexiven* und *reziproken* Verben. Vgl. dazu Kapitel „Reflexive Verben" (S. 76ff.).

2.2.6.
Verhältnis zu allen Aktanten

Nach dem *Verhältnis zu allen Aktanten* (Subjekt, Objekt, notwendige Adverbialbestimmung) im Satz – nach der Valenz des Verbs – werden die Verben hinsichtlich der Zahl und der Art der nötigen und möglichen Aktanten klassifiziert. Vgl. dazu Kapitel „Satzmodelle" (S. 249f.).

2.3.
Klassifizierung der Verben nach semantischen Kriterien

2.3.1.
Aktionsarten

Unter der *Aktionsart eines Verbs* versteht man die *Verlaufsweise* und *Abstufung* des Geschehens, das vom Verb bezeichnet wird. Die Differenzierung des Geschehens erfolgt nach dem *zeitlichen* Verlauf (Ablauf, Vollendung; Anfang, Übergang, Ende) und nach dem *inhaltlichen* Verlauf (Veranlassen, Intensität, Wiederholung, Verkleinerung). Nach diesen Gesichtspunkten unterscheidet man folgende grammatisch bedeutsame *Klassen:*

1. *Durative Verben* (auch: *imperfektive Verben*) bezeichnen den reinen

Ablauf oder Verlauf des Geschehens, ohne daß etwas über Begrenzung und Abstufung, über Anfang und Ende des Geschehens ausgesagt ist:

arbeiten, blühen, essen, laufen, schlafen

2. *Perfektive Verben* grenzen den Verlauf des Geschehens zeitlich ein oder drücken den Übergang von einem Geschehen zu einem anderen Geschehen aus:

aufblühen, verblühen, einschlafen, aufessen, loslaufen

Zu den syntaktischen Reflexen der Aktionsarten vgl. die Kapitel „Tempora" (S. 51 f.) und „Attribut" (S. 233).

2.3.2.
Funktionsverben

Aus den finiten Verben werden die *Funktionsverben* als die Gruppe von Verben ausgesondert, die in einer bestimmten Verwendung im Satz das Prädikat nicht allein ausdrücken.

2.3.2.1.
Wesen und Liste der Funktionsverben

Funktionsverben sind solche Verben, die vorwiegend oder ausschließlich eine grammatisch-syntaktische Funktion ausüben und ihre Bedeutung weitgehend oder vollständig eingebüßt haben. Die Bedeutung des Prädikats ist deshalb nicht im Funktionsverb enthalten, sondern ist in Glieder außerhalb des Verbs verlagert, vor allem in Präpositionalgruppen oder Akkusative. Oftmals kann die Verbindung des Funktionsverbs mit einem solchen Akkusativ oder einer solchen Präpositionalgruppe ohne wesentliche Bedeutungsveränderung durch ein entsprechendes Vollverb ersetzt werden:

Wir *geben* den Mitarbeitern *Nachricht*.
→ Wir *benachrichtigen* die Mitarbeiter.
Das Theater *brachte* das Stück *zur Aufführung*.
→ Das Theater *führte* das Stück *auf*.

Die bei den Funktionsverben stehenden bedeutungstragenden Glieder können in der Regel nicht – wie die Objekte – pronominalisiert und erfragt werden. Bei den Substantiven in Funktionsverbgefügen ist vielfach der Artikel – Nullartikel oder bestimmter Artikel – festgelegt; der bestimmte Artikel verschmilzt meist obligatorisch mit der Präposition. Im einzelnen handelt es sich um folgende Verben:

bringen

zur Aufführung bringen	(= aufführen)
zum Schluß bringen	(= schließen)
zur Vernunft bringen	–
in Verlegenheit bringen	–

Anmerkung:
Zu allen Fügungen ist die Umkehrung mit *kommen* möglich (dabei wird – wie im Passiv – das Objekt zum Subjekt):

Das Theater *bringt* das neue Stück zur Aufführung.
→ Das neue Stück *kommt* zur Aufführung.

geben (z. T. *erteilen*)

(die/eine) Antwort geben (erteilen) (= antworten, beantworten)
den/einen Rat geben (erteilen) (= raten)
die Erlaubnis geben (erteilen) (= erlauben)

Anmerkung:
Zu allen Fügungen ist die Umkehrung mit *bekommen* (auch: *erhalten*) möglich (dabei wird – wie im Passiv – das Objekt zum Subjekt):

Die Mutter *gibt* ihrer Tochter die Erlaubnis zur Reise.
→ Die Tochter *bekommt* (von der Mutter) die Erlaubnis zur Reise.

erfahren (eine Art Umschreibung des Passivs)

eine Vereinfachung erfahren (= vereinfacht werden)
eine Veränderung erfahren (= verändert werden)

finden (eine Art Umschreibung des Passivs)

Aufnahme finden (= aufgenommen werden)
Berücksichtigung finden (= berücksichtigt werden)

führen

einen Kampf führen (= kämpfen)
zu Ende führen (= beenden)
ins Feld führen –

machen

(die) Angaben machen (= angeben)
(die/eine) Mitteilung machen (= mitteilen)

leisten

Ersatz leisten (= ersetzen)
Hilfe leisten (= helfen)
Verzicht leisten (= verzichten)

nehmen

in Anspruch nehmen (= beanspruchen)
Einsicht nehmen (= einsehen)
in Verwahrung nehmen (= verwahren)

setzen

in Brand setzen (= anbrennen)
aufs Spiel setzen –
in Verwunderung setzen (= verwundern)

stellen

(den/einen) Antrag stellen (= beantragen)
in Aussicht stellen –
unter Strafe stellen (= bestrafen)

treffen

die/eine Vereinbarung treffen (= vereinbaren)
die Vorbereitungen treffen (= vorbereiten)
die/eine Abmachung treffen (= abmachen)
die/eine Wahl treffen (= wählen)
Vorsorge treffen (= vorsorgen)

2.3.2.2.
Semantische Leistungen der Funktionsverben

1. Mit Hilfe der Funktionsverbgefüge ist es möglich, die *Aktionsart* zu variieren oder zu schattieren.

(1) So kann das Funktionsverbgefüge manchmal dazu dienen, die Dauer des Geschehens zu akzentuieren, den durativen Charakter des Verbs zu betonen:

anerkannt werden → Anerkennung finden
helfen → Hilfe leisten

(2) Umgekehrt dient das Funktionsverbgefüge auch dazu, den Vorgang zu perfektivieren oder zu punktualisieren:

diskutieren → zur Diskussion stellen
bewegen → in Bewegung setzen

2. Mit Hilfe der Funktionsverben ist es möglich, die *Mitteilungsperspektive* zu ändern oder zu schattieren. Während das finite Verb an zweiter Stelle im Satz stehen muß (und an diese Stelle unabhängig vom kommunikativen Mitteilungswert gebunden ist), bilden die Funktionsverben mit den sie begleitenden eigentlich bedeutungstragenden Gliedern eine Art Rahmen im Satz. Dadurch treten die bedeutungstragenden Glieder (vor allem: Präpositionalgruppen, Akkusative) an das Ende des Satzes und damit in eine Position, die den vom Mitteilungsgehalt her wichtigsten Gliedern zukommt. Sie treten an das Ende des Satzes, das jeweils das Neue, die wesentlichste Information ausdrückt:

Der Wissenschaftler *beweist* seine These mit Experimenten und Berechnungen.
→ Der Wissenschaftler *stellt* seine These mit Experimenten und Berechnungen *unter Beweis*.

3. Mit Hilfe der Funktionsverben ist es möglich, das *Passiv* zu umschreiben:

Das Buch *ist* allgemein *anerkannt worden*.
→ Das Buch *hat* allgemeine *Anerkennung gefunden*.
Das neue Stück *wurde* in Dresden *aufgeführt*.
→ Das neue Stück *kam* in Dresden *zur Aufführung*.

4. Da die Funktionsverbgefüge *formelhaft* sind und *Modell*charakter haben, werden sie in solchen Bereichen der Sprache bevorzugt verwendet, wo eine Art Dispositionsausdruck vorherrscht (etwa in den Fach- und Wissenschaftssprachen).

3. Infinite Verbformen

3.1. Formensystem

Im Deutschen unterscheidet man nach den morphologischen Merkmalen drei infinite Verbformen:
Infinitiv – Partizip I – Partizip II

3.1.1. Infinitiv

1. Der Infinitiv (= Infinitiv I Aktiv) wird durch Anhängen von *-en* an den Verbstamm gebildet:

arbeit-en, schlag-en, komm-en

In einigen Fällen lautet die Infinitivendung *-n*:

(1) bei Verben mit Suffix *-el-* und *-er-*

wechseln, lächeln, humpeln
zittern, kichern, flimmern

(2) bei den Verben *sein* und *tun*

2. Neben dem Infinitiv I (Aktiv) gibt es noch den Infinitiv II (Aktiv). Der Infinitiv II wird mit dem Partizip II des Verbs plus Infinitiv I von *haben* oder *sein* gebildet:

gearbeitet haben, geschlagen haben
gekommen sein, eingeschlafen sein

3. Zum Infinitiv I Aktiv und zum Infinitiv II Aktiv gibt es bei passivfähigen Verben entsprechende Passivformen. Es ist dabei zwischen Vorgangs- und Zustandspassiv zu unterscheiden.

Das Vorgangspassiv wird mit dem Partizip II des Verbs plus Infinitiv I bzw. Infinitiv II von *werden* gebildet. Beim Infinitiv II wird das Partizip II von *werden* ohne Präfix *ge-* benutzt:

geöffnet werden
geöffnet worden sein

Das Zustandspassiv wird mit dem Partizip II des Verbs plus Infinitiv I bzw. Infinitiv II von *sein* gebildet:

geöffnet sein
geöffnet gewesen sein

4. Der Infinitiv in Verbindung mit einem finiten Verb ist in der Form unveränderlich. Oft ist der Infinitiv durch notwendige und freie Glieder erweitert. Sein logisches Subjekt wird durch das Subjekt oder das Objekt des finiten Verbs ausgedrückt.

5. Bei den Verbindungen finiter Verben mit Infinitiv ist zwischen notwendigen und freien Verbindungen zu unterscheiden. Die notwendigen Verbindungen werden gewöhnlich durch die Partikel *zu* bezeichnet, die freien Verbindungen durch *um, anstatt, ohne* plus Partikel *zu*. Bei der notwendigen Verbindung finiter Verben mit Infinitiv sind einige formale Besonderheiten zu beachten:
(1) Eine kleine Gruppe Verben verbindet sich als finite Verben nicht mit einem Infinitiv mit *zu*, sondern mit einem Infinitiv ohne *zu*. Zu diesen Verben gehören:

dürfen, können, mögen, müssen, sollen, wollen   (Er darf...gehen.)
werden   (Er wird kommen.)
bleiben   (Er bleibt stehen.)
lassen   (Ich lasse ihn gehen. – Das läßt sich machen.)

Der Infinitiv ohne *zu* steht auch bei einigen Verben in spezieller Verwendung:

haben   (Er hat sein Auto vor dem Haus stehen. – Er hat gut reden.)
sein   (Er ist schwimmen.) (ugs.)
machen   (Die Spannung macht ihn zittern.)
finden   (Er fand sie auf dem Boden liegen.)
legen   (Er legt sich schlafen.)
schicken   (Sie schickt die Kinder schlafen.)
gehen, fahren, kommen und andere Bewegungsverben   (Er geht schwimmen.)

Bei einigen Verben steht der Infinitiv ohne *zu* neben dem Infinitiv mit *zu*:

lernen   (Er hat Geige spielen gelernt. – Er hat gelernt, sich zu beherrschen.)

Ebenso: heißen, helfen, lehren

(2) *zu* steht unmittelbar vor dem Infinitiv:

Ich hoffe, zu dem Fest kommen *zu* können.

Bei Infinitiven von Verben mit einem trennbaren Glied tritt *zu* zwischen das trennbare Glied und das Grundwort:

Du brauchst das Hotelzimmer nicht ab*zu*bestellen.

(3) Erscheint das finite Verb in einer zusammengesetzten Tempusform (a) oder tritt es im eingeleiteten Nebensatz auf (b), kann der Infinitiv voran- oder nachgestellt werden. Die Nachstellung ist häufiger.

(a) Er hat *zu kommen* versprochen.
    Er hat mir versprochen *zu kommen*.
(b) Wenn ich *zu lesen* aufhöre, gehe ich.
    Wenn ich aufhöre *zu lesen*, gehe ich.

Nur in Vorderstellung kann der Infinitiv stehen
bei den Verben mit Infinitiv ohne *zu*:
(a) Ich habe nicht *mitfahren* dürfen.
(b) Sag mir, wenn du *schwimmen* gehst.

bei den meisten Hilfsverben mit dem Infinitiv mit *zu*:
(a) Er hat das nicht *zu machen* brauchen.
(b) Du sagst nichts, wenn er darauf *zu sprechen* kommt.

(4) In der Verbindung mit einem Infinitiv ersetzen einige Verben bei der Bildung von Perfekt, Plusquamperfekt und Infinitiv II das Partizip II durch den Infinitiv (sog. Ersatzinfinitiv). Es handelt sich um folgende Verben:
dürfen, können, müssen, mögen, sollen, wollen, brauchen, lassen, heißen, fühlen, hören, sehen, spüren

Ich hätte nicht antworten *können*.

Ohne Infinitiv bilden diese Verben ihre Formen von Perfekt, Plusquamperfekt und Infinitiv II regelmäßig mit dem Partizip II:

Ich hätte das Gedicht nicht *gekonnt*.

(5) Wenn die Verben mit „Ersatzinfinitiv" im Nebensatz in den zusammengesetzten Tempusformen vorkommen, steht die finite Verbform vor den beiden Infinitiven:

Er ärgert sich, weil er das Buch *hat* liegenlassen.

(6) Öfters steht beim finiten Verb in der Infinitivverbindung ein Korrelat:

Er achtet *darauf*, keinen Fehler zu machen.

Ebenso: es aufgeben, es aushalten, es ertragen; dazu beitragen, sich darauf beschränken, daran denken, darauf bestehen

3.1.2. Partizip I

Das Partizip I wird durch Anhängen von *-d* an den Infinitiv gebildet:

arbeiten-d, schlagen-d, kommen-d

In Verbindung mit einem finiten Verb ist das Partizip I in der Form unveränderlich, in Verbindung mit einem Substantiv übernimmt es die adjektivischen Formenmerkmale. Oft ist das Partizip durch notwendige und freie Glieder erweitert. Sein logisches Subjekt wird in der Regel durch das Subjekt des finiten Verbs ausgedrückt.

3.1.3. Partizip II

1. Das Partizip II wird bei den regelmäßigen Verben durch Anhängen von *-t* an den Verbalstamm (nach stammauslautenden *-t-* oder *-d-* : *-et*),

bei den unregelmäßigen Verben durch Anhängen von -*en* an den Verbalstamm und Veränderung des Stammvokals gebildet. Bei vielen Verben erscheint außerdem das Präfix *ge-*.

ge-lob-t, ge-arbeit-et
ge-troff-en, ge-leg-en

2. Für die Präfigierung mit *ge-* gelten folgende Regeln:

(1) Das Partizip II ist mit *ge-* zu bilden
von allen einfachen Verben, die den Ton auf der ersten Silbe tragen:

b*au*en – geb*au*t; g*e*hen – g*e*gangen

von allen abgeleiteten bzw. zusammengesetzten Verben, deren erstes Glied betont und trennbar ist (*ge-* steht nach dem ersten Glied):

*a*nhören – *a*ngehört; her*au*sgehen – her*au*sgegangen;
k*e*nnenlernen – k*e*nnengelernt

von einer Gruppe zusammengesetzter Verben mit betontem, untrennbarem ersten Glied (*ge-* steht vor dem ersten Glied):

fr*ü*hstücken – gefr*ü*hstückt
Ebenso: kennzeichnen, rechtfertigen, wetteifern

(2) Das Partizip II ist ohne *ge-* zu bilden
von allen abgeleiteten bzw. zusammengesetzten Verben, deren erstes Glied unbetont und untrennbar ist:

best*e*llen – best*e*llt; erz*ä*hlen – erz*ä*hlt; zerr*ei*ßen – zerr*i*ssen; offenb*a*ren – offenb*a*rt; vollbr*i*ngen – vollbr*a*cht; widerl*e*gen – widerl*e*gt

von einer Gruppe Verben (Fremdwörter auf *-ieren* und einige andere), die den Ton nicht auf der ersten Silbe tragen:

akzept*ie*ren – akzept*ie*rt; stud*ie*ren – stud*ie*rt; prophez*ei*en – prophez*ei*t; schmar*o*tzen – schmar*o*tzt

Anmerkung:
Das Partizip II wird auch ohne *ge-* gebildet, wenn die Verben zusätzlich noch ein trennbares Glied haben, das den Ton auf sich zieht:

*a*bbestellen – *a*bbestellt
*ei*nstudieren – *ei*nstudiert

(3) Das Partizip II ist mit oder ohne *ge-* zu bilden:
Die Verben, die
durch-, hinter-, über-, um-, unter-, wider-; voll-
als erstes Glied haben, bilden das Partizip II mit oder ohne *ge-*. Wenn das erste Glied betont und trennbar ist, wird das Partizip II mit *ge-* gebildet (*ge-* steht dabei nach dem ersten Glied). Wenn das erste Glied unbetont und untrennbar ist, wird das Partizip II ohne *ge-* gebildet. Vgl. dazu das Kapitel „Verben mit trennbarem ersten Glied". (S. 83 f.)

3. Das Partizip II verhält sich syntaktisch wie das Partizip I. In Verbindung mit einem finiten Verb bleibt es unverändert, in Verbindung mit einem Substantiv übernimmt es die adjektivischen Merkmale. Oft ist das Partizip durch notwendige und freie Glieder erweitert. Sein logisches Subjekt wird in der Regel durch das Subjekt des finiten Verbs ausgedrückt.

3.2. Syntaktische Beschreibung

3.2.1. Infinitiv

Der Infinitiv kommt in der Regel nur in Verbindung mit einem finiten Verb vor. Eine Ausnahme bilden lediglich die attributiven Verbindungen von Infinitiven mit Substantiven (1) und der isolierte Gebrauch des Infinitivs in Imperativsätzen (2). Meistens liegt jedoch auch hier eine verbale Verbindung zugrunde:

(1) Es war unsere *Hoffnung,* ihn bald wiederzusehen.
 ← Wir *hofften,* ihn bald wiederzusehen.
(2) Aufstehen!
 ← Sie *sollen* aufstehen!

Bei den verbalen Infinitivverbindungen ist zwischen notwendigen (valenzbedingten) und freien (valenzunabhängigen) Verbindungen zu unterscheiden. In den notwendigen Verbindungen ist das finite Verb entweder Hilfsverb (1.) oder Vollverb (2.), in den freien Verbindungen ist es stets Vollverb (3.)

1. Das finite Verb ist ein Hilfsverb, der Infinitiv ist ein Vollverb. Der Infinitiv wird mit/ohne *zu* verbunden:

Ich habe *zu tun.*
Er will *kommen.*

Jedes Verb kann in der Infinitivform zu einem Hilfsverb treten. Eng begrenzt ist dagegen die Zahl der Verben, die als finites Hilfsverb fungieren können. Vgl. dazu das Kapitel „Hilfsverben" (S. 45).

2. Das finite Verb und der Infinitiv sind Vollverben. Der Infinitiv wird mit/ohne *zu* verbunden.

Ich höre ihn *kommen.*
Ich bitte ihn *zu kommen.*

Jedes Verb kann in der Infinitivform zu einem finiten Vollverb treten. Begrenzt ist dagegen die Zahl der Verben, die als finite Vollverben fungieren können. Es handelt sich dabei nicht um eine einheitliche Gruppe:
(1) Eine erste Gruppe Verben bildet Infinitivverbindungen mit zwei logischen Subjekten. Das logische Subjekt des Infinitivs tritt syntaktisch (a) als Akkusativobjekt oder (b) als Dativobjekt des finiten Verbs auf:

(a) Ich habe *ihn* beauftragt, die Briefe abzuholen.
← Ich habe ihn beauftragt, daß *er* die Briefe abholt.
(b) Ich habe *ihm* aufgetragen, die Briefe abzuholen.
← Ich habe ihm aufgetragen, daß *er* die Briefe abholt.

Beispiele zu (a) sind:
abhalten, anflehen, anregen, anspornen, anweisen, auffordern, aufhetzen, aufrufen, beauftragen, berechtigen, beschuldigen, beschwören, bitten, drängen, einladen, ermächtigen, ermahnen, ermutigen, gewöhnen, hindern, mahnen, überreden, veranlassen, warnen, zwingen u. a.

Beispiele zu (b) sind:
abraten, angewöhnen, anheimstellen, auftragen, befehlen, einschärfen, empfehlen, erlauben, ermöglichen, freistellen, gestatten, raten, telegraphieren, überlassen, untersagen, verbieten, vorwerfen, zumuten, zuraten, zureden u. a.

(2) Eine zweite Gruppe Verben bildet Infinitivverbindungen mit einem gemeinsamen logischen Subjekt:

Ich hoffe, Sie bald wiederzusehen.
← *Ich* hoffe, daß *ich* Sie bald wiedersehe.

Dazu gehören:
ablehnen, anfangen, aufhören, beabsichtigen, beginnen, behaupten, beitragen, bereuen, beschließen, dienen, drohen, erklären, ertragen, erwägen, erwarten, fortfahren, fürchten, glauben, hoffen, leugnen, lieben, neigen, planen, schwören, streben, träumen, unterlassen, verdienen, vergessen, verlernen, vermeiden, vermögen, versäumen, versichern, versprechen, versuchen, verzichten, vorhaben, vorziehen, wagen, wünschen, zugeben, zusagen u. a.

Weiter eine Zahl reflexiver Verben:
sich$_A$ anstrengen, beeilen, begnügen, bemühen, entschließen, freuen, fürchten, (ge)trauen, hüten, schämen, sehnen, sträuben, weigern, wundern u. a.
sich$_D$ ausbitten, einbilden, vornehmen

(3) Eine dritte Gruppe Verben bildet Infinitivverbindungen sowohl mit einem gemeinsamen logischen Subjekt als auch mit zwei logischen Subjekten. Welche Beziehung im Einzelfall vorliegt, ist abhängig von der Bedeutung des Verbs im Infinitiv.

Ich habe ihr angeboten, die Kette zu bezahlen.
← *Ich* habe ihr angeboten, daß *ich* die Kette bezahle.
Ich habe ihr angeboten, bei mir zu wohnen.
← *Ich* habe ihr angeboten, daß *sie* bei mir wohnt.

Ebenso: beantragen, fordern, verlangen, vorschlagen

3. Während die Zahl der Verben begrenzt ist, die sich notwendig mit einem Infinitiv mit/ohne *zu* verbinden, gibt es für die Verbindungen finites Vollverb plus Infinitiv mit *um zu*, *anstatt zu* und *ohne zu* keine syntaktischen Beschränkungen. Solche Infinitive sind freie adverbiale

Bestimmungen, die zu jedem finiten Verb hinzutreten können:

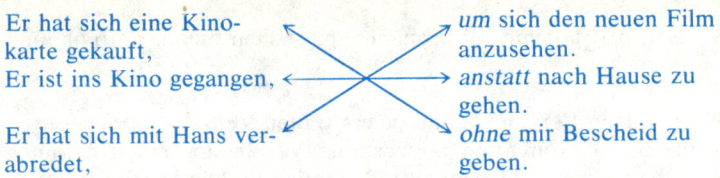

Er hat sich eine Kinokarte gekauft,
Er ist ins Kino gegangen,
Er hat sich mit Hans verabredet,

um sich den neuen Film anzusehen.
anstatt nach Hause zu gehen.
ohne mir Bescheid zu geben.

3.2.2. Partizip I

Das Partizip I kommt in Verbindung mit einem finiten Verb und mit einem Substantiv vor.

1. Partizip I in Verbindung mit einem finiten Verb
Das Partizip I kommt in notwendiger Verbindung mit dem finiten Hilfsverb *sein* (z.T. auch mit *bleiben* und *werden*) und in freien Verbindungen mit finiten Vollverben vor.

Die Zahl der Partizipien I, die sich mit dem Hilfsverb *sein* verbinden, ist beschränkt:

Die Krankheit ist *ansteckend*.

Ebenso: anstrengend, aufreibend, drückend, entscheidend, glühend, kränkend u. a.

Bei manchen Verbindungen von *sein* mit einem Partizip I handelt es sich um den prädikativen Gebrauch von Partizipien adjektivischen Charakters:

Dieser Film ist *spannend*.

Für die Verbindungen von finiten Vollverben mit einem Partizip I gibt es keine syntaktischen Beschränkungen. Es handelt sich um den freien adverbialen Gebrauch des Partizips. Die Bedeutung des Partizips ist aktivisch. Es besteht Zeitgleichheit mit dem finiten Verb.

Sie diskutierte *überzeugend*.
← Sie diskutierte und überzeugte.

Daneben kommen auch adjektivische Partizipien als Adjektivadverbien vor:

Das Institut sucht *dringend* eine Schreibkraft.

2. Partizip I in Verbindung mit einem Substantiv
Bei der Verbindung von Partizip I und Substantiv handelt es sich um den freien attributiven Gebrauch des Partizips. Vgl. dazu das Kapitel „Attribut" (S. 233).

3.2.3.
Partizip II

Das Partizip II kommt in Verbindung mit einem finiten Verb und mit einem Substantiv vor.

1. Partizip II in Verbindung mit einem finiten Verb
Das Partizip II kommt in notwendiger Verbindung mit den finiten Hilfsverben *haben, sein, werden* und in freien Verbindungen mit finiten Vollverben vor.
Die Bedeutung des Partizips II in den Hilfsverbverbindungen ist aktivisch (1,2) oder passivisch bzw. reflexivisch (3,4):

Perfekt Aktiv

(1) Der Student hat gearbeitet.
  ← Der Student arbeitet.
(2) Das Mädchen ist gelaufen.
  ← Das Mädchen läuft.

Präsens Zustandspassiv/-reflexiv

(3) Das Kind ist gewaschen.
  ← Man wäscht das Kind.
  ← Das Kind wäscht sich.

Präsens Vorgangspassiv

(4) Das Kind wird gewaschen.
  ← Man wäscht das Kind.

Bei manchen Verbindungen von *sein* mit einem Partizip II handelt es sich um den prädikativen Gebrauch von Partizipien adjektivischen Charakters:

Ich bin über sein Benehmen *betroffen*.

Verbindungen des Partizips II mit finiten Vollverben sind syntaktisch nicht beschränkt. Diese adverbialen Formen können aktivische (1) oder passivische (2) Bedeutung haben. Das Partizip steht gewöhnlich im Verhältnis der Vorzeitigkeit zum finiten Verb.

(1) Er steht gebückt.
  ← Er steht. Er hat sich gebückt.
(2) Er geht gehetzt.
  ← Er geht. Man hat ihn gehetzt.

Daneben kommen auch adjektivische Partizipien II als Adjektivadverbien vor:

Mein Freund spielt *geschickt* Billard.

2. Partizip II in Verbindung mit einem Substantiv
Bei der Verbindung von Partizip II und Substantiv handelt es sich um den attributiven Gebrauch des Partizips. Vgl. das Kapitel „Attribut" (S. 233).

4. Hilfsverben

4.1. Formenbestand

	Indikativ		Konjunktiv	
	Präsens	*Präteritum*	*Präsens*	*Präteritum*

Hilfsverben mit Infinitiv/Partizip II

	Präsens	Präteritum	Präsens	Präteritum
ich	habe	hatte	habe	hätte
du	hast	hattest	habest	hättest
er, sie, es	hat	hatte	habe	hätte
wir	haben	hatten	haben	hätten
ihr	habt	hattet	habet	hättet
sie	haben	hatten	haben	hätten
ich	bin	war	sei	wäre
du	bist	warst	seiest	wärest
er, sie, es	ist	war	sei	wäre
wir	sind	waren	seien	wären
ihr	seid	wart	seiet	wäret
sie	sind	waren	seien	wären
ich	werde	wurde	werde	würde
du	wirst	wurdest	werdest	würdest
er, sie, es	wird	wurde	werde	würde
wir	werden	wurden	werden	würden
ihr	werdet	wurdet	werdet	würdet
sie	werden	wurden	werden	würden

Hilfsverben mit Infinitiv/–

	Präsens	Präteritum	Präsens	Präteritum
ich	darf	durfte	dürfe	dürfte
du	darfst	durftest	dürfest	dürftest
er, sie, es	darf	durfte	dürfe	dürfte
wir	dürfen	durften	dürfen	dürften
ihr	dürft	durftet	dürfet	dürftet
sie	dürfen	durften	dürfen	dürften
ich	kann	konnte	könne	könnte
du	kannst	konntest	könnest	könntest
er, sie, es	kann	konnte	könne	könnte
wir	können	konnten	können	könnten
ihr	könnt	konntet	könnet	könntet
sie	können	konnten	können	könnten

ich	mag	mochte	möge	möchte
du	magst	mochtest	mögest	möchtest
er, sie, es	mag	mochte	möge	möchte
wir	mögen	mochten	mögen	möchten
ihr	mögt	mochtet	möget	möchtet
sie	mögen	mochten	mögen	möchten
ich	muß	mußte	müsse	müßte
du	mußt	mußtest	müssest	müßtest
er, sie, es	muß	mußte	müsse	müßte
wir	müssen	mußten	müssen	müßten
ihr	müßt	mußtet	müsset	müßtet
sie	müssen	mußten	müssen	müßten
ich	soll	sollte	solle	sollte
du	sollst	solltest	sollest	solltest
er, sie, es	soll	sollte	solle	sollte
wir	sollen	sollten	sollen	sollten
ihr	sollt	solltet	sollet	solltet
sie	sollen	sollten	sollen	sollten
ich	will	wollte	wolle	wollte
du	willst	wolltest	wollest	wolltest
er, sie, es	will	wollte	wolle	wollte
wir	wollen	wollten	wollen	wollten
ihr	wollt	wolltet	wollet	wolltet
sie	wollen	wollten	wollen	wollten

Anmerkung:
Wenn die Hilfsverben mit einem Infinitiv verbunden sind, ergeben sich einige formale Besonderheiten. Man vgl. dazu das Kapitel „Infinite Verbformen" (S. 36f.).

4.2.
Syntaktische Beschreibung

1. Partizip I und II

Die Verbindungen eines Hilfsverbs mit dem Partizip I eines Vollverbs sind auf die Verbindungen von *sein* (z. T. auch *bleiben* und *werden*) mit den Partizipien verschiedener Verben beschränkt. Sie unterscheiden sich nur durch die Rückführbarkeit auf ein Verb von den Partizipien adjektivischen Charakters:

Die Krankheit ist *ansteckend*.
← Die Krankheit steckt an.
Der Film ist *spannend*.
←*Der Film spannt.

Mit dem Partizip II eines Vollverbs verbinden sich im Deutschen nur die Hilfsverben *haben*, *sein* und *werden*. Dabei dient *haben* zur Bildung des Perfekts, Plusquamperfekts und Infinitivs II, ebenso *sein*, das außerdem zum Ausdruck des Zustandspassivs bzw. Zustandsreflexivs dient, während *werden* zur Wiedergabe des Vorgangspassivs verwendet wird. Davon sind die Fälle zu unterscheiden, wo *sein* (z.T. auch *werden*) als Vollverb in Verbindung mit einem Partizip II adjektivischen Charakters steht:

Der Bastler ist *geschickt*.

2. Infinitiv
Bei den Hilfsverben mit Infinitiv sind zwei Hauptgruppen zu unterscheiden:

(1) haben, sein, werden (mit Infinitiv und Partizip II)[1]
(2) die Modalverben: dürfen, können, mögen, müssen, sollen, wollen (nur mit Infinitiv)

Daneben muß man noch eine kleine Zwischengruppe von Verben annehmen, die sich im allgemeinen wie die Verben von (2) verhalten, aber nicht alle formalen Besonderheiten dieser Verben teilen. Zu diesen Verben gehören:

brauchen   (Er braucht nicht zu kommen.)
drohen   (Das Haus droht einzustürzen.)
pflegen   (Er pflegt zu spät zu kommen.)
scheinen   (Er scheint sie zu kennen.)
versprechen (Er verspricht ein guter Lehrer zu werden.)
verstehen (Er versteht sich zu benehmen.)
wissen   (Er weiß viel zu erzählen.)

4.3. Semantische Beschreibung

4.3.1. Hilfsverben mit Infinitiv/Partizip II

1. haben
Variante 1 – *haben* + Partizip II (= Vergangenheit)

Ich *habe* das Buch *gelesen*.

haben + Partizip II dient zur Bildung des Perfekts, Plusquamperfekts und Infinitivs II (neben *sein*).
Variante 2 – *haben* + Infinitiv mit *zu* (= (1) Notwendigkeit; (2) Möglichkeit; (3) Berechtigung)

(1) Ich *habe* mit dir *zu reden*. (= Ich muß mit dir reden.)
(2) Was *hast* du *zu berichten*? (= Was kannst du berichten?)
(3) Du *hast* mir nichts *zu befehlen*. (= Du bist nicht berechtigt, mir zu befehlen.)

---

[1] Die Verbindungsmöglichkeit von *sein* mit Partizip I wird bei dieser Einteilung nicht berücksichtigt, da sie nur sehr beschränkt ist.

Im Gegensatz zu Variante 3 von *sein* hat diese Variante von *haben* aktivische Bedeutung. Subjekt der Handlung ist zumeist eine Person.

2. sein
Variante 1 – *sein* + Partizip II (= Vergangenheit)

Ich *bin* gestern spät *eingeschlafen*.

sein + Partizip II dient zur Bildung des Perfekts, Plusquamperfekts und Infinitivs II (neben *haben*).

Variante 2 – *sein* + Partizip II (= Zustandspassiv/-reflexiv)

Der Brief *ist geschrieben*.
Das Mädchen *ist verliebt*.

Die Verbindung *sein* + Partizip II nimmt bei denjenigen Verben nicht die Bedeutung Zustandspassiv/-reflexiv an, bei denen sie die Bedeutung „Vergangenheit" (Variante 1) hat.

Variante 3 – *sein* + Infinitiv mit *zu* (= (1) Notwendigkeit; (2) Möglichkeit)

(1) Eine weitere Verzögerung der Arbeit *ist* unbedingt *zu vermeiden*. (= Eine weitere Verzögerung der Arbeit muß unbedingt vermieden werden.)
(2) Die Arbeit *ist* in drei Tagen gut *zu schaffen*. (= Die Arbeit kann man in drei Tagen gut schaffen.)

Im Gegensatz zu Variante 2 von *haben* hat diese Variante von *sein* passivische Bedeutung. Subjekt der Handlung ist zumeist keine Person.

3. werden
Variante 1 – *werden* + Partizip II (= Vorgangspassiv)

Die Haustür *wird* jeden Abend um acht *verschlossen*.

werden + Partizip II dient zur Bildung des Vorgangspassivs. Im Perfekt, Plusquamperfekt und Infinitiv lautet die Form des Hilfsverbs *worden*.

Variante 2 – *werden* + Infinitiv ohne *zu* (= Zukunft)

Wir *werden* am Wochenende *verreisen*.
In drei Monaten *werden* wir die Arbeit *geschafft haben*.

werden + Infinitiv I/Infinitiv II dient zur Bildung von Futur I/Futur II.

4.3.2. Hilfsverben mit Infinitiv/–
1. dürfen
Variante 1 (= Erlaubnis, Berechtigung)

Darf ich Sie wieder besuchen? (= Erlauben Sie mir, daß ich Sie wieder besuche?)

Variante 2 (= Vermutung)

Es dürfte nicht leicht sein, ihn zu überzeugen. (= Es ist wahrscheinlich nicht leicht, ihn zu überzeugen.)

Diese Variante ist auf das Präteritum Konjunktiv beschränkt. Die durch *dürfen* ausgedrückte Vermutung hat einen höheren Sicherheitsgrad als die Vermutung, die durch *können* (Variante 3) und *mögen* (Variante 1) ausgedrückt wird, aber einen geringeren Sicherheitsgrad als die Vermutung, die durch *müssen* (Variante 3) ausgedrückt wird.

2. können
Variante 1 (= Möglichkeit)

Ich konnte den Zug nicht mehr erreichen. (= Es war mir nicht mehr möglich, den Zug zu erreichen.)

Variante 2 (= Fähigkeit)

Er kann schwimmen. (= Er besitzt die Fähigkeit, zu schwimmen.)

Während mit *können* (= Möglichkeit) angegeben wird, daß die objektiven Bedingungen eines Sachverhalts bestehen bzw. – bei Verneinung – nicht bestehen, werden mit *können* (= Fähigkeit) die subjektiven Bedingungen dafür genannt.

Variante 3 (= Vermutung)

Sie könnten mit Ihrer Behauptung recht haben. (= Sie haben möglicherweise mit Ihrer Behauptung recht.)

Mit *können* (= Vermutung) werden die gedankenmäßigen Bedingungen eines Sachverhalts (Sprechermeinung) genannt.

Variante 4 (= Erlaubnis)

Sie können jetzt gehen. (= Sie dürfen jetzt gehen.)

In der Bedeutung „Erlaubnis" ersetzt *können* (vor allem umgangssprachlich) häufig *dürfen* (Variante 1).

3. mögen
Variante 1 (= Vermutung)

Du magst recht haben. (= Es ist möglich, daß du recht hast.)

Die Bedeutung „Vermutung" hat *mögen* nur im Indikativ.

Variante 2 (= Wunsch, Lust)

Ich möchte einmal Bulgarien kennenlernen. (= Ich habe den Wunsch, einmal Bulgarien kennenzulernen.)

In der Variante 2 wird vor allem der Konjunktiv Präteritum von *mögen* verwendet, der dabei die Gegenwart bezeichnet (in der Vergangenheit ist nur *wollen* möglich). Im verneinten Satz kommen auch die indikativischen Formen vor (mit der Bedeutung „Abneigung"). Mit Konjunktiv Präsens ist diese Variante nicht möglich.

Variante 3 (= Bestimmung)

Das Zeichen y möge die zu suchende Größe bezeichnen. (= Das Zeichen y hat die Bestimmung, die zu suchende Größe zu bezeichnen.)

mögen vertritt in der Bedeutung „Bestimmung" gelegentlich *sollen* (Variante 1) bzw. den Konjunktiv Präsens. Diese Variante ist mit Konjunktiv Präteritum nicht möglich.

Variante 4 (= indirekte Rede)

Er hat mir gesagt, ich möge nicht auf ihn warten. (← Er hat mir gesagt: „Warten Sie nicht auf mich!")

mögen (Variante 4) dient zum Ausdruck von Bitte und Wunsch in der indirekten Rede. Es ist eine höflichere Ausdrucksform als *sollen* (Variante 3). Diese Bedeutung ist nur im Konjunktiv möglich.

Variante 5 (= Konzessivsatz)

Mag es auch kalt sein, er zieht keinen Mantel an. (= Obwohl es kalt ist, zieht er keinen Mantel an.)

mögen verleiht dem Konzessivsatz einen hypothetischen Nebensinn (vgl. *sollen* im Konditionalsatz). Diese Bedeutung ist mit Konjunktiv Präteritum nicht möglich.

4. müssen
Variante 1 (= Notwendigkeit)

Er muß sich beeilen, wenn er den Zug noch erreichen will. (= Es ist notwendig, daß er sich beeilt, wenn er den Zug noch erreichen will.)

Die verneinte Notwendigkeit (sowie die mit *nur* und *kaum* eingeschränkte Notwendigkeit) wird häufig durch *brauchen + zu* (mit Verneinung bzw. *nur, kaum*) ausgedrückt.

Variante 2 (= Aufforderung)

Du mußt dir den neuen Film ansehen. (← Sieh dir den neuen Film an!)

müssen in dieser Variante ist eine Ersatzform des Imperativs.

Variante 3 (= sichere Vermutung, Gewißheit)

Er muß krank sein. (= Er ist bestimmt krank.)

5. sollen
Variante 1 (= Auftrag, Pflicht, Bestimmung)

Ich soll Ihnen den Brief übergeben. (= Ich habe den Auftrag, Ihnen den Brief zu übergeben.)
Jeder soll nach seinen Kräften mittun. (= Jeder ist verpflichtet, nach seinen Kräften mitzutun.)

Zwischen Variante 1 von *sollen* und Variante 1 von *müssen* gibt es Berührungspunkte. Als allgemeiner Unterschied kann gelten: Während *müssen* eine objektiv bedingte Notwendigkeit bezeichnet, drückt *sollen* eine Notwendigkeit aus, die durch eine andere Person, durch ein moralisches Prinzip, durch eine gesellschaftliche Norm u. ä. bedingt ist:

Ich *muß* heute noch arbeiten (, weil ich morgen Prüfung habe).
Ich *soll* heute noch arbeiten (, weil es der Dozent gesagt hat).

sollen ist seinem Wesen nach eine indirekte Ausdrucksweise für den Imperativ. Mit *sollen* wird außerdem weniger über die Realisierung der Handlung ausgesagt als mit *müssen*.

Variante 2 (= Behauptung)

Er soll krank sein. (= Es heißt, daß er krank ist.)

sollen (= Behauptung) steht im Wechselverhältnis zu *wollen* (= Behauptung): *wollen* = Behauptung des Subjekts; *sollen* = Behauptung einer anderen Person als des Subjekts und des Sprechers.

Variante 3 (= indirekte Rede)

Er hat mir gesagt, ich solle nicht auf ihn warten.
(→ Er hat mir gesagt: „Warten Sie nicht auf mich!")

sollen (Variante 3) dient zum Ausdruck der Aufforderung in der indirekten Rede (vgl. auch *mögen* Variante 4).

Variante 4 (= Zukunft)

Jahrelang unternahm er nichts gegen die Krankheit. Das sollte sich später rächen.

sollen in dieser Variante ist nur im Präteritum Indikativ möglich. Es betont die Nachzeitigkeit im präteritalen Erzählplan (Zukunft in der Vergangenheit).

Variante 5 (= Empfehlung)

Du solltest dir den neuen Film ansehen.
(→ Sieh dir den neuen Film an!)

sollen in dieser Variante ist nur im Präteritum Konjunktiv möglich. Es ist eine schwächere Ersatzform für den Imperativ als *müssen* (Variante 2).

Variante 6 (= Konditionalsatz)

Solltest du ihn sehen, grüße ihn von mir. (= Wenn du ihn siehst, grüße ihn von mir.)

sollen verleiht dem Konditionalsatz einen hypothetischen Nebensinn (vgl. *mögen* im Konzessivsatz). Diese Bedeutung ist nur mit dem Konjunktiv Präteritum möglich.

6. wollen
Variante 1 (= Wille, Absicht)

Ich will das Buch kaufen. (= Ich habe die Absicht, das Buch zu kaufen.)

Variante 2 (= nicht verwirklichter Wille)

Ich wollte sie fragen, aber er hielt mich zurück. (= Ich war im Begriff, sie zu fragen, aber er hielt mich zurück.)

Diese Nebenvariante zur Variante 1 für die Vergangenheit verlangt einen Satzanschluß mit *aber, doch* o. ä.

Variante 3 (= Zukunft)

Ich will hier warten, bis du kommst. (= Ich werde hier warten, bis du kommst.)

wollen (= Zukunft) unterscheidet sich von *werden* (= Zukunft) dadurch, daß die Grundbedeutung „Wille, Absicht" abgeschwächt erhalten bleibt. Obligatorisch ist *wollen* für Zukunft im Infinitiv:

Er hat zugesagt, daß er die Arbeit ausführen *wird*.
→ Er hat zugesagt, die Arbeit ausführen zu *wollen*.

Variante 4 (= Behauptung)

Er will sie später wieder getroffen haben. (= Er behauptet, sie später wieder getroffen zu haben.)

Mit *wollen* ist nur die „Behauptung" über Vergangenes (mit Infinitiv II) möglich. Zum Unterschied von *sollen* (= Behauptung) vgl. dort.

Variante 5 (= Konditionalsatz, Komparativsatz)

Es würde zu weit führen, wollten wir auf alle Fragen ausführlich eingehen. (= Es würde zu weit führen, wenn wir auf alle Fragen ausführlich eingingen.)
Es sieht so aus, als wollte er jeden Moment einschlafen. (= Es sieht so aus, als würde er jeden Moment einschlafen.)

Der irreale Konditionalsatz und irreale Komparativsatz mit *wollen* (im Konjunktiv Präteritum/Plusquamperfekt) sind stilistische Varianten gegenüber den entsprechenden Sätzen ohne *wollen*.

Variante 6 (= Bestimmung)

Der Aufsatz will nur einen kurzen Überblick geben. (= Der Aufsatz soll nur einen kurzen Überblick geben.)

wollen vertritt in der Bedeutung „Bestimmung" als eine besondere stilistische Variante *sollen* (Variante 1). Es ist nur mit nichtpersonalem Subjekt möglich.

Variante 7 (= Notwendigkeit)

Dieser komplizierte Prozeß will gemeistert sein. (= Dieser komplizierte Prozeß muß gemeistert werden.)

Die Variante „Notwendigkeit" wird zumeist mit nichtpersonalem Subjekt und Infinitiv Zustandspassiv verwendet. Es handelt sich um eine stilistische Variante zu *müssen* (Variante 1) mit Infinitiv Vorgangspassiv.

Verschiedene Hilfsverben dienen zum Ausdruck ähnlicher Bedeutungen. Das macht die folgende Übersicht deutlich:

Hilfsverb	Vergangenheit	Zukunft	Passiv	Möglichkeit[1]	Notwendigkeit	Bestimmung[2]	Erlaubnis[3]	Wille[4]	Behauptung	Vermutung
haben	+			+	+	+				
sein	+		+	+	+					
werden		+	+							
dürfen							+			+
können				+			+			+
mögen						+		+		+
müssen					+	+				+
sollen	+					+			+	
wollen	+				+	+			+	+

[1] u. „Fähigkeit"
[2] u. „Pflicht", „Auftrag", „Aufforderung", „Empfehlung"
[3] u. „Berechtigung"
[4] u. „Wunsch"

5. Tempora

5.1. Formenbestand

Im Deutschen werden sechs grammatische Tempora unterschieden: das Präsens, das Präteritum, das Perfekt, das Plusquamperfekt, das Futur I und das Futur II.

Zu den Konjugationsformen dieser Tempora und zu Besonderheiten in der Formenbildung vgl. Kapitel „Formensystem" (S. 14ff.).

Zur Bildung der Vergangenheitsformen mit *haben* oder *sein*

1. *haben* wird zur Bildung der Vergangenheitsformen benutzt

(1) bei den *transitiven* Verben:

Er *hat* seinen Freund besucht.

Anmerkung:
haben steht auch bei den transitiven Verben, die intransitiv gebraucht sind, deren Akkusativobjekt also im konkreten Satz nicht erscheint:

Die Mutter *hat* gegessen.

(2) bei den *Mittelverben*:

Der Schüler *hat* eine gute Note bekommen.

(3) bei den *reflexiven* Verben:
Er *hat sich* über das Geschenk gefreut.

(4) bei den *Modalverben*:
Der Junge *hat* ins Kino gehen *wollen*.

(5) bei den *unpersönlichen* Verben:
Gestern *hat* es geregnet und geblitzt.

(6) bei *intransitiven* Verben von *durativer* Aktionsart:
Das Kind *hat* lange geschlafen.

2. *sein* wird zur Bildung der Vergangenheitsformen benutzt
(1) bei *intransitiven* Verben von *perfektiver* Aktionsart:
Der Kranke *ist* aufgewacht.

(2) bei den Verben der Bewegung, die eine *Ortsveränderung* bezeichnen:
Der Gast *ist* pünktlich gekommen.

(3) bei den Verben *sein* und *bleiben*:
Er *ist* lange Zeit im Ausland gewesen.
Er *ist* bis ins hohe Alter Sportler geblieben.

(4) bei einigen anderen Verben:
In der Waldstraße *ist* ein Unfall passiert.
Ebenso: geschehen, vorkommen, auffallen

3. Verben mit *haben* und/oder *sein* in den Vergangenheitsformen
(1) Manche Verben der Bewegung bilden ihr Perfekt mit *haben* und *sein*; das Geschehen wird einmal in seiner Dauer (durativ, deshalb: *haben*), das andere Mal unter dem Gesichtspunkt seiner Vollendung, seines Ziels (perfektiv, deshalb: *sein*) betrachtet:
Er *hat* zwei Stunden geschwommen.
Er *ist* an das andere Ufer geschwommen.
Ebenso: paddeln, reiten, rudern, fliegen, tanzen

(2) Manche Verben haben verschiedene Varianten, die sich in der Bedeutung und in der Valenz (Transitivität – Intransitivität) unterscheiden und deshalb auch ihre Vergangenheitsformen in verschiedener Weise (*haben* oder *sein*) bilden:
Er *hat* die Blume abgebrochen.
Die Blume *ist* abgebrochen.

5.2. Tempussystem und objektive Zeit

1. Den 6 grammatischen Tempora des deutschen Tempussystems entsprechen nicht in linearer Zuordnung 6 Bedeutungen dieser Tempora.
(1) Einerseits werden die Zeitinhalte nicht nur durch die grammatischen Tempusformen, sondern auch durch lexikalische Mittel ausgedrückt:

Jetzt bringt er das Buch.
Morgen bringt er das Buch.

(2) Andererseits drücken die grammatischen Tempusformen nicht nur Zeitinhalte, sondern auch andere – modale – Inhalte aus:

Der Messegast *wird* noch nicht *angekommen sein.*

In diesem Falle wird die temporale Interpretation des Satzes begleitet von einem Modalfaktor, der eine Vermutung ausdrückt, die auf Vergangenes bezogen ist.

2. Um den komplexen und vermittelten Beziehungen zwischen objektiver Zeit und Tempusform gerecht zu werden, müssen folgende temporale Merkmale bei der Beschreibung der Bedeutungsvarianten der einzelnen Tempora berücksichtigt werden:
(1) Die *Aktzeit*, d.h. die objektiv-reale Zeit, die dem entsprechenden Verb in der Wirklichkeit zugeordnet werden muß, z.B. die objektiv-reale Zeit des tatsächlichen Arbeitens und Laufens, wenn im betreffenden Satz die Verben *arbeiten* oder *laufen* erscheinen;
(2) die *Sprechzeit*, d.h. die Zeit, in der der gegebene Satz tatsächlich vom Sprecher oder Schreiber geäußert wird; diese Sprechzeit fällt (mit Ausnahme der direkten Rede in der Erzählform) mit der Sprechergegenwart zusammen;
(3) die *Betrachtzeit*, d.h. die Zeit der Betrachtung (der Perspektive) des verbalen Aktes durch den Sprecher.

Bis Sonnabend wird er sich das Buch gekauft haben.
Bis Sonnabend hat er sich das Buch gekauft.

In diesem Falle ist die Sprechzeit heute, die Betrachtzeit ist Sonnabend, die Aktzeit liegt zwischen heute und Sonnabend:

3. Neben diesen temporalen Merkmalen enthalten die grammatischen Tempusformen noch zusätzliche Merkmale:
(1) Manche Tempusformen enthalten einen *Modalfaktor* der *Vermutung*, der entweder bei der betreffenden Tempusform notwendig vorhanden ist (+ Mod), der bei der betreffenden Tempusform fehlt (– Mod) oder der bei der betreffenden Tempusform fakultativ vorhanden ist (± Mod) und unter Umständen erst durch eine zusätzliche lexikalische Angabe (meist durch ein Modalwort) in Erscheinung tritt:

Er hatte den Zug versäumt. (− Mod)
Er wird gestern in Dresden gewesen sein. (+ Mod)
Bis morgen hat er die Arbeit (vermutlich) beendet. (± Mod)

(2) Manche Tempusformen enthalten einen *Stilfaktor*, der die *Sprechhaltung* näher charakterisiert. Meistens handelt es sich um die normale Sprechhaltung der Umgangs- und Hochsprache (+ Colloqu), wie sie etwa als Sprechhaltung der normalen (d. h. nicht dichterisch oder stilistisch gefärbten) Mitteilung, Besprechung und Auseinandersetzung Verwendung findet. Einzelne Tempusformen sind jedoch in der normalen Umgangssprache nicht üblich (− Colloqu), sondern auf die Sprechhaltung der Erzählung und Darstellung beschränkt und deshalb vorwiegend in der Dichtung üblich. Schließlich gibt es Tempusformen, die sich gegenüber dem Merkmal der Sprechhaltung neutral verhalten (± Colloqu):

In drei Wochen *gehen* die Kinder in die Ferien. (+ Colloqu)
1789 *stürzt* das französische Volk seine feudalistischen Peiniger.
(− Colloqu)
Er *arbeitete* gestern den ganzen Tag. (± Colloqu)

(3) Schließlich können bestimmte *lexikalische Temporalbestimmungen* manchmal den Zeitinhalt eines Satzes allein ausdrücken. Bei manchen Bedeutungsvarianten der Tempora treten solche Temporalbestimmungen obligatorisch auf (+ Adv), in einigen Fällen dürfen sie nicht auftreten (− Adv), in den meisten Fällen ist ihr Auftreten fakultativ (± Adv):

Bis Sonnabend habe ich mir das Buch gekauft. (+ Adv)
Der Apfel fällt nicht weit vom Stamme. (− Adv)
Er arbeitete (*gestern*) den ganzen Tag. (± Adv)

5.3.
Semantische Beschreibung der absoluten Tempora

5.3.1.
Präsens

1. Aktuelles Präsens:
Aktz = Sprz = Betrz, − Mod, + Colloqu, ± Adv
Das aktuelle Präsens drückt gegenwärtige Sachverhalte aus. Aktzeit, Sprechzeit und Betrachtzeit fallen in der Gegenwart zusammen.
Das aktuelle Präsens enthält keinen Modalfaktor und hat eine fakultative Temporalangabe (*jetzt, in diesem Augenblick* u. a.):

Seine Tochter studiert (jetzt) in Berlin.

2. Präsens zur Bezeichnung eines zukünftigen Geschehens:
Aktz = Betrz, Aktz u. Betrz nach Sprz, ± Mod, + Colloqu, ± Adv
Das Präsens drückt in dieser Bedeutungsvariante zukünftige Sachverhalte aus. Die Betrachtzeit und die Aktzeit liegen nach der Sprechzeit.

Diese Variante des Präsens kann auch ohne zusätzliches lexikalisches Element einen Modalfaktor der Vermutung enthalten und hat eine fakultative Temporalangabe (*bald, morgen* u. a.) bei sich:

In einem Monat haben die Kinder Ferien.
Wir kommen (bald) zurück.

Anmerkung:
(1) Diese Bedeutungsvariante des Präsens deckt sich mit der 2. Bedeutungsvariante des Futur I:

Wir kommen (bald) zurück.
≈ Wir werden (bald) zurückkommen.

(2) Bei perfektiven Verben hat das Präsens automatisch die Bedeutung der Variante 2:

Wir treffen uns am Bahnhof. (= Zukunft)

3. Präsens zur Bezeichnung eines vergangenen Geschehens (historisches Präsens):
Aktz = Betrz, Betrz u. Aktz vor Sprz, − Mod, − Colloqu, + Adv
Das Präsens drückt in dieser Bedeutungsvariante vergangene Sachverhalte aus. Die Aktzeit und die Betrachtzeit liegen vor der Sprechzeit. In dieser Variante des Präsens ist ein Modalfaktor der Vermutung ausgeschlossen. Dagegen muß die Vergangenheitsbedeutung durch eine obligatorische Temporalangabe (*gestern, neulich, 1914* u. a.) − oder durch einen entsprechenden Kontext − deutlich werden. Diese Variante ist auf die Erzählung, auf die Beschreibung historischer Tatsachen und auf die Dichtersprache beschränkt:

Neulich treffe ich einen alten Schulkameraden.

4. Generelles oder atemporales Präsens:
Sprz = Betrz, Aktz während, vor und nach Sprz u. Betrz, − Mod, ± Colloqu, − Adv
Das Präsens drückt in dieser Bedeutungsvariante allgemeingültige Sachverhalte aus und ist an keine objektive Zeit gebunden. Die Sprechzeit und die Betrachtzeit sind zwar Gegenwart, die Aktzeit liegt jedoch während und zugleich vor und nach der Sprech- (und Betracht)zeit. Diese Variante des Präsens enthält keinen Modalfaktor und läßt auch eine zusätzliche Temporalangabe nicht zu:

Die Erde bewegt sich um die Sonne.

5.3.2. Präteritum

Aktz = Betrz, Betrz u. Aktz vor Sprz, − Mod, ± Colloqu, ± Adv
Das Präteritum bezeichnet vergangene Sachverhalte. Aktzeit und Betrachtzeit sind identisch, beide liegen vor der Sprechzeit. Zum Präteritum tritt eine fakultative Temporalangabe (*gestern, im vorigen Jahr, neulich, 1914* u. a.):

Er arbeitete (gestern) den ganzen Tag.

Anmerkung:

(1) In der „erlebten Rede" wird das Präteritum als Stilmittel manchmal benutzt, um gegenwärtige Sachverhalte zu kennzeichnen. In der erlebten Rede werden innere Vorgänge einer Person (Selbstgespräche, Gedankengänge u.a.) in der Perspektive der handelnden Person wiedergegeben. Die erlebte Rede hat die Hauptsatzform, die Perspektive der handelnden Person und in der Regel den Indikativ (wie die direkte Rede), aber die 3. Person (wie die indirekte Rede).

direkte Rede

Er fragte den Arzt: „Bin *ich* wirklich so schwer krank?"

indirekte Rede

Er fragte sich, *ob er* wirklich so schwer krank sei.

erlebte Rede

War er wirklich so schwer krank?

(2) Das Präteritum wird in wenigen erstarrten Formeln statt des Präsens gebraucht, wenn gegenwärtige Sachverhalte gemeint sind, der Sprecher sich aber an einer vorher bestehenden Situation (= Betrachtzeit) orientiert:

Wie *war* doch Ihr Name?
Wer *war* hier noch ohne Fahrschein?

(3) Das Präteritum ist in der Bedeutung mit der 1. Bedeutungsvariante des Perfekts nahezu identisch:

Er arbeitete gestern den ganzen Tag.
≈ Er hat gestern den ganzen Tag gearbeitet.

Zwischen dem Präteritum und der 1. Bedeutungsvariante des Perfekts bestehen lediglich relative Unterschiede dialektaler Art (im Süden des deutschen Sprachgebiets wird das Perfekt, im Norden das Präteritum bevorzugt; das Perfekt setzt sich jedoch auf Grund seines analytischen Charakters immer mehr durch) und in der Sprechhaltung (das Präteritum dient meist als Tempus der Erzählung in der schöngeistigen Literatur, das Perfekt dagegen der Besprechung von Sachverhalten im Alltagsgespräch). Bei Hilfsverben wird vorzugsweise das Präteritum verwendet.

5.3.3. Perfekt

1. Perfekt zur Bezeichnung eines vergangenen Geschehens:
Betrz = Sprz, Aktz vor Betrz u. Sprz, − Mod, ± Colloqu, ± Adv
Das Perfekt drückt in dieser Bedeutungsvariante vergangene Sachverhalte aus. Sprechzeit und Betrachtzeit sind identisch; die Aktzeit liegt vor ihnen. Diese Bedeutungsvariante des Perfekts enthält keinen Modalfaktor, hat jedoch eine fakultative Temporalangabe (*gestern, im vorigen Jahr, neulich, 1914* u.a.) bei sich:

Wir haben (gestern) die Stadt besichtigt.

2. Perfekt zur Bezeichnung eines zukünftigen Geschehens:
Aktz vor Betrz, Betrz nach Sprz, Aktz nach Sprz, ± Mod, + Colloqu, + Adv
Das Perfekt drückt in dieser Bedeutungsvariante zukünftige Sachverhalte aus, die man sich unter einem bestimmten Zeitpunkt (als Perspektive der Betrachtzeit) als abgeschlossen vorstellt. Sowohl die Aktzeit als auch die Betrachtzeit liegen nach der Sprechzeit, aber die Aktzeit liegt vor der Betrachtzeit, also zwischen Sprechzeit und Betrachtzeit. Diese Bedeutungsvariante des Perfekts kann (auch ohne zusätzliches lexikalisches Element) einen Modalfaktor der Vermutung enthalten. Sie ist jedoch gebunden an das obligatorische Auftreten einer zusätzlichen Adverbialbestimmung (*morgen, bald, bis Sonntag* u. a.):

Bis zum nächsten Jahr hat er seine Dissertation abgeschlossen.

Anmerkung:
Diese 2. Variante des Perfekts stimmt in der Bedeutung völlig mit der 2. Variante des Futur II überein; dabei wird meist das einfachere Perfekt dem komplizierten Futur II vorgezogen:

Bis zum nächsten Jahr *hat* er seine Dissertation *abgeschlossen.*
≈ Bis zum nächsten Jahr *wird* er seine Dissertation *abgeschlossen haben.*

5.3.4. Plusquamperfekt

Betrz = Sprz, Aktz vor Betrz und Sprz, − Mod, ± Colloqu, ± Adv
Das Plusquamperfekt bezeichnet immer vergangene Sachverhalte. Sprechzeit und Betrachtzeit sind identisch, die Aktzeit liegt vor ihnen. Das Plusquamperfekt enthält keinen Modalfaktor. Es hat eine zusätzliche fakultative Adverbialbestimmung (*im vorigen Jahr, gestern, 1914* u.a.) bei sich:

Er war (gestern) schon zu Hause angekommen.

5.3.5. Futur I

1. Futur I zur Bezeichnung eines vermuteten Geschehens in der Gegenwart:
Aktz = Betrz = Sprz, + Mod, + Colloqu, ± Adv
Diese Bedeutungsvariante des Futur I bezeichnet ein Geschehen in der Gegenwart, obligatorisch verbunden mit einem Modalfaktor der Vermutung. Fakultativ steht eine zusätzliche Temporalangabe (*jetzt, in diesem Augenblick* u.a.). Aktzeit, Betrachtzeit und Sprechzeit decken sich:

Er wird (jetzt) im Büro sein.

Anmerkung:

(1) Diese Bedeutungsvariante des Futur I deckt sich in der temporalen Charakteristik völlig mit dem Präsens (1. Bedeutungsvariante). Sie unterscheidet sich aber von ihr durch den vorhandenen Modalfaktor. (2) Handelt es sich um perfektive Verben, so bezieht sich das Futur I in dieser Bedeutungsvariante nicht auf ein gegenwärtiges, sondern auf ein zukünftiges Geschehen. Es nimmt damit die Bedeutung der Variante 2 des Futur I an:

Wir werden uns (wohl) am Bahnhof treffen.

2. Futur I zur Bezeichnung eines zukünftigen Geschehens:
Betrz = *Aktz, Betrz und Aktz nach Sprz,* ± *Mod,* + *Colloqu,* ± *Adv*
Diese Bedeutungsvariante des Futur I bezeichnet einen Sachverhalt in der Zukunft. Die Betrachtzeit deckt sich mit der Aktzeit, beide liegen nach der Sprechzeit. Diese Variante kann einen Modalfaktor (eine Vermutung) ausdrücken, muß es aber nicht. Das Futur I steht in dieser Variante mit einer fakultativen Temporalbestimmung (*morgen, bald, im nächsten Jahr* u. a.):

Wir werden (bald) das Resultat erfahren.

Anmerkung:
Diese Bedeutungsvariante des Futur I deckt sich mit der 2. Bedeutungsvariante des Präsens:

Wir *werden* das Resultat (bald) *erfahren*.
≈ Wir *erfahren* das Resultat (bald).

5.3.6. Futur II

1. Futur II zur Bezeichnung eines vermuteten Geschehens in der Vergangenheit:
Betrz = *Sprz, Aktz vor Betrz und Sprz,* + *Mod,* + *Colloqu,* ± *Adv*
Diese Bedeutungsvariante des Futur II bezeichnet ein Geschehen in der Vergangenheit, obligatorisch verbunden mit einem Modalfaktor der Vermutung. Eine zusätzliche Temporalangabe (*gestern, vor einigen Tagen* u. a.) tritt fakultativ auf. Die Betrachtzeit deckt sich mit der Sprechzeit, die Aktzeit liegt vor der Betrachtzeit und der Sprechzeit:

Er wird (gestern) die Stadt verlassen haben.

Anmerkung:
Diese Bedeutungsvariante des Futur II deckt sich in der temporalen Charakteristik völlig mit dem Perfekt (1. Bedeutungsvariante). Sie unterscheidet sich aber von ihr durch den vorhandenen Modalfaktor.

2. Futur II zur Bezeichnung eines zukünftigen Geschehens:
Aktz vor Betrz, Betrz nach Sprz, Aktz nach Sprz, ± *Mod,* + *Colloqu,* + *Adv*

Das Futur II drückt in dieser Bedeutungsvariante zukünftige Sachverhalte aus, die man sich unter einem bestimmten Zeitpunkt (Perspektive der Betrachtzeit) als abgeschlossen vorstellt. Sowohl die Aktzeit als auch die Betrachtzeit liegen nach der Sprechzeit, aber die Aktzeit liegt vor der Betrachtzeit, also zwischen Sprechzeit und Betrachtzeit. Diese Bedeutungsvariante des Futur II kann (auch ohne zusätzliches lexikalisches Element) einen Modalfaktor der Vermutung enthalten. Sie ist jedoch gebunden an das obligatorische Auftreten einer zusätzlichen Temporalbestimmung (*morgen, bald, bis Sonnabend* u. a.):

Morgen wird er die Arbeit beendet haben.

Anmerkung:
Diese 2. Variante des Futur II stimmt in der Bedeutung völlig mit der 2. Variante des Perfekts überein (vgl. dort).

Insgesamt drücken die grammatischen Tempora des Deutschen folgende reale Zeiten aus:

gram. Tempus / reale Zeit	Präsens	Präteritum	Perfekt	Plusquamperfekt	Futur I	Futur II
Gegenwart	+	−	−	−	+	−
Vergangenheit	+	+	+	+	−	+
Zukunft	+	−	+	−	+	+

5.4. Gebrauch der relativen Tempora

Der relative Gebrauch der Tempora ergibt sich aus der temporalen Abhängigkeit mehrerer Sachverhalte, die in einem zusammengesetzten Satz zueinander in Beziehung gesetzt werden.

1. Gleichzeitigkeit des Geschehens in Hauptsatz und Nebensatz
Verläuft das Geschehen in Haupt- und Nebensatz gleichzeitig, so wird in den beiden Teilsätzen in der Regel das gleiche Tempus verwendet:

Wenn es *regnet, bleiben* wir zu Hause.
Während er im Kino *war, ging* sein Freund spazieren.

2. Vorzeitigkeit des Geschehens im Nebensatz
Wenn das Geschehen im Nebensatz *vor* dem Geschehen im Hauptsatz abläuft, gilt folgendes für den Gebrauch der Tempora: Im Nebensatz steht in der Regel das *Perfekt*, wenn im Hauptsatz das *Präsens* steht. Im Nebensatz erscheint in der Regel das *Plusquamperfekt*, wenn im Hauptsatz das *Präteritum* verwendet wird:

Nachdem wir die Arbeit *beendet haben, fahren* wir nach Hause.
Nachdem wir die Arbeit *beendet hatten, fuhren* wir nach Hause

3. Nachzeitigkeit des Geschehens im Nebensatz
Verläuft das Geschehen im Nebensatz *nach* dem Geschehen im Hauptsatz, so werden die Tempora ähnlich wie bei Gleichzeitigkeit gebraucht:
Er *blieb* in der DDR, bis er mit seinem Studium fertig *war*.
Sie *bringt* das Kind in den Kindergarten, bevor sie zur Arbeit *geht*.

6. Genera

6.1. Formenbestand

		Aktiv	Vorgangspassiv	Zustandspassiv
Präs.	ich	impfe	werde geimpft	bin geimpft
Prät.	ich	impfte	wurde geimpft	war geimpft
Perf.	ich	habe geimpft	bin geimpft worden	bin geimpft gewesen
Plusq.	ich	hatte geimpft	war geimpft worden	war geimpft gewesen
Fut. I	ich	werde impfen	werde geimpft werden	werde geimpft sein
Fut. II	ich	werde geimpft haben	werde geimpft worden sein	werde geimpft gewesen sein

1. Das Vorgangspassiv wird gebildet aus den konjugierten Formen des Hilfsverbs *werden* + Partizip II des Vollverbs. Im Perfekt, Plusquamperfekt und Futur II verliert das Partizip II von *werden* das Präfix *ge-*:

Ich werde geimpft.
Ich bin geimpft *worden*.

Anmerkung:
Die futurischen Formen des Vorgangspassivs werden verhältnismäßig selten gebraucht. Das Futur I wird meist durch das Präsens, das Futur II durch das Perfekt ersetzt.

2. Das Zustandspassiv wird gebildet aus den konjugierten Formen des Hilfsverbs *sein* + Partizip II des Vollverbs:

Ich bin geimpft.
Ich war geimpft.

Anmerkung:
Das Perfekt und Plusquamperfekt sowie das Futur I und Futur II des Zustandspassivs werden verhältnismäßig selten verwendet. Das Perfekt und Plusquamperfekt werden gewöhnlich durch das Präteritum, das Futur I wird gewöhnlich durch das Präsens, das Futur II durch das Perfekt ersetzt.

6.2. Syntaktische Beschreibung

6.2.1. Einteilung nach der Zahl der Glieder

1. Eingliedrige Passivkonstruktion:

Es wird getanzt.

Die eingliedrige Passivkonstruktion enthält außer der Passivform des Verbs nur das nicht substituierbare unpersönliche *es* als formales syntaktisches Subjekt.

2. Zweigliedrige Passivkonstruktion:

Er wird gelobt.

Die zweigliedrige Passivkonstruktion enthält außer der Passivform des Verbs noch ein syntaktisches Subjekt, das substituierbar ist. Man spricht vom *persönlichen Passiv ohne* Angabe des *Agens*.

3. Dreigliedrige Passivkonstruktion:

Er wird vom Lehrer gelobt.

Die dreigliedrige Passivkonstruktion enthält außer der Passivform des Verbs noch ein substituierbares syntaktisches Subjekt und ein durch Präposition angeschlossenes Agens. Es handelt sich um das *persönliche Passiv mit* Angabe des *Agens*.

6.2.2. Ableitung aus dem Aktiv

Alle Passivkonstruktionen können mit Hilfe von Transformationen aus dem Aktiv abgeleitet werden:[1]

T 1a) $S^1n\ V\ S^2a \rightarrow S^2n$ werden V part II (pS^1)

Der Lehrer lobt den Schüler.
→ Der Schüler wird (von dem Lehrer) gelobt.

T 1b) $S^1n\ V\ S^2d \rightarrow S^2d$ werden V part II (pS^1)

Der Lehrer hilft dem Schüler.
→ Dem Schüler wird (von dem Lehrer) geholfen.

---

[1] Im folgenden werden folgende Abkürzungen verwendet:
T = Transformation, V = Verb in der finiten Form, Sn = Substantiv im Nominativ, Sa = Substantiv im Akkusativ, Sd = Substantiv im Dativ, Sg = Substantiv im Genitiv, pS = Präposition + Substantiv, part II = Partizip II. Die bei den Abkürzungen oben stehenden Zahlen dienen der Identifizierung der Substantive, die in Klammern stehenden Glieder sind fakultativ.

T 1c) $S^1n\ V\ S^2g \rightarrow S^2g$ werden V part II (pS^1)

Der Lehrer gedachte des Toten.
→ Des Toten wurde (von dem Lehrer) gedacht.

T 1d) $S^1n\ V\ pS^2 \rightarrow pS^2$ werden V part II (pS^1)

Der Lehrer sorgt für Arbeit.
→ Für Arbeit wird (von dem Lehrer) gesorgt.

T 1e) $S^1n\ V \rightarrow$ werden V part II pS^1

Die Zuschauer klatschten.
→ Es wurde von den Zuschauern geklatscht.

T 1f) Man V → Es werden V part II

Man tanzte.
→ Es wurde getanzt.

T 2) $S^1n\ V\ S^2a \rightarrow S^2n$ sein V part II

Der Lehrer öffnet das Fenster.
→ Das Fenster ist geöffnet.

Durch T 1 a, T 1 b, T 1 c, T 1 d, T 1 e und T 1 f wird das *Vorgangspassiv* mit seinen verschiedenen Arten, durch T 2 wird das *Zustandspassiv* abgeleitet.

6.3.
Semantische Beschreibung

Das Vorgangspassiv drückt den *gleichen Sachverhalt* in der objektiven Wirklichkeit aus wie das Aktiv. Es unterscheidet sich vom Aktiv jedoch durch eine *verschiedene Blickrichtung* auf das Geschehen. Das Aktiv läßt das Geschehen agensorientiert erscheinen, das Vorgangspassiv nicht. Das Zustandspassiv drückt – im Unterschied zu Aktiv und Vorgangspassiv – überhaupt kein Geschehen, keinen Prozeß, sondern einen Zustand – als Resultat eines Prozesses – aus. Zuerst *wird* das Fenster geöffnet (prozessual), im Resultat dieses Prozesses *ist* das Fenster geöffnet (nichtprozessual). Das Aktiv ist somit als prozessual und agensorientiert, das Vorgangspassiv als prozessual und nichtagensorientiert und das Zustandspassiv als nicht-prozessual und nichtagensorientiert zu charakterisieren:

	prozessual	agensorientiert
Aktiv	+	+
Vorgangspassiv	+	–
Zustandspassiv	–	–

6.4.
Vorgangspassiv

6.4.1.
Einschränkungen für das Vorgangspassiv nach T 1 a

Nicht jeder Satz mit der Struktur $S^1n\ V\ S^2a$ läßt die Bildung eines Vorgangspassivs entsprechend T 1a zu.

1. T 1a ist nicht möglich,
(1) wenn S²a kein Objekt, sondern eine Adverbialbestimmung ist (in diesem Falle verläuft die Passivtransformation nicht nach T 1a, sondern nach T 1e; der Akkusativ wird von ihr nicht berührt):

T 1a: Er aß den ganzen Apfel.
→ *Der ganze Apfel* wurde (von ihm) gegessen.
T 1e: Er arbeitete den ganzen Tag.
→ *Den ganzen Tag* wurde von ihm gearbeitet.

(2) wenn S²a in Verbindung mit einem Infinitiv steht:
(a) bei Hilfsverben:

Er *kann* sie besuchen.
→ *Sie wird (von ihm) besuchen gekonnt.

(b) bei Verben mit Infinitiv ohne *zu*:

Er sieht sie kommen.
→ *Sie wird (von ihm) kommen gesehen.

(3) bei reflexiven Verben:

Er wäscht *sich*.
→ *Er wird von sich gewaschen.

(4) bei Mittelverben (pseudo-transitiven Verben) (*bekommen, haben, besitzen, erhalten, kosten, enthalten, gelten, umfassen, wiegen, es gibt*):

Er bekam den Brief.
→ *Der Brief wurde (von ihm) bekommen.

2. T 1a ist nur beschränkt möglich,
(1) wenn Sa einen Gedankengehalt bzw. etwas Gewußtes nach Verben wie *kennen* oder *wissen* meint:

Er kannte das Buch nicht.
→ (*) Das Buch wurde (von ihm) nicht gekannt.

(2) wenn Sa einen Körperteil oder ein am Körper getragenes Kleidungsstück ausdrückt:

Die Zuhörer schüttelten *den Kopf*.
→ (*) Der Kopf wurde (von den Zuhörern) geschüttelt.

(3) wenn Sa Teil eines Funktionsverbgefüges ist und eine enge semantische Einheit mit dem Verb bildet:

Er treibt Sport.
→ (*)Sport wird (von ihm) getrieben.

(4) wenn Sa ein inneres Objekt (als Akkusativ des Inhalts) ausdrückt:

Er kämpfte *einen schweren Kampf*.
→ (*)Ein schwerer Kampf wurde (von ihm) gekämpft.

6.4.2.
Einschränkungen für das Vorgangspassiv nach T 1b bis T 1f

Auch die Bildung des Passivs entsprechend den Transformationen T 1b bis T 1f unterliegt bestimmten Einschränkungen. Die Passivbildung nach T 1b bis T 1f ist nicht möglich

(1) bei den intransitiven Verben, die ihre Vergangenheitsformen mit *sein* bilden:

Er *ist* seinem Freund begegnet.
→ *Seinem Freund wird (von ihm) begegnet.

(2) bei reflexiven Verben:

Er nützt sich.
→ *Sich wird (von ihm) genützt.

(3) bei Verben, die keine Aktivität des Subjekts zulassen, sondern Relationen ausdrücken (bei denen oft sogar das „logische" Subjekt im Dativ steht):

Er *ähnelt* seinem Vater.
→ *Seinem Vater wird (von ihm) geähnelt.

6.4.3.
Anschluß des Agens im Vorgangspassiv

In dem durch die Transformationen T 1a bis T 1d gebildeten Vorgangspassiv tritt das Agens fakultativ auf. Es wird mit Hilfe der Präpositionen *von* oder *durch* angeschlossen.

Er wurde *von* den Freunden überzeugt.
Er wurde *durch* die Freunde überzeugt.

Anmerkung:

(1) Ein Bedeutungsunterschied zwischen *von* und *durch* wird meist nur empfunden, wenn beide im gleichen Satz nebeneinanderstehen:

Ich wurde *von* meinem Freund *durch* einen Boten verständigt.

In diesem Falle weist *von* auf das Agens (das Nominativsubjekt des aktivischen Satzes, den Urheber oder die Ursache), *durch* auf das Mittel oder den Vermittler (= *mit*).
(2) Es steht *von* vornehmlich bei Personen, auch bei Abstrakta und seltener bei Sachen, umgekehrt *durch* vor allem bei Sachen, auch bei Abstrakta und seltener bei Personen.
(3) In T 1e tritt das Agens obligatorisch auf, in T 1f tritt es nicht auf.

6.5.
Zustandspassiv

6.5.1.
Ableitung des Zustandspassivs

In der Regel wird das Zustandspassiv nicht direkt vom Aktiv, sondern über das Vorgangspassiv abgeleitet:

Der Arzt impft den Patienten. (= Aktiv)
→ Der Patient wird (vom Arzt) geimpft. (= Vorgangspassiv)
→ Der Patient ist (vom Arzt) geimpft. (= Zustandspassiv)

Deshalb ist ein Zustandspassiv in der Regel nur dann möglich, wenn es auch ein entsprechendes Vorgangspassiv gibt.

6.5.2.
Unterscheidung von anderen Formen

1. Im Unterschied zum Zustandspassiv ist beim *adjektivischen Prädikativ* kein verbaler Ursprung mehr erkennbar. Deshalb kann das adjektivische Prädikativ weder auf eine Präsensform (wie das Perfekt Aktiv) noch auf ein Vorgangspassiv (wie das Zustandspassiv) noch auf eine reflexive Form (wie das Zustandsreflexiv) zurückgeführt werden:

adjektivisches Prädikativ
Der Mann *ist begabt*. ←*Der Mann begabt.
 ←*Der Mann ist begabt worden.
 ←*Der Mann begabt sich.

Zustandspassiv
Der Brief *ist geschrieben*. ←*Der Brief schreibt.
 ← Der Brief ist geschrieben worden.
 ←*Der Brief schreibt sich.

2. Auch mit dem *Perfekt Aktiv* wird das Zustandspassiv oft verwechselt, da es formale – und oft auch semantische – Übereinstimmung gibt:

Perfekt Aktiv
Die Frucht *ist gereift* (= reif).

Zustandspassiv
Das Fenster *ist geöffnet* (= offen).

Der Unterschied zwischen beiden Formen wird dadurch deutlich, daß das Perfekt Aktiv (im Gegensatz zum Zustandspassiv) auf das Präsens zurückgeführt werden kann, daß dagegen das Zustandspassiv (im Gegensatz zum Perfekt Aktiv) auf ein entsprechendes Vorgangspassiv zurückgeführt werden kann:

Perfekt Aktiv
Die Frucht *ist gereift*. ← Die Frucht reift.
 ←*Die Frucht ist gereift worden.
 ←*Die Frucht reift sich.

Zustandspassiv
Der Brief *ist geschrieben*. ←*Der Brief schreibt.
 ← Der Brief ist geschrieben worden.
 ←*Der Brief schreibt sich.

Gemeinsam ist beiden Formen, daß sie auf einen verbalen Ursprung zurückgeführt werden können (im Unterschied zum adjektivischen Prädikativ) und daß ihnen keine reflexive Konstruktion zugrunde liegt (im Unterschied zum Zustandsreflexiv).

3. Das Zustandspassiv stimmt formal völlig mit dem *Zustandsreflexiv* überein. Das Zustandsreflexiv geht jedoch nicht – wie das Zustandspassiv – auf ein entsprechendes Vorgangspassiv, sondern auf eine entsprechende reflexive Konstruktion zurück:

Zustandsreflexiv
Das Mädchen *ist verliebt*. ← *Das Mädchen verliebt.
                                    ← *Das Mädchen ist verliebt worden.
                                    ← Das Mädchen verliebt sich.

Zustandspassiv
Der Brief *ist geschrieben*. ← *Der Brief schreibt.
                                    ← Der Brief ist geschrieben worden.
                                    ←*Der Brief schreibt sich.

Gemeinsam ist dem Zustandspassiv und dem Zustandsreflexiv, daß sie auf einen verbalen Ursprung zurückgeführt werden können (im Unterschied zum adjektivischen Prädikativ) und daß sie nicht auf das Präsens ohne Veränderung des Genus zurückgeführt werden können (im Unterschied zum Perfekt Aktiv).

6.5.3.
Einschränkungen für die Bildung des Zustandspassivs

Nicht jeder Satz mit der Struktur $S^1n\ V\ S^2a$ läßt die Bildung eines Zustandspassivs entsprechend T 2 zu. Ein Zustandspassiv kann nur gebildet werden von solchen transitiven Verben, die zugleich ein Vorgangspassiv bilden können und die semantisch einen so starken Grad der Affizierung des Akkusativobjekts ausdrücken, daß ein zeitweilig bleibendes Resultat, eine Art Qualitätsveränderung überhaupt ermöglicht wird. Ein solches bleibendes Resultat wird – auf Grund der Bedeutung des Verbs – nicht ermöglicht bei Verben wie z.B. *ausüben, befragen, beglückwünschen, bewundern, bieten, brauchen, loben, streicheln, zeigen* (deshalb können sie auch kein Zustandspassiv bilden), wohl aber bei Verben wie *beleuchten, ernten, pflastern, schreiben, verletzen* u.a. (die deshalb ein Zustandspassiv bilden können).

7.
Modi

7.1.
Formenbestand

Im Deutschen werden drei Modi unterschieden:
Indikativ – Konjunktiv – Imperativ
Zum Formenbestand des Indikativs vgl. Kap. „Formensystem" (S. 14ff.).

7.1.1.
Konjunktiv

1. Konjunktiv Präsens
Die Konjugation im Konjunktiv Präs. ist dadurch gekennzeichnet, daß in allen Endungen ein *e* erscheint. Dadurch ergeben sich Unterschiede zum Indikativ Präs. in der 3. Person Sing., die ganz verschiedene Endungen besitzt (Indikativ -*t*, Konjunktiv -*e*), und in der 2. Person Sing./Pl., wo der Indikativ gewöhnlich eine Form ohne *e* hat:

Indikativ   *Konjunktiv*

ich gehe	wir gehen	ich gehe	wir gehen
du gehst	ihr geht	du **gehest**	ihr **gehet**
er geht	sie gehen	er **gehe**	sie gehen

Weitere Unterschiede zum Indikativ ergeben sich bei den unregelmäßigen Verben, die im Indikativ in der 2. und 3. Person Sing. Umlaut oder *e/i*-Wechsel haben. Im Konjunktiv Präs. gibt es weder Umlaut noch *e/i*-Wechsel.

Indikativ   *Konjunktiv*

du trägst   du tragest
er trägt   er trage

du nimmst   du nehmest
er nimmt   er nehme

2. Konjunktiv Präteritum
Der Konjunktiv Prät. der regelmäßigen Verben stimmt mit dem Indikativ Prät. überein.
Der Konjunktiv Prät. der unregelmäßigen Verben enthält im Gegensatz zum Indikativ Prät. in allen Endungen ein *e* (wie der Konjunktiv Präs.):

Indikativ   *Konjunktiv*

ich schrieb	wir schrieben	ich schriebe	wir schrieben
du schriebst	ihr schriebt	du schriebest	ihr schriebet
er schrieb	sie schrieben	er schriebe	sie schrieben

Die unregelmäßigen Verben mit umlautfähigem Stammvokal im Indikativ Prät. haben außerdem im Konjunktiv Prät. noch den Umlaut:

Indikativ   *Konjunktiv*
ich nahm   ich nähme
ich bot   ich böte
ich trug   ich trüge

3. Konjunktiv der zusammengesetzten Tempora

Der Konjunktiv Perf. wird mit dem Konjunktiv Präs. von *haben/sein* plus Partizip II des Verbs gebildet, der Konjunktiv Plusq. entsprechend mit dem Konjunktiv Prät. Bei den Verben mit *haben* fallen dabei einige Formen im Konjunktiv Perf. mit den entsprechenden indikativischen Formen zusammen (1. Person Sing., 1./3. Person Pl.).

	Indikativ	*Konjunktiv*
Perf.	ich *habe* gearbeitet du hast gearbeitet usw.	ich *habe* gearbeitet du habest gearbeitet usw.
	ich bin gegangen du bist gegangen usw.	ich sei gegangen du seiest gegangen usw.
Plusq.	ich hatte gearbeitet du hattest gearbeitet usw.	ich hätte gearbeitet du hättest gearbeitet usw.
	ich war gegangen du warst gegangen usw.	ich wäre gegangen du wärest gegangen usw.

Der Konjunktiv Fut. I wird mit dem Konjunktiv Präs. von *werden* plus Infinitiv I des Verbs gebildet, der Konjunktiv Fut. II entsprechend mit dem Infinitiv II. Auf Grund des weitgehenden Formenzusammenfalls zwischen dem Indikativ und Konjunktiv Präs. von *werden* sind Unterschiede zwischen dem Indikativ Fut. und Konjunktiv Fut. nur in der 2. und 3. Person Sing. vorhanden:

Indikativ   *Konjunktiv*
du wirst gehen   du werdest gehen
er wird gehen   er werde gehen

4. Die *würde*-Form

Neben den regulären Konjunktivformen kann im Deutschen noch eine besondere Konjunktivform aus dem Konjunktiv Prät. von *werden* und dem Infinitiv (I und II) des Verbs gebildet werden. Die sogenannte *würde*-Form kann als Ersatz für nahezu alle anderen Konjunktivformen stehen.

Besonders oft werden Konjunktiv Präs., Prät. und Fut. durch *würde* + Infinitiv I ersetzt, vor allem, wenn sie mit den indikativischen Formen zusammenfallen und die durch die Konjunktivformen ausgedrückten Funktionen auch nicht durch andere Sprachmittel gekennzeichnet sind:

Ich habe gesagt, ich besuche ihn am Sonntag.
→ Ich habe gesagt, ich würde ihn am Sonntag besuchen.
Wenn er regelmäßig trainierte, erreichte er mehr.
→ Wenn er regelmäßig trainieren würde, erreichte er mehr.

Die *würde*-Form ersetzt weiterhin die wenig gebräuchlichen Präteritalformen einiger unregelmäßiger Verben:

Wenn ich Zeit hätte, hülfe ich dir.
→ Wenn ich Zeit hätte, würde ich dir helfen.

7.1.2. Imperativ

Der Imperativ verfügt nur über Formen für die 2. Person Sing. und Pl. im Präs. Aktiv.
Die Singularform des Imperativs ist gewöhnlich durch die Endung -*e*, die an den Infinitivstamm angefügt wird, gekennzeichnet. Die Pluralform hat die Endung -*t* und entspricht damit der 2. Person Pl. Präs. Indikativ. Zusätzlich dienen zur Kennzeichnung des Imperativs die Spitzenstellung der Imperativform im Satz, eine verstärkte Druckbetonung und das Fehlen (selten auch: die Nachstellung) des Personalpronomens.

Frage ihn selbst! Bitte ihn herein! Erhole dich gut!
Schreibt es auf! Setzt euch! Rechnet es schriftlich!

Beide Imperativformen finden nur für die vertrauliche Form der 2. Person (*du; ihr*) Verwendung. Für die höfliche Form (*Sie*) steht eine weitere Imperativform zur Verfügung, die formal mit der 3. Person Pl. identisch ist. Diese Höflichkeitsform gilt für Singular und Plural. Sie ist wie die vertraulichen Imperativformen zusätzlich durch Spitzenstellung und verstärkte Druckbetonung gekennzeichnet. Im Unterschied zu diesen ist bei der Höflichkeitsform jedoch das Personalpronomen (*Sie*) obligatorisch. Es ist der Imperativform stets nachgestellt.

Fragen Sie ihn selbst! Erholen Sie sich gut! Schreiben Sie es auf!

Anmerkung:
(1) Gegenüber dem Umlaut und dem *e/i*-Wechsel des Stammvokals bei einigen unregelmäßigen Verben im Indikativ. Präs. Sing. verhält sich die Singularform des Imperativs unterschiedlich. Während ein Umlaut im Imperativ nicht erfolgt (a), wird der *e/i*-Wechsel wie im Indikativ vollzogen (b). Bei den Verben mit *e/i*-Wechsel ist außerdem zu beachten, daß das die Singularform des Imperativs kennzeichnende *e* obligatorisch ausfällt.

	Indikativ	*Imperativ*
(a)	du bläst	blase
(b)	du nimmst	nimm

Modi

(2) Bei den Verben auf *-eln* fällt gewöhnlich das *e* des Suffixes aus:

Schüttle das Glas! Bummle nicht! Lächle doch!

(3) Besondere Imperativformen bildet das Verb *sein:*

Singular: *sei*   Plural: *seid*   Höflichkeitsform: *seien Sie*

7.2.
Gebrauch der Modi

Der Indikativ ist die allgemeine Form sprachlicher Äußerungen (mit Ausnahme von Aufforderungen). Er dient sowohl zur Führung eines Gesprächs als auch zur Erzählung und zur sachlichen Darstellung. Gegenüber dem Indikativ spielen der Konjunktiv und der Imperativ eine beschränkte Rolle. Dabei dient der Imperativ zum Ausdruck der verschiedenen Formen der Aufforderung. Der Konjunktiv ist an bestimmte Satzformen gebunden.

7.2.1.
Konjunktiv

7.2.1.1.
Indirekte Rede

Die indirekte Rede ist die vermittelte Wiedergabe fremder oder früherer eigener Aussage durch den Sprecher. Neben dem Konjunktiv (1.) dienen zu ihrer Kennzeichnung redeeinleitende Verben (2.), die Nebensatzform (3.) und die Pronominalverschiebung (4.). Keines dieser Mittel erscheint immer, doch ist in der Regel zumindest eines vorhanden, um die indirekte Rede als solche zu markieren.

1. Der Konjunktiv in der indirekten Rede

Der Konjunktiv tritt in der indirekten Rede neben dem Indikativ auf. Er wird dem Indikativ vorgezogen, wenn das redeeinleitende Verb im Präteritum steht und wenn die indirekte Rede die Form eines uneingeleiteten Nebensatzes (scheinbare Hauptsatzform) hat. Bei mehreren aufeinanderfolgenden uneingeleiteten Nebensätzen ohne wiederholtes redeeinleitendes Verb – in der sogenannten berichteten Rede – ist der Konjunktiv obligatorisch.

Für die Verwendung des Konjunktivs in der indirekten Rede ist die Unterscheidung zwischen Gleich-, Vor- und Nachzeitigkeit von großer Bedeutung. Wenn die Aktzeit der Rede mit der Sprechzeit der Redeeinleitung identisch ist, sprechen wir von Gleichzeitigkeit. Wenn die Aktzeit der Rede vor der Sprechzeit der Redeeinleitung liegt, handelt es sich um Vorzeitigkeit. Im umgekehrten Falle ist Nachzeitigkeit gegeben.

(1) Zur Wiedergabe der Gleichzeitigkeit dienen Konjunktiv Präsens und Präteritum:

Sie sagt: „Ich lese gerade einen Roman von Tolstoi."
→ Sie sagt, sie lese/läse gerade einen Roman von Tolstoi.

(2) Für die Wiedergabe der Vorzeitigkeit werden Konjunktiv Perfekt und Plusquamperfekt verwendet:

Sie sagt: „Ich habe den Roman schon früher gelesen."
→ Sie sagt, sie habe/hätte den Roman schon früher gelesen.

Anmerkung:
Regeln für die Wahl zwischen Konjunktiv Präs. und Prät. einerseits und Konjunktiv Perf. und Plusq. andererseits lassen sich in allgemeingültiger Form nicht geben. Schriftsprachlich werden Präs. und Perf. bevorzugt und Prät. und Plusq. nur verwendet, wenn jene nicht als Konjunktiv deutlich sind (z. B. Perf. mit *haben* im Plural).
Das mögliche Nebeneinander der genannten Formen schließt jedoch nicht aus, daß ihnen unter stilistischem Aspekt eine bestimmte Funktionsteilung zugeschrieben werden kann. So wird mit dem Indikativ in bestimmten Fällen eine „Identifizierung" ausgedrückt, mit dem Konjunktiv Präs. (= Gleichzeitigkeit) und Perf. (= Vorzeitigkeit) eine „Neutralisierung" und mit dem Konjunktiv Prät. (= Gleichzeitigkeit) und Plusq. (= Vorzeitigkeit) eine „Distanzierung":

Der Journalist schreibt, Schiller ist/sei/wäre der größte deutsche Dichter.

(3) Zur Wiedergabe der Nachzeitigkeit dienen Konjunktiv Futur I und die *würde*-Form. Daneben können – entsprechend dem Gebrauch im Indikativ – auch die zum Ausdruck der Gleichzeitigkeit dienenden konjunktivischen Tempusformen (Präs. und Prät.) die Nachzeitigkeit wiedergeben. Somit stehen für die Wiedergabe nachzeitigen Geschehens in der indirekten Rede bis zu sechs – indikativische und konjunktivische – Formen zur Verfügung:

Er sagt, er kommt/wird kommen.
     er komme/käme.
     er werde/würde kommen.

2. Redeeinleitende Verben
Die indirekte Rede ist abhängig von einem übergeordneten Verb des Sagens. Entsprechend der Sprecherintention kann es ein Verb (bzw. eine verbale Verbindung) des Sagens im engeren Sinne (*sagen, äußern, Antwort geben...*), des Fragens (*fragen, Frage stellen...*) oder Aufforderns (*auffordern, anordnen, Befehl erteilen...*) sein. Von indirekter Rede kann man teilweise auch dann sprechen, wenn es sich nicht um ein Verb des Sagens, sondern um ein Verb (bzw. eine verbale Verbindung) des Denkens, Fühlens oder der Wahrnehmung handelt. Nach diesen Verben ist öfters nicht der Konjunktiv, sondern nur der Indikativ möglich. Unterschiedlich verhalten sich zum Teil auch die Tempusformen. Man vgl.:

Er sagte: „Ich bin krank."
→ Er sagte, daß er krank ist/sei/wäre.
Er wußte: Ich bin krank.
→ Er wußte, daß er krank war/(ist)/*sei/*wäre.

3. Nebensatzform der indirekten Rede
Die indirekte Rede steht in Form von eingeleiteten Nebensätzen (mit Endstellung des finiten Verbs) oder von uneingeleiteten Nebensätzen (mit Zweitstellung des finiten Verbs). Eine Differenzierung dieser Formen ergibt sich aus den Satzarten, die in der indirekten Rede auftreten.

(1) Der indirekte *Aussagesatz* ist als eingeleiteter und uneingeleiteter Nebensatz möglich. Einleitungswort ist die Konjunktion *daß*:

Er sagte mir, daß er sie besucht habe.
                er habe sie besucht.

(2) Der indirekte *Fragesatz* ist nur als eingeleiteter Nebensatz möglich. Einleitungswörter sind Interrogativpronomina und -adverbien (bei der indirekten Ergänzungsfrage) oder die Konjunktion *ob* (bei der indirekten Entscheidungsfrage):

Ich fragte ihn, wen er besucht habe.
                wann er sie besucht habe.
                ob er sie besucht habe.

(3) Der indirekte *Aufforderungssatz* ist wie der Aussagesatz in eingeleiteter und uneingeleiteter Form möglich. Einleitungswort ist ebenfalls die Konjunktion *daß*. Zur Unterscheidung vom indirekten Aussagesatz ist zusätzlich das Modalverb *sollen* oder *mögen* nötig:

Ich bat ihn, daß er sie besuchen möge/solle.
              er möge/solle sie besuchen.

4. Pronominalverschiebung
Bei der Verwandlung der direkten in die indirekte Rede wird oft auch eine Personenverschiebung notwendig. Die Personal- und Possessivpronomina der 1. und 2. Person (vereinzelt auch die der 3. Person) verändern sinngemäß ihre Personalform:

Er sagte (zu mir über *sich*): „*Ich* komme."
                , er komme/ käme.
Er sagte (zu *dir* über mich): „Er kommt zu *dir*."
                , ich käme zu *dir*.
Du sagtest (zu mir über ihn): „Er kommt zu *mir*."
                , er komme/käme zu *dir*.

Anmerkung:
Ähnlich wie in der indirekten Rede ist der Konjunktivgebrauch auch im Komparativsatz mit der Konjunktion *als* (*ob*). Zum Ausdruck der Gleichzeitigkeit dienen Konjunktiv Präsens und Präteritum (1); die Vorzeitigkeit wird durch Konjunktiv Perfekt oder Plusquamperfekt (2) ausgedrückt:

(1) Er tut/tat so, als ob er mich nicht sehe/sähe.
(2) Er tut/tat so, als ob er mich nicht gesehen habe/hätte.

7.2.1.2. Konditionalsatz

Während der Konjunktiv in der indirekten Rede lediglich ein fakultatives Mittel neben anderen ist, kommt dem Konjunktiv im Konditionalsatz eine spezifische Funktion zu. Nur mit seiner Hilfe ist es möglich, zwischen realen und potentiellen/irrealen Bedingungen zu unterscheiden. Ein zweites besonderes Merkmal des Konditionalsatzes gegenüber der indirekten Rede ist, daß der Konjunktiv nicht nur im Nebensatz, sondern auch im Hauptsatz erscheint. Der wesentlichste Unterschied besteht jedoch in den unterschiedlichen Zeitverhältnissen. Während in der indirekten Rede Gleich-, Vor- und Nachzeitigkeit zur Sprechzeit der Redeeinleitung ausgedrückt werden, wird im Konditionalsatz stets eine Gleichzeitigkeit zu einer kontextuellen Aktzeit wiedergegeben. Eine Differenzierung der Tempusformen im Konditionalsatz ergibt sich erst dadurch, daß diese Aktzeit einmal Gegenwart bzw. Zukunft und ein andermal Vergangenheit ist. Dieser verschiedene Zeitbezug wird im Konditionalsatz mit Indikativ durch andere Tempusformen ausgedrückt als im Konditionalsatz mit Konjunktiv.

Man vergleiche:

1. Konditionalsatz mit Indikativ
Beim Konditionalsatz mit Indikativ ist zwischen dem Gefüge mit Präs./Fut. I (1) und dem Gefüge mit Prät./Perf. (2) zu unterscheiden: (1) bezieht sich auf die Gegenwart/Zukunft und meint die Realisierbarkeit des bedingenden Geschehens (im NS) und des bedingten Geschehens (im HS) mit einem hohen Grad von Wahrscheinlichkeit.
(2) bezieht sich auf die Vergangenheit und meint realisiertes bedingendes und bedingtes Geschehen.
In beiden Fällen spricht man von einem *realen* Konditionalsatz.

(1) Wenn er Zeit hat, geht er spazieren.
(2) Wenn er Zeit hatte, ging er spazieren.

2. Konditionalsatz mit Konjunktiv
Beim Konditionalsatz mit Konjunktiv ist zwischen dem Gefüge mit Prät./*würde*-Form (1) und dem Gefüge mit Plusq. (2) zu unterscheiden:
(1) bezieht sich – analog zu 1. (1) – auf die Gegenwart und meint die Realisierbarkeit des bedingenden Geschehens und des bedingten Geschehens mit einem geringen Grad von Wahrscheinlichkeit (sog. *potentieller* Konditionalsatz).
(2) bezieht sich – analog zu 1. (2) – auf die Vergangenheit und meint nicht-realisiertes bzw. nicht mehr realisierbares bedingendes und bedingtes Geschehen (sog. *irrealer* Konditionalsatz).

(1) Wenn er Zeit hätte, ginge er spazieren.
(2) Wenn er Zeit gehabt hätte, wäre er spazierengegangen.

Anmerkung:

Der Zeitbezug des konjunktivischen Konditionalsatzes, d.h. die kontextuelle Aktzeit, zu der der Konditionalsatz im Verhältnis der Gleichzeitigkeit steht, wird in der Regel erkennbar aus einem vorausgehenden indikativischen Satz mit negativer bzw. antonymischer Aussage.

Gegenwart

Es regnet heute. Wenn schönes Wetter wäre, machten wir einen Ausflug.

Vergangenheit

Es regnete gestern. Wenn schönes Wetter gewesen wäre, hätten wir einen Ausflug gemacht.

3. Einfacher Satz mit konditionalem Satzglied
Die gleichen Beziehungen wie unter 1. und 2. liegen Sätzen zugrunde, in denen die Bedingung nicht in Form eines Nebensatzes, sondern in Form eines Satzgliedes ausgedrückt ist.

(1) Gegenwart

realer Konditionalsatz

Bei intensiver Bodenbearbeitung liegen die Erträge höher.
← Wenn der Boden intensiv bearbeitet wird, liegen die Erträge höher.

potentieller Konditionalsatz

Bei intensiver Bodenbearbeitung lägen die Erträge höher.
← Wenn der Boden intensiv bearbeitet würde, lägen die Erträge höher.

(2) Vergangenheit

realer Konditionalsatz

Bei intensiver Bodenbearbeitung lagen die Erträge höher.
← Wenn der Boden intensiv bearbeitet wurde, lagen die Erträge höher.

irrealer Konditionalsatz

Bei intensiver Bodenbearbeitung hätten die Erträge höher gelegen.
← Wenn der Boden intensiv bearbeitet worden wäre, hätten die Erträge höher gelegen.

Anmerkung:

1. Die gleichen Konjunktivformen wie der Konditionalsatz hat üblicherweise auch der mit der Konjunktion *als daß* eingeleitete Konsekutivsatz. Im Gegensatz zum Konditionalsatz jedoch, wo die Konjunktion (*wenn*) homonym ist und die Aussage „real" oder „potentiell/irreal" allein durch die Modusform zustandekommt, wird im Konsekutivsatz dieser Unterschied bereits durch die Konjunktion (real: *so daß* – potentiell/irreal: *als daß*) ausgedrückt. *als daß*-Sätze können deshalb auch im Indikativ stehen, ohne daß sich die Aussage ändert. Ein weiterer Unterschied besteht darin, daß beim Konditionalsatz Hauptsatz

und Nebensatz im Konjunktiv stehen und der Zeitbezug (Gegenwart oder Vergangenheit) nur kontextuell vorhanden ist, während beim Konsekutivsatz nur der Nebensatz im Konjunktiv steht und der Zeitbezug im Hauptsatz gegeben ist.

(1) Gegenwart (Konjunktiv Prät. bzw. Indikativ Präs.)

Das Wasser *ist* zu kalt, als daß man baden *könnte* (..., als daß man baden *kann*).

(2) Vergangenheit (Konjunktiv Plusq. bzw. Indikativ Prät.)

Das Wasser *war* zu kalt, als daß man *hätte* baden können (..., als daß man baden *konnte*.)

2. Der Konjunktiv steht gelegentlich auch im *ohne daß*-Satz. In den grammatischen Merkmalen besteht eine große Ähnlichkeit zum *als daß*-Satz.

Er hilft jedem bereitwillig, ohne daß man ihn darum bäte (bzw. bittet). Ich habe tüchtig gefroren, ohne daß ich mich erkältet hätte (bzw. habe).

7.2.1.3.
Konjunktiv im einfachen Satz

1. Konjunktiv Präsens

Der Konjunktiv Präs. im einfachen Satz hat imperativische Bedeutung. Es handelt sich dabei um eine Ersatzfunktion des Konjunktivs für die fehlende Form des Imperativs in der 3. Person Sing. Der Gebrauch ist auf bestimmte Verben beschränkt, die den Charakter von festen Wendungen (vor allem in Losungen und Sentenzen) haben:

Es lebe der 1. Mai!

Häufiger – in Gebrauchsanweisungen, Kochrezepten u. ä. – kommt der imperativische Konjunktiv mit dem unbestimmt-persönlichen Pronomen *man* vor:

Man nehme 6 Eier, 200 g Mehl...

2. Konjunktiv Präteritum/Plusquamperfekt

Um Umschreibungen des Aufforderungssatzes im weitesten Sinne handelt es sich auch bei der Verwendung des Konjunktivs Prät./Plusq. in bestimmten Formen des einfachen Satzes. Formen- und bedeutungsmäßig ist dabei eine starke Ähnlichkeit mit dem Konjunktiv im Konditionalsatz zu erkennen.

Die präteritale Form bezieht sich auf die Gegenwart, das Plusquamperfekt bezieht sich auf die Vergangenheit.

Im wesentlichen kommen der Konjunktiv Prät. und der Konjunktiv Plusq. in zwei Satzformen vor: (1) im sog. irrealen Wunschsatz und (2) in bestimmten Modalverbverbindungen.

(1) Der irreale Wunschsatz

Der irreale Wunschsatz entspricht in der Form völlig einem konditionalen Nebensatz (eingeleitet mit *wenn*, uneingeleitet mit Spitzenstellung des Verbs) mit einem zusätzlichen modalen Element, das die Aussage des Wunschsatzes signalisiert. Als solche signalisierenden Elemente fungieren in der Regel die Partikeln *doch* oder *nur*:

Gegenwart
Wenn ich dir nur/doch helfen könnte!
Könnte ich dir nur/doch helfen!

Vergangenheit
Wenn ich nur/doch nichts gesagt hätte!
Hätte ich nur/doch nichts gesagt!

(2) Modalverbverbindungen

Die Modalverbverbindungen stehen häufiger im Konjunktiv Plusq. (für die Vergangenheit) als im Konjunktiv Prät. (für die Gegenwart). Solche Verbindungen sind nur mit den eine Aufforderung ausdrückenden Modalverben *müssen*, *sollen*, *dürfen* möglich. Die im Modalverb ausgedrückte Aufforderung ist wie die konjunktivische Bedingung irrealer Art und ergibt sich aus einer im Kontext vorhandenen negativen bzw. antonymischen Aussage im Indikativ:

Vergangenheit
Sie *haben* die Arbeit nicht vorbereitet. Sie *hätten* die Arbeit vorbereiten *müssen*.

7.2.2. Imperativ

Der Imperativ ist die Grundform der Aufforderung des Sprechers (1. Person) an die angesprochene Person (2. Person). Das Wesen der Aufforderung, die im allgemeinsten Sinne zu verstehen ist und auch Bitte und Wunsch umfaßt, ergibt sich aus der Kontrastivität zur Aussage und zur Frage, die wie die Aufforderung in speziellen Satzarten verwirklicht sind. Vgl. dazu das Kap. „Satzarten" (S. 244 ff.).

8.
Reflexive Verben

8.1. Formenbestand

1. Die reflexiven Verben verfügen nur in der 3. Person über ein spezielles morphologisches Kennzeichen, das Reflexivpronomen *sich*. Als kennzeichnendes Element in der 1. und 2. Person dient das Personalpronomen der 1. und 2. Person.

		Akkusativ	Dativ
Sing.	1. Pers.	ich schäme mich	ich verbitte es mir
	2. Pers.	du schämst dich	du verbittest es dir
	3. Pers.	er schämt *sich*	er verbittet es *sich*
Pl.	1. Pers.	wir schämen uns	wir verbitten es uns
	2. Pers.	ihr schämt euch	ihr verbittet es euch
	3. Pers.	sie schämen *sich*	sie verbitten es *sich*

2. Die reflexiven Verben haben die gleichen Tempus- und Modusformen wie die nicht-reflexiven Verben. Die Bildung des Perfekts, Plusquamperfekts und Infinitivs II erfolgt immer mit *haben,* nie mit *sein.*

3. Die Reflexivität eines Verbs schließt die Bildung von Passivformen aus. Die aus *sein* plus Partizip II zusammengesetzten Formen ohne Reflexivpronomen, die von zahlreichen reflexiven Verben gebildet werden können, sind nur scheinbar Formen eines Zustandspassivs. In Wirklichkeit handelt es sich hier um das Zustandsreflexiv:

ich bin erholt
ich war erholt
ich bin erholt gewesen usw.

4. Alle reflexiven Verben können in der Form des Partizips I als Attribut erscheinen:

der sich verspätende Zug

Die Attribuierung in der Form des Partizips II ist dagegen nur von den reflexiven Verben möglich, die auch ein Zustandsreflexiv bilden können. Das attributive Partizip II steht ohne Reflexivpronomen:

der verspätete Zug

8.2.
Syntaktische Beschreibung

Die reflexiven Verben sind in syntaktischer Hinsicht keine einheitliche Gruppe. Es sind zwei Hauptgruppen zu unterscheiden:

Bei den Verben der ersten Gruppe (*reflexive Verben*) ist das Reflexivpronomen durch ein Substantiv ersetzbar:

Das Kind kämmt sich.
→ Das Kind kämmt die Puppe.

Das Reflexivpronomen steht hier für ein Substantiv mit Objektscharakter, das mit dem Subjekt des Verbs identisch ist. Hier liegt also im semantischen Sinne tatsächlich ein reflexives (= rückbezügliches) Verhältnis vor.
Eine Homonymie ergibt sich, wenn das Reflexivpronomen fehlt (wie im Zustandsreflexiv und beim attributiven Partizip II):

das gekämmte Kind
← Das Kind hat sich gekämmt. (Reflexiv)
← Das Kind ist gekämmt worden. (Passiv)

Bei den Verben der zweiten Gruppe (*formal-reflexive Verben*) ist das Reflexivpronomen nicht durch ein Substantiv ersetzbar:

Das Kind schämt sich.
→ *Das Kind schämt die Mutter.

Das Reflexivpronomen hat hier nicht den Charakter eines mit dem Subjekt identischen Objekts, sondern ist formaler Bestandteil des Prädikats. Man kann nicht von Reflexivität im semantischen Sinne sprechen. Aus diesem Grunde sind diese Verben auch vielfach durch Verben ohne ein solches formales Element austauschbar:

Er hat sich über das Ergebnis gewundert.
Er hat – über das Ergebnis gestaunt.

Auf Grund des formalen Charakters des Reflexivpronomens sind bei den formal-reflexiven Verben auch keine Homonymien möglich (1). Andererseits ist es durch den formalen Charakter des Pronomens möglich, daß es bei verschiedenen Verben fakultativ auftritt (2).

(1) der erholte Patient
 ← *Der Patient ist erholt worden.
(2) Er ruht (sich) aus.

Um ein formal-reflexives Verb handelt es sich öfters auch dann, wenn neben der reflexiven Form des Verbs noch eine Form mit einem echten Objekt möglich ist. Der Unterschied zu den Verben der ersten Gruppe wird in der Koordinierungstransformation deutlich. Bei den Verben des Typs *sich kämmen* können die Form mit Reflexivpronomen und die Form mit Objekt koordinativ verbunden werden, da es sich um das gleiche Verb – nur mit verschiedenem Objekt – handelt (1). Bei Verben wie *sich fürchten* ist dagegen diese Verbindung nicht möglich (2) – hier ist das Verb mit Reflexivpronomen eine besondere Variante (mit Unterschieden in der Valenz und z.T. auch in der Bedeutung) gegenüber dem Verb mit Objekt.

(1) Ich kämme mich. Ich kämme ihn.
 → Ich kämme mich und ihn.
(2) Ich fürchte mich. Ich fürchte ihn.
 → *Ich fürchte mich und ihn.

8.2.1.
Reflexive Verben

1. Reflexivpronomen als Akkusativobjekt

Ich wasche *mich*.

Ebenso: sich berichtigen, sich kämmen, sich verteidigen

2. Reflexivpronomen als Dativobjekt/Ergänzungsangabe im Dativ

(1) Objekt

Du schadest *dir* mit dem Rauchen.

Ebenso: sich nützen, sich widersprechen, sich etwas verschaffen

(2) Ergänzungsangabe (freier Dativ)

dativus commodi

Ich kaufe (*mir*) ein Buch.

Ebenso: (sich) etwas aufschreiben, (sich) etwas kochen

Dieser Dativ ist ersetzbar durch eine Präpositionalphrase mit *für*:

Ich kaufe ein Buch (*für mich*).

dativus possessivus

Ich wasche (*mir*) die Hände.

Ebenso: (sich) die Haare kämmen, (sich) den Magen erkälten, (sich) den Hut aufsetzen

Bei einigen Verben steht der Dativ in einem Komplementärverhältnis zum Akkusativ:

Ich habe (*mir*) die Hand verletzt.
Ich habe *mich* verletzt.

3. Reflexivpronomen als Präpositionalobjekt

Ich spreche *von mir*.

Ebenso: auf sich achten, über sich nachdenken

8.2.2. Formal-reflexive Verben

1. Formal-reflexive Verben im engeren Sinne

(1) Reflexivpronomen im Akkusativ

Ich schäme *mich*.

Ebenso: sich bedanken, sich beeilen, sich bewerben, sich eignen, sich entschließen, sich erholen, sich nähern, sich verirren, sich verlieben, sich verspäten, sich weigern

Bei einigen Verben dieser Gruppe ist das Reflexivpronomen fakultativ:

Er hat (*sich*) kalt geduscht.

Ebenso: (sich) ausruhen, (sich) ausschlafen, (sich) flüchten, (sich) davonschleichen

(2) Reflexivpronomen im Dativ

Ich verbitte *mir* solche Bemerkungen.

Ebenso: sich etwas aneignen, sich etwas ausbitten, sich etwas ausdenken, sich etwas einbilden

(3) Reflexivpronomen ohne Kasusunterschied
Einige Verben kommen nur in der 3. Person vor, so daß der Kasusunterschied (Akkusativ/Dativ) nicht deutlich wird:

Ein Unfall hat *sich* ereignet.

Ebenso: sich auswirken, sich belaufen, sich bewahrheiten

2. Formal-reflexive Verbvarianten

(1) Reflexivpronomen im Akkusativ

Ich bemühe *mich* um die Stelle.

Ebenso: sich beklagen (= klagen), sich empören (= rebellieren), sich ergeben (= kapitulieren), sich erheben (= aufstehen)

Bei einigen Verben ist das Reflexivpronomen fakultativ:

Ich bade (*mich*).

Ebenso: (sich) abkühlen, (sich) beschlagen, (sich) erbrechen

Bei einigen formal-reflexiven Verbvarianten stehen Subjekt und Objekt in einem Umkehrverhältnis zu den entsprechenden Satzgliedern der nicht-reflexiven Varianten:

Ich freue mich über deinen Erfolg.
Dein Erfolg freut mich.

(2) Reflexivpronomen im Dativ

Ich merke *mir* die Zahl.

Ebenso: sich etwas versagen (= auf etwas verzichten), sich etwas vornehmen (= etwas beabsichtigen)

(3) Reflexivpronomen ohne Kasusunterschied
Einige formal-reflexive Verbvarianten kommen nur in der 3. Person vor, so daß der Kasusunterschied (Akkusativ/Dativ) nicht deutlich wird:

Der Sturm hat *sich* gelegt.

Ebenso: sich aus etwas ergeben (= aus etwas folgen), sich aus etwas zusammensetzen (= aus etwas bestehen)

(4) Reflexivpronomen im Präpositionalkasus

Er ist *außer sich* vor Zorn.

Ebenso: in sich gehen (= bereuen), etwas von sich weisen (= etwas ablehnen)

8.2.3.
Besondere reflexive Konstruktionen

1. Um besondere Konstruktionen mit Reflexivpronomen handelt es sich bei:

(1) Der Fall klärt sich auf.
    Der Schlüssel wird sich finden.

(2) Der Plastwerkstoff läßt sich gut verarbeiten.
Die Tür läßt sich nicht schließen.
(3) Das Buch verkauft sich gut.
Der Roman liest sich flüssig.

In (1) bis (3) ist im Gegensatz zum sonstigen Gebrauch von Verben mit Reflexivpronomen das syntaktische Subjekt nicht gleichzeitig das logische Subjekt, sondern das logische (Sach-)Objekt der Verbhandlung. Es handelt sich um Konkurrenzformen des Passivs.

Der Fall klärt sich auf.
← Der Fall wird (von der Polizei) aufgeklärt.
← Die Polizei klärt den Fall auf.

Unterschiede zwischen (1), (2) und (3) ergeben sich aus der Zahl der zusätzlich notwendigen Glieder. Bei (2) ist ein Infinitiv, bei (3) ein Adverb notwendig.

2. Eine Konkurrenzform zu den Sätzen mit dem unbestimmt-persönlichen *man* mit einem zusätzlichen Modalfaktor (= *können*) stellen die Sätze des folgenden Typs dar:

In diesem Sessel sitzt es sich bequem.
→ In diesem Sessel kann man bequem sitzen.

8.2.4. Reziproke Verben

Die reflexiven Verben können auch ein reziprokes Verhältnis (ein Wechselverhältnis) ausdrücken. Dabei ist – entsprechend der Unterscheidung in semantisch-reflexive Verben (1.) und formal-reflexive Verben (2.) – zwischen zwei Hauptgruppen zu unterscheiden:

1. Jedes semantisch-reflexive Verb kann reziproke Bedeutung haben, wenn es im Plural gebraucht wird:

Wir kämmen uns.
← Ich kämme mich, und er kämmt sich. (= reflexiv)
← Ich kämme ihn, und er kämmt mich. (= reziprok)

Durch Ersatz des homonymen *sich* durch *einander* wird der Satz eindeutig reziprok.

2. Formal-reflexive Verben können gewöhnlich keine reziproke Bedeutung haben. Es gibt aber eine kleine Gruppe Verben, die bereits in der Grundbedeutung reziprok sind. Sie haben im Singular eine obl. Präpositionalgruppe (*mit* + Substantivwort), im Plural ein fak. *miteinander*:

Ich habe mich *mit ihm* angefreundet.
Wir haben uns (*miteinander*) angefreundet.

8.3. Zustandsreflexiv

Wie von vielen transitiven Verben neben dem Vorgangspassiv ein Zustandspassiv gebildet werden kann, so ist auch von vielen reflexiven Verben neben den normalen Tempus- und Modusformen die Bildung eines Zustandsreflexivs möglich. Beide Kategorien werden mit den gleichen Formen gebildet (Hilfsverb *sein* + Partizip II) und haben auch die Grundbedeutung („Zustand") gemeinsam. Wie das Zustandspassiv bezeichnet auch das Zustandsreflexiv – im Unterschied zu den normalen Tempus- und Modusformen der reflexiven Verben – nicht ein Geschehen, einen Prozeß, sondern einen Zustand als Resultat eines Prozesses: Zuerst *erholt sich* der Mensch (prozessual), im Resultat *ist* der Mensch *erholt* (nicht prozessual). Trotz dieser gemeinsamen Grundbedeutung unterscheidet sich das Zustandsreflexiv grundlegend vom Zustandspassiv durch eine andere Subjekt-Objekt-Beziehung: Im Zustandspassiv wird im syntaktischen Subjekt das logische Objekt ausgedrückt. Das logische Subjekt ist in der Regel aus dem Satz ausgeschlossen. Im Zustandsreflexiv ist umgekehrt das syntaktische Subjekt gleichzeitig das logische Subjekt.

Die verschiedene Subjekt-Objekt-Beziehung beim Zustandsreflexiv und beim Zustandspassiv wird auf Grund der gleichen Formenbildung allerdings im konkreten Satz nicht deutlich. Sie ist jedoch durch Transformationen nachweisbar:

Zustandsreflexiv

Das Mädchen ist verliebt.
← *Er verliebt das Mädchen.
← *Das Mädchen* verliebt *sich.*

Zustandspassiv

Der Brief ist geschrieben.
← Er schreibt *den Brief.*
← *Der Brief schreibt sich.

9.
Verben mit trennbarem ersten Glied

9.1.
Trennung bei den finiten und den infiniten Formen

Im Gegensatz zu den ersten Gliedern abgeleiteter und zusammengesetzter Substantive und Adjektive/Adverbien sind manche erste Glieder abgeleiteter und zusammengesetzter Verben trennbar. Die Trennung erfolgt in den finiten und infiniten Verbformen unterschiedlich:

Steht das Verb in einer finiten Form, trennt sich das erste Glied vom Verb und tritt ans Satzende. Diese Trennung tritt jedoch nur bei Erst- und Zweitstellung, nicht bei Endstellung des finiten Verbs ein:

Er *kommt* morgen in Berlin *an.*
Kommt er morgen in Berlin *an*?

Steht das Verb im Infinitiv oder Partizip II, wird das erste Glied durch auftretendes *zu* (beim Infinitiv) oder *ge* (beim Partizip II) vom Verbstamm getrennt:

Er hat versprochen, mich sofort an*zu*rufen.
Ich habe ihn mehrmals vergeblich an*ge*rufen.

9.2.
Bedingungen für Trennbarkeit

Äußeres Merkmal dafür, ob das erste Glied trennbar ist oder nicht, ist die Betonung. Als allgemeine Regel kann gelten, daß betontes erstes Glied trennbar ist, unbetontes erstes Glied dagegen untrennbar ist.

1. Stets unbetont und deshalb untrennbar sind
be-, ent-, er-, ver-, zer-, ge-, miß-

sowie die Fremdpräfixe
de(s)-, dis-, in-, re- u. a.

Beispiele:
*be*achten, *ent*decken, *er*bauen, *ver*achten, *zer*brechen, *ge*fallen, *miß*lingen, *de*zentralisieren, *in*filtrieren

2. Betont und somit trennbar sind
ab-, an-, auf-, aus-, bei-, mit-, nach-, vor-, zu-
da(r)-, ein-, empor-, fort-, her-, hin-, los-, nieder-, weg-, weiter-, wieder-

Beispiele:
*ab*kürzen, *an*sehen, *auf*führen, *aus*arbeiten, *bei*bringen, *mit*teilen, *nach*fragen, *vor*tragen, *zu*hören
*dar*stellen, *ein*wenden, *empor*tragen, *fort*setzen, *her*stellen, *hin*richten, *los*trennen, *nieder*reißen, *weg*nehmen, *weiter*leiten, *wieder*sehen

Anmerkung:
(1) Gelegentlich verbinden sich trennbare Verbteile mit untrennbaren Gliedern. In diesem Falle wird der trennbare Verbteil nur getrennt, wenn er an erster Stelle steht:

ab-be-rufen: Man *beruft* den Botschafter *ab*.

Aber:

be-ab-sichtigen: Er *beabsichtigt* eine Seereise.

(2) Die trennbaren Verbteile treten auch miteinander kombiniert auf. In diesem Falle werden die trennbaren Teile als Einheit empfunden und gemeinsam abgetrennt:

her-vor-rufen: Seine Worte *riefen* einen Streit *hervor*.

Nur kombiniert möglich sind *-einander-* und *-wärts-*:

*durcheinander*reden, *auseinander*nehmen, *rückwärts*gehen

(3) Bei manchen Verben ist die Trennung des ersten Gliedes fakultativ:

Ich *erkenne* seine Leistung *an*.
Ich *anerkenne* seine Leistung.

3. Einige erste Glieder kommen sowohl betont und trennbar als auch unbetont und untrennbar vor. Dazu gehören:
durch-, hinter-, über-, um-, unter-, wider-

Entscheidend für die Betonung und Trennbarkeit ist die Semantik der Verben:

(1) In zahlreichen Fällen haben die Verben mit betontem, trennbarem Verbteil konkrete Bedeutung (a), die Verben mit unbetontem, untrennbarem Verbteil übertragene (idiomatisierte) Bedeutung (b):

(a)	(b)
Bei der Wanderung habe ich mir die Schuhe d*u*rchgelaufen.	Der Schüler hat alle Klassen mit Erfolg durchl*au*fen.
Der Schiffer hat die Leute *ü*bergesetzt.	Die Schülerin hat den Text übers*e*tzt.

(2) Von dem Bedeutungsgegensatz abstrakt/konkret gibt es vor allem bei *durch* und *über* Ausnahmen. Manchmal liegt der Unterschied allein in den syntaktischen oder semantischen Umgebungen:

Der Zug fährt bis Berlin d*u*rch.   Der Zug durchf*ä*hrt die Stadt.

(3) Für *um* gilt ein anderer Bedeutungsgegensatz. Betontes, trennbares *um* bezeichnet eine Veränderung des Objekts (a); unbetontes, untrennbares *um* bezeichnet dagegen ein „um...herum" um ein Objekt, das unbewegt ist (b):

(a)	(b)
Sie stellt oft die Möbel *um*.	Polizisten umst*e*llten das Haus.

Anmerkung:
Verschiedentlich ist die Grenze zwischen trennbarem Verbteil und selbständigem Wort fließend.
Um Bedeutungsunterschiede, die sich in der Betonung und Schreibung und auch in der Wortstellung äußern, handelt es sich bei dem folgenden Satzpaar:

trennbarer Verbteil	selbständiges Wort
Er hat das vorh*e*rgesagt (= prophezeien).	Er hat das v*o*rher ges*a*gt (= früher sagen). → Vorher hat er das gesagt.

9.3.
Verben, Substantive und Adjektive als erste Glieder

Erstes Glied eines zusammengesetzten Verbs kann auch ein zweites Verb oder ein Substantiv bzw. Adjektiv sein.

1. Auch bei diesen Verben ist das betonte erste Glied zumeist trennbar:

k*e*nnenlernen, verl*o*rengehen, f*e*hlschlagen, h*a*ltmachen, masch*i*neschreiben, *ü*belnehmen

2. Daneben gibt es eine größere Zahl Verben mit betontem, aber untrennbarem ersten Glied:

fachsimpeln, frühstücken, handhaben, kennzeichnen, langweilen, maßregeln, mutmaßen, ohrfeigen, radebrechen, rechtfertigen, schlußfolgern, wetteifern

Anmerkung:

(1) Manche Verben mit Verb, Substantiv oder Adjektiv als trennbarem ersten Glied werden nicht in den finiten Formen verwendet, um die Trennung zu vermeiden:

Sie kann gut kopfrechnen.
*Sie rechnet gut Kopf.

Bei anderen Verben erfolgt die Trennung nur in der infiniten Form:

Man fließpreßt das Material.   (untrennbar)
Das Material wird fließgepreßt.   (trennbar)

(2) In manchen Fällen ist die Grenze zwischen Verbteil (a) und selbständigem Wort (b) fließend:

(a)	(b)
Ich habe vor, spazierenzugehen.	Ich habe vor, baden zu gehen.
Er ist radgefahren.	Er ist Auto gefahren.

Substantivwörter

1.
Syntaktische Beschreibung

Die Substantivwörter werden in zwei Gruppen eingeteilt: in Substantive und substantivische Pronomina.
Die Substantive können normalerweise ein Artikelwort und ein Adjektiv vor sich und in unbeschränktem Maße ein weiteres Substantiv (als Attribut im Genitiv oder im Präpositionalkasus) nach sich haben:

der neue Mantel des Vaters

Diese Merkmale fehlen gewöhnlich den substantivischen Pronomina, die zwar in der gleichen Position auftreten können, aber bei einer Substitution nicht nur das Substantiv, sondern auch das davorstehende Artikelwort (und Adjektiv) ersetzen:

Sie sprechen über den neuen Roman.
→ Sie sprechen über ihn.

Wenn bei substantivischen Pronomina substantivische Attribute auftreten, so ist das nicht unbeschränkt möglich, sondern von den einzelnen Pronomina und von der Form der Attribute her begrenzt.

Weitere Untergruppen innerhalb dieser beiden Hauptgruppen ergeben sich teils aus morphologischen, teils aus syntaktischen Beschränkungen für einzelne Wörter. So sind bestimmte Substantive und substantivische Pronomina nicht pluralfähig (viele Stoffnamen; wer, man, etwas), andere nicht singularfähig (bestimmte Kollektiva; einige, mehrere). Manche Substantivwörter haben keine Kasusformen (Substantive auf -ismus; etwas, nichts); die substantivischen Pronomina wer und was sind an die Satzart der Ergänzungsfrage gebunden, die Relativpronomina an die Nebensatzform usw.

2.
Semantische Beschreibung

Unter semantischem Aspekt ergibt sich die gleiche Einteilung der Substantivwörter in „Substantive" und „substantivische Pronomina" wie unter syntaktischem Aspekt. Substantive sind Wörter, die über eine ausgeprägte lexikalische Bedeutung verfügen und unabhängig von Kontextbedingungen stehen können (Autosemantika). Substantivische Pronomina sind Wörter, die nicht über eine ausgeprägte lexikalische Bedeutung verfügen und nur eine Hilfsfunktion ausüben (Synsemantika). Unter den Bedingungen der Vorerwähntheit, einer eindeutigen Situation u. ä. treten sie für Substantive ein und ersetzen sie im konkreten Satz. Deshalb werden die substantivischen Pronomina auch als Prowörter des Substantivs bezeichnet.

2.1. Substantiv

Bei den Substantiven kann man in semantischer Hinsicht weiter zwischen Abstrakta (z. B. *Fleiß, Planung, Recht, Antwort, Zufall, Krankheit*) und Konkreta unterscheiden und bei diesen wieder zwischen Gattungsnamen (z. B. *Frau, Vater, Vogel, Blume, Haus, Lampe*), Stoffnamen (z. B. *Sand, Eisen, Schnee, Milch, Seife*), Sammelnamen (z. B. *Bevölkerung, Familie, Obst, Gepäck, Möbel*) und Eigennamen (Vor- und Familiennamen; Titel von Büchern, Filmen, Bildern usw.; geographische Bezeichnungen).

2.2. Substantivische Pronomina

Den substantivischen Pronomina fehlen zwar die ausgeprägten lexikalischen Bedeutungen, wie sie die Substantive besitzen, trotzdem haben auch sie bestimmte allgemeine Grundbedeutungen. Diese Grundbedeutungen werden durch verschiedene grammatisch-semantische Merkmale wie Person, Zahl, Verneinung, Frage usw. bestimmt, von denen jeweils eines für ein Pronomen besonders charakteristisch ist. Auf Grund solcher charakteristischer Merkmale kann jedes substantivische Pronomen einer bestimmten Gruppe zugeordnet werden. Gewöhnlich unterscheidet man sechs Gruppen substantivischer Pronomina, deren Bezeichnungen – mit Ausnahme der ersten Gruppe – nach dem charakteristischen Gruppenmerkmal gewählt sind:

1. Personalpronomen
2. Interrogativpronomen
3. Demonstrativpronomen
4. Indefinitpronomen
5. Possessivpronomen
6. Relativpronomen

Eine siebente Gruppe ergibt sich aus morphologisch-syntaktischen Gründen. Es handelt sich um die Verbindungen da-/wo- plus Präposition (z. B. *damit, womit...*), die gewöhnlich unter der Bezeichnung „Pronominaladverbien" zusammengefaßt werden und für verschiedene substantivische Pronomina als Ersatzformen eintreten.

3.
Formenbestand

3.1.
Substantiv

3.1.1.
Deklination im Singular

	Typ 1		Typ 2	Typ 3
N	der Lehrer	das Fenster	der Genosse	die Frau
A	den Lehrer	das Fenster	den Genosse*n*	die Frau
D	dem Lehrer	dem Fenster	dem Genosse*n*	der Frau
G	des Lehrer*s*	des Fenster*s*	des Genosse*n*	der Frau

Feminina folgen dem Typ 3, der keine Deklinationsendungen aufweist. Die Mehrzahl der Maskulina und alle Neutra folgen dem Typ 1, der mit Ausnahme des Genitivs ebenfalls keine Deklinationsendungen hat. Die Endung des Genitivs ist *-s* oder *-es*. Einige Gruppen maskuliner Substantive werden nach dem Typ 2 flektiert, bei dem in allen obliquen Kasus *-n* oder *-en* angehängt wird.

Anmerkung:

1. *-es* oder *-s* im Genitiv bei Maskulina und Neutra

(1) Die volle Form *-es*

steht bei Substantiven auf *-s* (*-nis* wird zu *-nisses*), *-ß, -x, -tsch, -z*

der Beweis – des Beweises, das Zeugnis – des Zeugnisses, der Prozeß – des Prozesses, das Suffix – des Suffixes, der Kitsch – des Kitsches, das Gewürz – des Gewürzes

haben viele einsilbige Substantive

das Buch – des Buches, der Freund – des Freundes, der Kampf – des Kampfes, das Kleid – des Kleides, der Mann – des Mannes

wird bevorzugt bei Substantiven auf *-sch* und *-st*

der Fisch – des Fisches, der Dienst – des Dienstes

(2) Die verkürzte Form *-s*

steht bei mehrsilbigen Substantiven, die auf eine unbetonte Silbe enden

der Sessel – des Sessels, der Lehrer – des Lehrers

haben Substantive, die auf Vokal oder auf Vokal + *h* enden

der Schnee – des Schnees, der Schuh – des Schuhs

steht bei Substantivierungen

das Grün – des Grüns, das Sein – des Seins

(3) Schwankend ist der Gebrauch
bei mehrsilbigen Substantiven, die auf betonte Silbe ausgehen

der Erfolg – des Erfolg(e)s, das Getränk – des Getränk(e)s

bei Zusammensetzungen

das Fremdwort – des Fremdwort(e)s, das Bergwerk – des Bergwerk(e)s

bei Substantiven, die auf Diphthong ausgehen

das Ei – des Ei(e)s, der Bau – des Bau(e)s

2. *-en* oder *-n* in den obliquen Kasus bei Maskulina
(1) Substantive auf *-e*, die Lebewesen bezeichnen, erhalten *-n*. Dazu gehören:

Bote, Erbe, Gatte, Franzose, Pole, Biologe; Hase, Löwe, Rabe

(2) Substantive mit konsonantischem Auslaut erhalten *-en*. Diese Substantive bezeichnen in der Mehrzahl ebenfalls Lebewesen. Dazu gehören

einige Einsilber

Bär, Christ, Fürst, Held, Mensch

und Fremdwörter auf *-ant*, *-ent*, *-ist* u. ä.

Demonstrant, Absolvent, Artist, Bürokrat, Agronom, Athlet

3. Einige maskuline Substantive auf *-e* werden nach einem Mischtypus aus Typ 1 und 2 flektiert. Sie erhalten in den obliquen Kasus die Endung *-n*, im Genitiv zusätzlich noch *-s*:

der Name, den Name*n*, dem Name*n*, des Name*ns*

Ebenso: Buchstabe, Funke, Gedanke, Wille; Herz (Neutrum)

4. Die Fremdwörter auf *-us* (bzw. *-ismus*) und *-os* haben im Singular keine Deklinationsendung:

Globus, Antagonismus, Kosmos

3.1.2.
Deklination im Plural

Wie die Konjugation die Formenbildung des Verbs ist, so ist die Deklination die Formenbildung des Substantivs. Sie umfaßt neben der Deklination im engeren Sinne (= Kasusbildung) die Pluralbildung. Die Kasusbildung bereitet im Plural keine Schwierigkeiten, da nur der Dativ das Flexionskennzeichen *-n* erhält, das an den Nominativ des Plurals angefügt wird und darüber hinaus dann entfällt, wenn der Nominativ Pl. auf *-n* oder *-s* ausgeht. Entscheidend für die Deklination im Plural ist deshalb die Pluralbildung, d. h. die Bildung des Nominativs Plural. Danach kann man folgende Typen unterscheiden:

	Typ 1	Typ 2	Typ 3	Typ 4	Typ 5
N	die Tage	die Boten	die Koffer	die Kinder	die Parks
A	die Tage	die Boten	die Koffer	die Kinder	die Parks
D	den Tagen	den Boten	den Koffern	den Kindern	den Parks
G	der Tage	der Boten	der Koffer	der Kinder	der Parks
N	die Bälle		die Vögel	die Häuser	
A	die Bälle		die Vögel	die Häuser	
D	den Bällen		den Vögeln	den Häusern	
G	der Bälle		der Vögel	der Häuser	

Typ 1: *-e* (bei umlautfähigem Stammvokal mit und ohne Umlaut)

1. Maskulina (mit/ohne Umlaut)

mit umlautfähigem Vokal:

mit Umlaut:

Arzt, Ball, Gast, Platz, Antrag, Einwand; Knopf, Korb, Sohn, Verstoß; Fluß, Fuß, Grund, Gruß, Ausdruck; Baum, Lauf, Traum

ohne Umlaut:

Grad, Tag, Monat; Mord, Stoff, Erfolg; Punkt, Ruf, Schuh, Versuch

mit nicht-umlautfähigem Vokal:

Weg, Fisch, Käfig, Brief, Stein, Vergleich, Freund usw.

2. Einsilbige Neutra und Neutra mit untrennbarem Präfix (ohne Umlaut):

Boot, Fest, Haar, Jahr, Maß, Meer, Schiff, Stück, Tor Geschäft, Gesetz; Verbot, Verdienst

3. Einsilbige Feminina (mit Umlaut):

Hand, Kraft, Macht, Nacht; Frucht, Nuß, Schnur, Wurst; Faust, Haut, Maus

4. Maskulina auf *-ling* und Neutra auf *-nis* (mit Verdopplung des *-s*):

Lehrling, Sperling; Ergebnis, Verhältnis

5. Mask. und neutr. Fremdwörter auf *-ar, -at, -eur* usw.:

Funktionär, Ingenieur, Zitat, Talent, Ballett, Ventil, Signal, Formular, Kollektiv

Typ 2: -en/-n[1]

1. Die meisten Feminina mit Ausnahme einer Gruppe einsilbiger Feminina (vgl. Typ 1.3.)

2. Die Maskulina des Singulartyps 2 und die Maskulina des Mischtyps im Singular; außerdem einige Maskulina des Singulartyps 1:

Fleck, Muskel, Nerv, Schmerz, See, Staat, Typ

Typ 3: *ohne Endung* (bei umlautfähigem Stammvokal mit und ohne Umlaut)

1. Die meisten Maskulina auf *-el, -en, -er*
mit umlautfähigem Stammvokal

ohne Umlaut:
Tadel; Tunnel - Balken, Verfahren, Wagen; Knochen, Posten; Kuchen - Bagger, Dampfer; Koffer

mit Umlaut:
Mantel, Nagel; Vogel - Faden, Garten, Graben, Hafen; Ofen - Acker; Bruder

mit nicht-umlautfähigem Stammvokal

Ärmel, Bügel - Felsen, Streifen - Fehler, Körper, Techniker, Schwimmer; Engländer

2. Neutra auf *-el, -en, -er; -chen, -lein, -sel* (ohne Umlaut)

Kabel, Becken, Fenster, Häuschen

Typ 4: *-er* (bei umlautfähigem Stammvokal mit Umlaut)

1. Einsilbige Neutra

Bild, Blatt, Buch, Dorf, Ei, Glas, Glied, Haus, Kind, Kleid, Korn, Land, Lied, Loch, Rad, Volk, Wort

2. Einige Maskulina

Gott, Irrtum, Mann, Wald, Wurm

Typ 5: *-s*

1. Viele Fremdwörter, besonders aus dem Englischen und Französischen

Kombine, Meeting, Tip; Detail, Hotel, Trikot

---

[1] Der Plural endet auf *-n*, wenn das Wort auf einen Vokal (außer *-ei, -au*) oder auf die Suffixe *-el, -er* ausgeht.

2. Substantive, die auf Vokal enden (außer -e)

Echo, Sofa, Uhu; Vati, Oma

3. Kurzwörter

Akku, Lok, Pulli, Trafo; LPG, LKW (auch ohne Endung!)

3.1.3.
Besonderheiten der Pluralbildung

Einige homonyme Substantive folgen im Plural verschiedenen Deklinationstypen:

die Bank – die Bänke (Sitzmöbel)/die Banken (Geldinstitut); die Mutter – die Mütter (Verwandschaftsgrad)/die Muttern (Schraubenteil); das Tuch – die Tücher (Gewebestücke)/die Tuche (Wollgewebe)

Ebenso eine Anzahl Homonyme mit verschiedenem Genus:

der Band – die Bände (Buch)/das Band – die Bänder (etwas zum Binden); der Kiefer – die Kiefer (Schädelknochen)/die Kiefer – die Kiefern (Nadelbaum); der Leiter – die Leiter (Vorgesetzter)/die Leiter – die Leitern (zum Steigen bestimmt); die Steuer – die Steuern (Abgabe an den Staat)/das Steuer – die Steuer (Lenkvorrichtung)

3.1.4.
Deklination der Eigennamen

Die Eigennamen werden gewöhnlich nur im Singular gebraucht. Der Akkusativ und Dativ sind endungslos. Die Endung des Genitivs ist -s. Folgende Besonderheiten sind beim Gebrauch des Genitivs zu beachten:

1. Personennamen

(1) Personennamen stehen zumeist mit Nullartikel. Dabei ist die Kennzeichnung des Genitivs durch die Endung -s die Regel (in Vorder- und Nachstellung). Bei dem Gebrauch mit einem anderen Artikelwort fällt das Deklinationszeichen weg (gewöhnlich nur in Nachstellung).

die Gedichte Goethes (oder: Goethes Gedichte) – die Gedichte des jungen Goethe

(2) Bei Namen auf -s, -ß, -z, -x kann der Genitiv wie folgt gebildet werden:

bei Vorderstellung durch Apostroph (vor allem in der Schriftsprache)

Engels' Briefe, Fritz' Vorschlag

bei Nachstellung durch Umschreibung mit *von* + Dativ

das „Kapital" von Marx, der Brief von Hans

2. Geographische Namen

(1) Bei geographischen Namen mit Nullartikel (nur Neutra: Ortsnamen, viele Ländernamen, Namen der Kontinente) ist das Genitiv-*s* obligatorisch:

der Wiederaufbau Dresdens

Anmerkung:
Steht vor dem Namen ein attributives Adjektiv (mit bestimmtem Artikel), ist das Genitiv-*s* fakultativ:

der Wiederaufbau des zerstörten Dresden(s)

Bei Namen auf -*s*, -*ß*, -*z*, -*x* wird der Genitiv mit *von* + Dativ umschrieben:

die Parks von Paris

(2) Bei geographischen Namen mit bestimmtem Artikel (Gestirne, Gewässer, Gebirge und Berge, verschiedene Länder) ist der Gebrauch des Deklinationszeichens unterschiedlich: Bei deutschen und häufig gebrauchten mask. und neutr. Namen steht in der Regel das Genitiv-*s*. Bei fremden und weniger gebrauchten mask. und neutr. Namen ist das Deklinationszeichen fakultativ. Bei Feminina steht kein Deklinationszeichen, ebenfalls gewöhnlich nicht bei Maskulina und Neutra auf -*s*, -*ß*, -*z*, -*x*:

die Erforschung des Mondes, die Überquerung des Atlantiks, die Wassermassen des Nil(s), der Erzreichtum des Ural(s), die Entfernung der Sonne, die Höhe des Elbrus

3.1.5. Deklination der substantivisch gebrauchten Adjektive und Partizipien

Die substantivisch gebrauchten Adjektive und Partizipien nehmen eine Zwischenstellung zwischen der Wortklasse des Substantivs und des Adjektivs ein. Syntaktisch verhalten sie sich völlig wie Substantive (das spiegelt sich auch in der Großschreibung): Sie können Subjekt, Objekt usw. sein, sind artikelfähig, können Attribute aufnehmen usw. Morphologisch bleiben sie jedoch Adjektive und folgen den adjektivischen Deklinationstypen.[1]

---

[1] Das betrifft nicht die substantivierten Adjektive, d. h. die mit Hilfe von Wortbildungsmitteln von Adjektiven abgeleiteten Substantive wie *die Größe*, *die Schönheit*, *das Gut*, *der Stolz*. Diese folgen der Deklination der Substantive.

Sing.			
N	der Neue	die Neue	das Neue
A	den Neue*n*	die Neue	das Neue
D	dem Neue*n*	der Neue*n*	dem Neue*n*
G	des Neue*n*	der Neue*n*	des Neue*n*

Pl.			
N		die Neue*n*	–
A		die Neue*n*	–
D		den Neue*n*	–
G		der Neue*n*	–

Sing.			
N	ein Neue*r*	eine Neue	(ein) Neue*s*
A	einen Neue*n*	eine Neue	(ein) Neue*s*
D	einem Neue*n*	einer Neue*n*	(einem) Neue*n*
G	eines Neue*n*	einer Neue*n*	(eines) Neue*n*

Pl.			
N	–	Neue	–
A	–	Neue	–
D	–	Neue*n*	–
G	–	Neue*r*	–

Verschiedene substantivisch gebrauchte Adjektive und Partizipien sind zu festen Bezeichnungen geworden. Dazu gehören (1) eine Anzahl von Personenbezeichnungen (Maskulina/Feminina), (2) einige Sachbezeichnungen (Feminina) und (3) verschiedene Abstrakta (Neutra).

(1) Maskulina und Feminina (Personen)

Der Bekannte/Die Bekannte (oder: Ein Bekannter/Eine Bekannte) hat mich zum Sonnabend eingeladen.

Ebenso: der/die Einheimische, der/die Freiwillige, der/die Kranke, der/die Tote, der/die Verwandte; der/die Reisende, der/die Vorsitzende; der/die Abgeordnete, der/die Angestellte, der/die Vorgesetzte

Zu einigen mask. Personenbezeichnungen sind keine fem. Formen üblich:

der Geistliche, der Gelehrte, der Gesandte, der Industrielle

(2) Feminina (Sachbezeichnungen)

Ich bin mit der Elektrischen (= Straßenbahn) gefahren.

Ebenso: die Gerade (= Linie), die Illustrierte (= Zeitschrift), die Linke (= 1. Hand, 2. Partei)

(3) Neutra (nicht pluralfähige Abstrakta)

Er liebt das Schöne.

Vereinzelt bezeichnet ein Neutrum auch ein Lebewesen oder eine Sache:

das Junge, das Kleine; das Halbgefrorene, das Helle

3.2. Substantivische Pronomina

3.2.1. Personalpronomen

1. Personalpronomina der 1. und 2. Person

Die Personalpronomina der 1. und 2. Person sind das einzige adäquate Bezeichnungsmittel für die sprechende und angesprochene Person (bzw. Personengruppe) als den obligatorischen Partnern jeder sprachlichen Kommunikation. Sie unterscheiden nach dem Numerus (Singular/Plural), aber nicht nach dem Genus. Das Personalpronomen der 2. Person unterscheidet außerdem zwischen einer vertraulichen und einer höflichen Form. Die Höflichkeitsform ist für beide Numeri gleich. Sie wird mit den – immer groß geschriebenen – Formen des Plurals der 3. Person des Personalpronomens gebildet.

	1. Person	2. Person	
		vertrauliche Form	*höfliche Form*
Sing.			
N	ich	du	Sie
A	mich	dich	Sie
D	mir	dir	Ihnen
G	meiner	deiner	Ihrer
Pl.			
N	wir	ihr	Sie
A	uns	euch	Sie
D	uns	euch	Ihnen
G	unser	euer	Ihrer

Anmerkung:

(1) Die vertrauliche Anredeform gebraucht man im Deutschen vor allem im persönlichen Bereich (in der Familie, unter Freunden und guten Bekannten), daneben aber auch im gesellschaftlichen Bereich (in gesellschaftlichen Organisationen wie der FDJ und SED, im Beruf besonders unter Kollegen eines Betriebes, gegenüber Kindern).

(2) Im Briefverkehr wird die vertrauliche Anredeform in allen Kasus groß geschrieben.

2. Personalpronomen der 3. Person

Das Personalpronomen der 3. Person ist das wichtigste allgemeine

Bezeichnungsmittel für das von den Partnern der sprachlichen Kommunikation Besprochene, das nicht durch Substantive direkt benannt wird. Bei diesem Besprochenen handelt es sich sowohl um Personen als auch um Nicht-Personen im weitesten Sinne (Gegenstände, abstrakte Begriffe, verbale Aussagen usw.):

(Der Lehrer hat das *Kind* gelobt.) *Es* ist stolz auf das Lob.
(Die Mutter hat dem Sohn *Geld* gegeben.) Er hat *es* verloren.
(Er ist *gekommen*.) Ich habe *es* erwartet.

Wie die Personalpronomina der 1. und 2. Person hat das Personalpronomen der 3. Person verschiedene Formen für Singular und Plural. Im Unterschied zu diesen unterscheidet es im Singular auch nach dem Genus (Maskulinum/Femininum/Neutrum).

	Singular			Plural
	Mask.	*Neutr.*	*Fem.*	
N	er	es	sie	sie
A	ihn	es	sie	sie
D	ihm	ihm	ihr	ihnen
G	seiner	seiner	ihrer	ihrer

3.2.2.
Interrogativpronomen

Die Interrogativpronomina dienen dazu, unbekannte Sachverhaltskomponenten zu erfragen. In dieser Funktion sind sie die wichtigsten Bildungsmittel der Ergänzungsfrage und eng an diese Satzart gebunden. Jedes Interrogativpronomen erfragt eine bestimmte Sachverhaltskomponente:

wer erfragt Personen, *was* erfragt Nicht-Personen. Durch *welcher* und *was für einer/was für welche* werden Eigenschaften von Personen und Nicht-Personen erfragt, und zwar durch *welcher* stärker im quantitativen und durch *was für einer/was für welche* mehr im qualitativen Sinne:

Wer hat ihm die Anregung zu dem Bild gegeben? – Sein Freund.
Was hat ihm die Anregung zu dem Bild gegeben? – Eine Reise.
Welchen liest du jetzt? – Den zweiten Band.
Was für eines liest du jetzt? – Ein Fachbuch.

wer und *was* (außer der genitivischen Form *wessen*) kommen nur als substantivische Pronomina vor, *welcher* und *was für einer/was für welche* außerdem (und häufiger) als interrogative Artikelwörter. Mit diesem verschiedenen Vorkommen hängt auch der unterschiedliche Formenbestand der Interrogativpronomina zusammen: *wer* und *was* verfügen nicht über Pluralformen und unterscheiden im Singular nicht nach dem Genus; bei *was* sind außerdem die Kasusformen unvollständig ausgebildet. *was für einer/was für welche* und *welcher* besitzen dagegen ein vollständig ausgebildetes Deklinationssystem. Wie die gleichlautenden Artikelwörter unterscheiden sie nach Kasus und Numerus, im Singular außerdem nach dem Genus. Es fehlt ihnen aber das besondere Unterscheidungsmerkmal von *wer* und *was*, die Unterscheidung zwischen Person und Nicht-Person.

1. Deklination von *wer* und *was*

	Person	Nicht-Person
Sing.		
N	wer	was
A	wen	was
D	wem	–
G	wessen	wessen

Anmerkung:
In einigen Fällen kongruiert das finite Verb des Fragesatzes nicht mit dem nominativischen *wer* und *was*:
im Satztyp *wer* + *sein* + Substantiv (Person)

Wer *sind* diese Leute? – Das sind unsere Gäste.

im Satztyp *was* + *sein/werden/bleiben* + Substantiv (Person)

Was *werden* die Jungen? – Sie werden Schlosser.

im Satztyp *was* + *sein* + Substantiv (Nicht-Person)

Was *sind* Automaten? – Automaten sind Maschinen mit selbsttätig ablaufenden Arbeitsgängen.

2. Deklination von *welcher* und *was für einer/was für welche*
Das substantivische Pronomen *welcher* stimmt in der Deklination völlig mit dem gleichlautenden Artikelwort überein (vgl. S. 144). Das substantivische *was für einer* hat im allgemeinen die gleichen Endungen wie der unbestimmte Artikel (vgl. S. 145), im Nom. Mask. und im Nom./Akk. Neutr. jedoch die vollen Endungen *-er* und *-(e)s*:

Das ist *ein* neuer Wagen. – Was für *einer* ist es?
Er hat *ein* Auto. – Was für *ein(e)s* hat er?

Bei *was für einer* erscheinen im Plural außerdem statt *ein-* die Formen von *welch-* (der Genitiv ist ungebräuchlich):

Ich möchte mir ein Buch kaufen. – Was für *ein(e)s*? – Ein Fachbuch.
Ich möchte mir Bücher kaufen. – Was für *welche*? – Fachbücher.

3.2.3.
Demonstrativpronomen

Die Demonstrativpronomina dienen wie das Personalpronomen der 3. Person zur allgemeinen Bezeichnung des Besprochenen. Sie unterscheiden sich vom Personalpronomen jedoch durch ihren Hinweischarakter. Innerhalb der Demonstrativa ist noch zwischen solchen mit reinem Hinweischarakter (*der, derjenige*) und solchen mit einer konkretisierenden Nebenbedeutung (*dieser, jener, ein solcher/solche*) zu unterscheiden. In der Deklination verhalten sich die substantivischen Demonstrativpronomina wie die gleichlautenden Artikelwörter (vgl. S. 144f.). Eine Ausnahme bildet lediglich das Pronomen *der*, das sich sowohl durch eine stärkere Betonung als auch durch einige besondere Deklinationsformen vom bestimmten Artikel unterscheidet.

	Singular			Plural
	Mask.	*Neutr.*	*Fem.*	
N	der	das	die	die
A	den	das	die	die
D	dem	dem	der	**denen**
G	**dessen**	**dessen**	**derer**[1]	**derer**[1]

Die Unterschiede zwischen den demonstrativen Artikelwörtern und den substantivischen Demonstrativpronomina sind vor allem syntaktischer Art und durch die verschiedene Stellung des Substantivs bedingt, auf das das Pronomen hinweist. Während im ersten Falle das Substantiv unmittelbar oder – bei vorhandenem Attribut – mittelbar auf das Hinweiswort folgt, ist das Substantiv im zweiten Falle weggelassen.

1. Zurückweisendes Demonstrativpronomen
Das Demonstrativpronomen steht für eine vorerwähnte Person oder Nicht-Person:
Kennst du seine *Freundin*? – Nein, *die* kenne ich nicht.
Ihre *Schuhe* gefallen mir. Ich möchte auch *solche* haben.

Öfters ist dem Demonstrativpronomen ein substantivisches Attribut angeschlossen:
Der Vorschlag des Gruppenleiters und der *seines Vertreters* wurden diskutiert.

Neben dieser Grundfunktion haben die zurückweisenden Demonstrativpronomina noch einige besondere Verwendungsweisen:
(1) Die neutralen Formen *das* und *dies* (verkürzt aus: *dieses*) beziehen sich oft nicht auf vorerwähnte Substantive, sondern fassen verbale Aussagen zusammen:
Er wollte kommen. *Das* (dies) hat er versprochen.

(2) *dieser* und *jener* werden vor allem paarweise zur Unterscheidung zweier vorerwähnter Substantive verwendet:
Er hat zwei Söhne, Fritz und Hans. *Dieser* (= Hans) arbeitet als Schlosser, *jener* (= Fritz) studiert Medizin.

[1] Zurückweisend auch *deren*:
Weißt du eine Lösung? Es gibt *deren* viele.

(3) Um ein Demonstrativpronomen handelt es sich auch bei der festen Verbindung *derselbe* (mit Zusammenschreibung). Dieses zusammengesetzte Pronomen verhält sich morphologisch und weitgehend auch semantisch wie die Verbindung des Demonstrativpronomens *der* mit dem Adjektiv *gleiche* (mit Getrenntschreibung):

Er hat dasselbe/das gleiche gesagt.

Bei Rückverweis auf ein Substantiv mit konkreter Bedeutung kann man öfters von einem Unterschied sprechen zwischen
(a) Übereinstimmung (Identität des Exemplars) – *derselbe*
(b) Ähnlichkeit (Identität der Art des Exemplars) – *der gleiche*

(a) Sie hatte *dasselbe* (Kleid) wie am Vortag an.
(b) Sie hatte *das gleiche* (Kleid) wie ihre Freundin an.

(4) Unter morphologischem Aspekt handelt es sich auch bei *derjenige* um eine Verbindung von *der* mit einem Adjektiv.
derjenige ist ein nachdrücklicherer Hinweis als *der* und steht als zurückweisendes Demonstrativpronomen nur vor einem Genitivattribut:

Aus dem Verhalten des Gases als solches kann man auch *dasjenige* des komprimierten Gases ableiten.

2. Vorausweisendes Demonstrativpronomen
Das Demonstrativpronomen steht für eine nicht genannte Person, die durch einen Relativsatz bestimmt ist:

Wir gedenken *derer*, die ihr Leben für die Befreiung vom Faschismus gaben.
Wir rufen alle Sportler und *solche*, die es werden wollen.
Ich spreche nicht von *jenen*, die wegen Krankheit gefehlt haben.
Wir müssen *diejenigen* herausfinden, welche die größte musikalische Begabung haben.

Nach dem Demonstrativpronomen *derjenige* steht der Relativsatz oft als Zwischensatz:

Diejenigen, die mit der Übersetzung fertig sind, können nach Hause gehen.

Wenn in dieser Stellung Demonstrativ- und Relativpronomen im Kasus übereinstimmen, kann an ihre Stelle eine entsprechende Form des Interrogativpronomens *wer* treten:

Denjenigen, den ich zuerst treffe, frage ich.
→ Wen ich zuerst treffe, frage ich.

3.2.4. Indefinitpronomen

Mit den Indefinitpronomina werden Personen und/oder Nicht-Personen als unbestimmt, d. h. nicht genau auf ihre Identität hin bestimmt, bezeichnet. Sie haben somit gewisse Berührungspunkte mit dem Personalpronomen der 3. Person und den Demonstrativpronomina, durch die Personen und Nicht-Personen ebenfalls nicht direkt benannt, sondern nur allgemein bezeichnet werden. Sowohl die Allgemeinheit als auch die Unbestimmtheit der Bezeichnung ist dadurch ermöglicht, daß die Person bzw. Nicht-Person im Kontext vorerwähnt ist.

Die substantivischen Indefinitpronomina bilden eine umfangreiche Gruppe. Je nachdem, ob sie auch als Artikelwörter vorkommen oder nicht, lassen sich zwei Hauptgruppen unterscheiden:

1. Zu den substantivischen Indefinitpronomina, die auch als Artikelwörter verwendet werden, gehören:
alle(s), einige, irgendeiner (Pl.: *irgendwelche*), *jeder, keiner, mancher, mehrere*
Die Pronomina dieser Gruppe haben im allgemeinen ein vollständig ausgebildetes Deklinationssystem, das nach Kasus und Genus unterscheidet. Lediglich hinsichtlich des Numerus gibt es bestimmte Beschränkungen: *jeder* hat keinen Plural, *mehrere* keinen Singular; *alle* und *einige* können nur, wenn sie sich auf Stoffbezeichnungen und bestimmte Abstrakta beziehen, im Singular verwendet werden. Im allgemeinen stimmen die Deklinationsformen der substantivischen Indefinitpronomina dieser Gruppe mit den Deklinationsformen der gleichlautenden Artikelwörter überein (vgl. S. 144 f.). Eine Ausnahme machen lediglich *irgendeiner* und *keiner* im Nom. Mask. (1) und im Nom./Akk. Neutr. (2), wo sie die vollen Endungen *-er* und *-(e)s* haben:

(1) Irgendein/Kein Kollege hat es mir gesagt.
→ Irgendein*er*/Kein*er* hat es mir gesagt.
(2) Ich habe irgendein/kein Auto gesehen.
→ Ich habe irgendein(*e*)*s*/kein(*e*)*s* gesehen.

2. Zu den nur substantivisch gebrauchten Indefinitpronomina gehören:
(*irgend*) *etwas*, (*irgend*) *jemand, irgendwer, man, niemand, nichts*
Die Indefinitpronomina dieser Gruppe besitzen ein wenig ausgebildetes Formensystem. Sie sind der Form nach Maskulina (*jemand, irgendwer, man, niemand*) oder Neutra (*etwas, nichts*) im Singular und bezeichnen mit diesen Formen sowohl einzelne als auch mehrere Personen bzw. Nicht-Personen mit verschiedenem Genus. Unvollständig sind auch die Kasusformen. Besonders ausgebildet ist dagegen die Unterscheidung zwischen Person (1) und Nicht-Person (2).

(1) Pronomina, die nur Personen bezeichnen

man

man hat nur eine Nominativform. Für den Akkusativ und Dativ gebraucht man die Formen von *ein-*, der Genitiv fehlt.

N	man
A	einen
D	einem
G	–

man ist die gebräuchlichste Form der unbestimmt-persönlichen Ausdrucksweise. Das Pronomen hat verallgemeinernde Bedeutung und meint einen beliebigen einzelnen Menschen oder – häufiger – mehrere beliebige Menschen.

Man erzählt sich, daß er bald heiraten wird. (= die Nachbarn, die Bekannten)
Was *man* gern tut, das fällt *einem* nicht schwer. (= der Mensch)

jemand
Das Indefinitpronomen *jemand* hat zum Teil doppelte Deklinationsformen:

N	jemand
A	jemand*en*/jemand
D	jemand*em*/jemand
G	jemand*es*

jemand dient wie *man* der unbestimmt-persönlichen Ausdrucksweise, meint aber häufiger einen beliebigen einzelnen Menschen als mehrere beliebige Menschen. Durch vorangestelltes *irgend* wird die Bedeutung des unbestimmt einzelnen Menschen verstärkt.

Hast du *jemand(en)* im Betrieb angetroffen?
Irgend jemand hat gesagt, daß du krank bist.

irgendwer
irgendwer wird wie das Interrogativpronomen *wer* flektiert, jedoch ist der Genitiv nicht gebräuchlich:

N	irgendwer
A	irgendwen
D	irgendwem
G	–

irgendwer wird wie *irgend jemand* verwendet:

Irgendwer hat gesagt, daß du krank bist.

niemand
Das Indefinitpronomen *niemand* ist durch Zusatz eines Negationselements aus dem Indefinitpronomen *jemand* gebildet und wird wie dieses flektiert:

N	niemand
A	niemand*en*/niemand
D	niemand*em*/niemand
G	niemand*es*

niemand ist die verneinte Entsprechungsform zu den unbestimmt-persönlichen Pronomina *man*, *(irgend)jemand* und *irgendwer*. Das Pronomen konkurriert in dieser Funktion mit *kein(er)* und *nicht ein(er)*, wenn sie auf Personen bezogen sind. Man vgl.:

Ich habe niemanden/keinen/nicht einen getroffen.

(2) Pronomina, die nur Nicht-Personen bezeichnen

etwas

Das substantivische Indefinitpronomen *etwas* hat keine Flexionsformen. Der Genitiv und der reine Dativ sind ungebräuchlich, im Akkusativ und im präpositionalen Dativ wird die nominativische Form verwendet. *etwas* bezeichnet ganz allgemein ein nicht näher Bestimmtes (Nicht-Person im weitesten Sinne: Tier, Gegenstand, abstrakter Begriff usw.), das ein Einzelnes oder ein Mehrfaches sein kann. Durch vorangestelltes *irgend* wird die Bedeutung des unbestimmt Einzelnen verstärkt.

Etwas hat auf dem Tisch gelegen. (z. B. ein oder mehrere Gegenstände)
Sie müssen sich mit *etwas* beschäftigen. (z. B. mit einer Aufgabe)
Bring mir *irgend etwas* von der Reise mit! (z. B. einen einzelnen Gegenstand)

nichts

Dieses Pronomen verhält sich morphologisch und syntaktisch wie das Indefinitpronomen *etwas*, als dessen Verneinung es auftritt.

Nichts hat auf dem Tisch gelegen.
Hast du *nichts* von ihm gehört?

3.2.5.
Possessivpronomen

Die Possessivpronomina bezeichnen den Besitz im engeren und im weiteren Sinne (Zugehörigkeit, Interesse usw.). Man unterscheidet bei ihnen analog zu den Personalpronomina zwischen der 1. und 2. Person einerseits und der 3. Person andererseits. Die 1. und 2. Person bezeichnen den Besitz der sprechenden und der angesprochenen Person (bzw. Personengruppe), die 3. Person bezeichnet den Besitz der besprochenen Person (bzw. Personengruppe) und – in seltenen Fällen – den Besitz der Nicht-Person.
Die Possessivpronomina sind aus dem Genitiv der Personalpronomina abgeleitet:

1. Person

ich – mein; wir – unser

2. Person

du – dein; ihr – euer; Sie – Ihr

3. Person

er – sein; sie – ihr, es – sein; sie – ihr

Die Possessivpronomina werden zumeist als Artikelwörter verwendet und kommen nur gelegentlich als substantivische Pronomina vor. Im allgemeinen stimmen die Formen der substantivischen Pronomina mit denen der Artikelwörter überein (vgl. S. 145). Dabei gilt folgende Grundregel: Im Wortstamm richtet sich das Pronomen nach Person, Genus und Numerus des *Besitzers,* in den Endungen nach Kasus, Genus und Numerus des **Besitztums:**

Ich brauche keinen **Koffer**. *Ich* nehme *mein*-en.
Er braucht keine **Tasche**. *Er* nimmt *sein*-e.

Man beachte auch folgenden Unterschied:

Er holt *seinen* (Koffer) ab. (*Er* besitzt den Koffer.)
Er holt *ihren* (Koffer) ab. (*Sie* besitzt den Koffer.)

Beim Gebrauch des substantivischen Possessivpronomens sind folgende Besonderheiten zu beachten:

1. Im Nom. Mask. und im Nom./Akk. Neutr. hat das substantivische Possessivpronomen gewöhnlich nicht die Endungen des entsprechenden Artikelwortes, sondern die vollen Endungen -er und -es. Zu beachten ist, daß beim Possessivpronomen diese Formen in allen Personen auftreten. Man vgl.:

Wessen Wagen ist das? – Das ist mein Wagen. Das ist mein*er*.
     Das ist ihr Wagen. Das ist ihr*er*.
Wessen Haus ist das? – Das ist mein Haus. Das ist mein*es*.
     Das ist unser Haus. Das ist unser*es*.

2. Im Unterschied zu allen anderen substantivischen Pronomina ist das Possessivpronomen artikelfähig. Neben seiner normalen Form kann es noch in einer Form mit bestimmtem Artikel erscheinen. In dieser Form hat es die Flexionsformen eines Adjektivs mit bestimmtem Artikel. Man vgl.:

Wessen Bleistift ist das? – Das ist *meiner.*/Das ist *der meine.*
Wessen Buch ist das? – Das ist *ihres.*/Das ist *das ihre.*

3.2.6.
Relativpronomen

Die Relativpronomina sind an den Attributsatz im engeren Sinne und an den weiterführenden Nebensatz gebunden. Sie bilden keine eigene Gruppe von Wörtern. Als Relativpronomen dienen das Demonstrativpronomen *der* und die Interrogativpronomina *welcher, wer* und *was*. Zum Gebrauch der Relativpronomina vgl. Kap. „Nebensätze" (S. 275 ff.).

3.2.7.
Pronominaladverbien

3.2.7.1.
Formenbestand

Unter dem Begriff „Pronominaladverbien" werden zahlreiche Verbindungen zusammengefaßt, die bestimmte Präpositionen mit den Adverbien *da-* und *wo-* (bei vokalisch anlautender Präposition *dar-* und *wor-*) eingehen:[1]

1. Präpositionen mit Akkusativ
dadurch – wodurch, dafür – wofür, dagegen – wogegen, darum – worum

2. Präpositionen mit Dativ
daraus – woraus, dabei – wobei, damit – womit, danach – wonach, davon – wovon, dazu – wozu

3. Präpositionen mit Akkusativ und Dativ (die Verbindungen einiger lokaler Präpositionen mit *wo-* sind nicht möglich)
daran – woran, darauf – worauf, dahinter, darin – worin, daneben, darüber – worüber, darunter – worunter, davor – wovor, dazwischen

3.2.7.2.
Gebrauch der Pronominaladverbien

Die Pronominaladverbien treten 1. für ein Personalpronomen der 3. Person (bzw. das Demonstrativum *der*), 2. für ein Interrogativpronomen oder 3. für ein Relativpronomen im Präpositionalkasus ein, wenn nicht eine Person gemeint ist.[2] Dabei ersetzt die präpositionale Verbindung mit *da-/dar-* das Personal- bzw. Demonstrativpronomen, die präpositionale Verbindung mit *wo-/wor-* ersetzt das Interrogativ- und Relativpronomen.
Obligatorisch ist der Ersatz für die Verbindung einer der genannten Präpositionen mit dem Akkusativ und Dativ des interrogativen und relativen *was* und mit dem Personalpronomen *es* (bzw. dem Demonstrativum *das*) im Akkusativ. Fakultativ, aber allgemein üblich ist der Ersatz der übrigen Formen des Personal- bzw. des Demonstrativpronomens mit Präposition (mask.: Akkusativ *ihn/den*, Dativ *ihm/dem*; fem.: Akkusativ *sie/die*, Dativ *ihr/der*; neutr.: Dativ *ihm/dem*); weniger üblich ist der Ersatz des präpositionalen Relativpronomens *der*.
Im einzelnen ergeben sich folgende Formen:

---

[1] Statt *da-/dar-* steht manchmal auch *hier-*. Dabei sind jedoch – wie zum Teil auch bei *wo-* – die Verbindungen mit verschiedenen Präpositionen ausgeschlossen: **hiergegen, *hierum* ...

[2] Für Personen ist der Ersatz nur möglich, wenn es sich um eine Personengruppe handelt:

In der Klasse sind 24 Kinder, *darunter* 10 Mädchen. (= unter den Kindern)

1. Pronominaladverb statt Personalpronomen der 3. Person (bzw. Demonstrativpronomen *der*)

Person

Erinnerst du dich an den Freund?
→ Ich erinnere mich an ihn (den).

Nicht-Person, mask.

Erinnerst du dich an den Garten?
→ Ich erinnere mich an ihn (den).
→ Ich erinnere mich daran.

Nicht-Person, neutr.

Erinnerst du dich an das Haus?
→ Ich erinnere mich daran.

Anmerkung:
Außer als Prowörter für Nicht-Personen stehen die Verbindungen von *da-/dar-* plus Präposition auch als Korrelate von Subjekt- und Objektsätzen. Sie treten hier für das Korrelat „es" ein, wenn das Verb bzw. Adjektiv des Hauptsatzes eine Präposition regiert, und sind wie dieses vielfach weglaßbar:

Ich erinnere mich (*daran*), daß ich ihn schon einmal gesehen habe.

2. Pronominaladverb statt Interrogativpronomen

Person

Er spricht von seinem Freund.
→ Von wem spricht er?

Nicht-Person

Er spricht von seiner Arbeit.
→ Wovon spricht er?

3. Pronominaladverb statt Relativpronomen
(1) Weiterführender Nebensatz und Attributsatz im engeren Sinne mit *was*:

Er hat ihr gratuliert, was sie freute.
→ Er hat ihr gratuliert, worüber sie sich freute.
Er hat ihr etwas geschenkt, was ihr Freude machte.
→ Er hat ihr etwas geschenkt, woran sie ihre Freude hatte.

(2) Attributsatz im engeren Sinne mit *der:*

Person

Sie hat einen Sohn, der ihr viel Freude macht.
Sie hat einen Sohn, an dem sie viel Freude hat.

Nicht-Person

Ich schenkte ihr ein Buch, das ihr viel Freude machte.
Ich schenkte ihr ein Buch, an dem sie viel Freude hatte.
→ Ich schenkte ihr ein Buch, woran sie viel Freude hatte.

4.
Kategorien des Substantivs

Die Substantive und substantivischen Pronomina sind durch drei Kategorien charakterisiert: 1. Genus, 2. Numerus, 3. Kasus. Diese Kategorien, die teils formal-grammatischer Natur sind (Genus), teils syntaktisch (Kasus) oder semantisch (Numerus) abzuleiten sind, kommen in komplexer Weise in den Deklinationsformen und in den Artikelwörtern formal zum Ausdruck. Diese formalen Mittel sind beim Substantiv und bei den substantivischen Pronomina in unterschiedlicher Weise ausgebildet: Während sie beim Substantiv Systemcharakter tragen, sind sie bei den substantivischen Pronomina zum Teil unvollständig entwickelt und durch zahlreiche Besonderheiten ausgezeichnet. Aus diesem Grund werden im folgenden die einzelnen Kategorien nur beim Substantiv dargestellt, die Besonderheiten bei den Pronomina dagegen im Zusammenhang mit dem Formenbestand dieser Wörter beschrieben (vgl. S. 95 ff.).

4.1.
Genus

4.1.1.
Natürliches Geschlecht und grammatisches Genus

Beim Genus des Substantivs ist zwischen dem natürlichen Geschlecht (= Sexus) und dem grammatischen Genus zu unterscheiden. Das natürliche Geschlecht hat zwei Formen (Maskulinum und Femininum), das grammatische Genus drei Formen (Maskulinum, Femininum und Neutrum). Beide Genusarten kommen im Deutschen vor allem an der Artikelform zum Ausdruck.

Das natürliche Geschlecht der Substantive spielt im Deutschen gegenüber dem grammatischen Genus nur eine geringe Rolle. Lediglich bei einigen Gruppen von Lebewesen wird die Artikelform vom natürlichen Geschlecht bestimmt. Das betrifft

1. Personenbezeichnungen:

der Vater – *die* Mutter, *der* Lehrer – *die* Lehrerin

2. Tiernamen

der Löwe – *die* Löwin

Demgegenüber wird die Artikelform bei den meisten Substantiven vom grammatischen Genus determiniert, für das es jedoch keine völlig allgemeingültigen Regeln gibt. Bei vielen Substantiven muß die das Genus repräsentierende Artikelform zusammen mit dem Substantiv gelernt werden:

der Kopf – *die* Hand – *das* Kinn
der Löffel – *die* Gabel – *das* Pendel

Bei zahlreichen anderen Substantiven ist jedoch auch in der Gegenwartssprache eine teils semantisch, teils formal motivierte Gruppenbildung festzustellen. Im folgenden werden für einige solcher Gruppen von Substantiven Regeln gegeben, die nicht durch eine zu große Zahl von Ausnahmen entwertet sind.

Auf Grund der Semantik sind

1. Maskulina

(1) die Namen der Jahreszeiten, Monate und Wochentage

der Sommer; der Januar; der Mittwoch

(2) die Namen der Himmelsrichtungen, Winde und Niederschläge

der Osten; der Monsun; der Schnee, der Nebel, der Reif

(3) die Namen der Spirituosen

der Wein, der Sekt, der Kognak, der Wodka

(4) Automarken und Namen von Expreßzügen

der Skoda, der Wartburg; der Hungaria

(5) die Namen der Mineralien und Gesteine

der Feldspat, der Glimmer, der Quarz; der Granit, der Basalt

(6) die Bergnamen

der Brocken, der Elbrus, der Vesuv, der Mt. Everest

Anmerkung:
Gebirgsnamen sind nur zum Teil Maskulina (*der Harz, der Kaukasus*). Viele Gebirgsnamen sind Pluraliatantum (*die Kordilleren, die Karpaten*), andere sind Verbindungen mit dem Neutrum *Gebirge* (*das Erzgebirge, das Kantabrische Gebirge*).

2. Feminina

(1) die Namen der Bäume und vieler Blumen

die Kiefer, die Birke, die Zypresse; die Rose, die Orchidee

(2) die Schiffs- und Flugzeugnamen

die Rostock, die Fritz Heckert; die TU 154

(3) die Namen der Zigarettensorten

die Juwel, die Duett, die Astor

(4) die substantivierten und substantivischen Kardinalzahlen

die Eins, die Tausend; die Million, die Milliarde

Anmerkung:
Die Mengenbezeichnungen sind Neutra: *das Hundert, das Tausend; das Dutzend, das Schock*

Genus des Substantivs

Neutra sind auch die Bruchzahlen (außer: *die Hälfte*): *das Drittel, das Tausendstel*
Um Maskulina handelt es sich bei den Zahlwörtern auf *-er*: *der Einer, der Zehner*

(5) die meisten deutschsprachigen Flußnamen und die fremdsprachigen Flußnamen auf *-a* und *-e*:

die Oder, die Spree; die Wolga, die Themse

Anmerkung:
Die übrigen fremdsprachigen Flußnamen und einige deutschsprachige Flußnamen sind Maskulina:

der Ganges, der Amazonas, der Nil; der Rhein, der Main

3. Neutra
(1) die Namen von Hotels, Cafés und Kinos

das (Hotel) „Leipzig", das (Filmtheater) „Capitol"

(2) die Namen der meisten chemischen Elemente

das Kupfer, das Aluminium, das Chlor, das Radium

(3) die Namen von physikalischen Einheiten, von Buchstaben, Noten, Farben und Sprachen

das Kilowatt; das Ypsilon; das Cis; das Grün; das Russisch(e)

(4) die Namen von Wasch- und Reinigungsmitteln

das Fewa, das Fit

(5) die Namen der Kontinente, Länder, Inseln und Orte (soweit sie ohne Attribut Nullartikel haben)

(das befreite) Afrika, (das neutrale) Schweden, (das sozialistische) Ungarn, (das nördliche) Rügen, (das übervölkerte) Tokio

Anmerkung:
Die Namen der Kontinente, Länder usw., die ohne Attribut den bestimmten Artikel haben, sind in der Regel Maskulina oder Feminina:

der Irak; die Antarktis, die Türkei, die UdSSR, die Krim

Ebenso die Landschaftsnamen:

der Balkan, der Darß; die Lausitz, die Normandie

Auf Grund der Form sind

1. Maskulina
(1) Deverbativa mit Nullsuffix

der Gang, der Sprung, der Betrieb

(2) Substantive auf *-er, -ig, -ling, -s*

der Lehrer, der Pfennig, der Lehrling, der Fuchs

(3) Fremdwörter (vor allem Personenbezeichnungen) auf *-ant, -är, -ent, -et, -eur, -ist, -loge, -or, -us*

der Demonstrant, der Funktionär, der Absolvent, der Athlet, der Ingenieur, der Artist, der Biologe, der Doktor, der Zyklus

2. Feminina
(1) die meisten Deverbativa auf *-t*

die Fahrt, die Schlacht, die Last

(2) die meisten Substantive auf *-e* (vor allem Zweisilber)

die Liebe, die Lampe, die Straße, die Rose, die Schlange

(3) Substantive mit den Suffixen *-ei, -heit, -keit, -schaft, -ung*

die Bücherei, die Gelegenheit, die Fähigkeit, die Freundschaft, die Heizung

(4) Fremdwörter auf *-age, -ät, -anz, -enz, -ie, -ik, -ion, -ur*

die Etage, die Qualität, die Ambulanz, die Differenz, die Kopie, die Klinik, die Deklination, die Dressur

3. Neutra
(1) Diminutiva auf *-chen* und *-lein*

das Häuschen, das Büchlein

(2) Kollektiva mit *Ge-*

das Gebirge, das Gebüsch; das Gerede, das Gebrüll

(3) substantivierte Infinitive (auf *-en*)

das Sprechen, das Turnen

(4) Fremdwörter auf *-ett, -il, -ma, -o, -um*

das Kabinett, das Ventil, das Drama, das Konto, das Zentrum

4.1.2. Doppeltes Genus

Das Deutsche besitzt eine Reihe von Substantiven, die mit doppeltem Genus gebraucht werden. Dabei sind zwei Hauptgruppen zu unterscheiden:

1. Substantive mit gleicher Form, gleicher Bedeutung und verschiedenem Genus (schwankendes Genus)

der/das Bonbon, der/die/das Dschungel, der/das Filter, der/das Gulasch, der/das Kautschuk, der/das Keks, der/das Liter, der/das Meter, der/das Silo, der/das Teil, der/das Zubehör u. a.

2. Substantive mit gleicher Form, verschiedener Bedeutung und verschiedenem Genus (Homonyme)

der Band (= Buch) – das Band (= etwas zum Binden), der Gehalt (= Wert) – das Gehalt (= Lohn), der Junge (= männliches Kind) – das Junge (= junges Tier), der Kaffee (= Getränk) – das Kaffee (= Gaststätte, Café), der Kiefer (= Schädelknochen) – die Kiefer (= Nadelbaum), der Leiter (= Vorgesetzter) – die Leiter (= zum Steigen bestimmt), die Mark (= Währungseinheit) – das Mark (= Knocheninneres), der Moment (= Augenblick) – das Moment (= Faktor), der See (= stehendes Binnengewässer) – die See (= Meer), die Steuer (= Abgabe an den Staat) – das Steuer (= Lenkvorrichtung), der Verdienst (= Lohn) – das Verdienst (= Leistung)

4.2.
Numerus

Das Deutsche verfügt über zwei Numeri:
1. Singular (Ungegliedertheit, Unzählbarkeit, Einheit)
2. Plural (Gegliedertheit, Zählbarkeit, Vielheit).
Die Kategorie des Numerus kommt vor allem in den pluralischen Deklinationstypen der Substantive zum Ausdruck. Während die Mehrzahl der deutschen Substantive – die Gattungsnamen – den Singular und Plural völlig regelmäßig bilden, gibt es verschiedene Substantivgruppen, die bestimmten Numerusbeschränkungen unterworfen sind.

4.2.1.
Singulariatantum

1. Stoffnamen

Nur im Singular stehen Stoffnamen, wenn sie ganz allgemein gebraucht werden:

Kupfer zeichnet sich durch seine Leitfähigkeit aus.
Ich esse gern *Schwarzbrot*.

Will man einzelne Stoffarten unterscheiden, ist bei manchen Stoffnamen der Plural möglich (vor allem fachsprachlich):

Die afrikanischen Länder exportieren wertvolle *Harthölzer*.

Dieser Plural kann auch mit lexikalischen Mitteln – durch Zusammensetzung mit verschiedenen Grundwörtern – gebildet werden:

Das Werk verarbeitet ausländische *Holzarten*.

2. Sammelnamen (Kollektiva)

Nur im Singular stehen Sammelnamen, wenn sie Bezeichnungen einer einheitlichen, umfassenden Klasse sind, die als ungegliedert aufgefaßt wird:

Die *Bevölkerung* wurde zu einer Spendenaktion aufgerufen.
Am Abend brachten wir das *Gepäck* zum Bahnhof.

Will man innerhalb der durch die Sammelnamen bezeichneten einheitlichen Klassen verschiedene Gruppen unterscheiden, ist ein Plural mit lexikalischen Mitteln möglich:

In der DDR wurde die Kultur allen Bevölkerungs*schichten* zugänglich gemacht.

Von den nicht-pluralfähigen Sammelnamen als Bezeichnungen einer einheitlichen Klasse sind die Sammelnamen zu unterscheiden, die eine Gruppe einer Klasse anderen Gruppen der gleichen Klasse gliedernd gegenüberstellen und deshalb sowohl im Singular als auch im Plural stehen können:

Das Volk wünscht den Frieden.
Die Völker wünschen den Frieden.

3. Eigennamen

Nur im Singular stehen Eigennamen, wenn sie ein bestimmtes Einzelnes (Individuum) bezeichnen. Zu solchen Eigennamen gehören die Personennamen (Vor- und Familiennamen), die Individualnamen (Rufnamen) der Haustiere, die Namen verschiedener Produkte der menschlichen Kultur und Technik (Büchertitel, Schiffsnamen usw.) und lokale Bezeichnungen (Fluß-, Länder- und Ortsnamen, Betriebsbezeichnungen usw.):

Thomas Mann; das Rennpferd Ajax; Goethes „Faust"; der Panzerkreuzer „Potjomkin"; die Oder; Ungarn; Dresden; VEB Carl Zeiss JENA

Der Plural wird verwendet, wenn es sich um mehrere Vertreter des gleichen Namens handelt:
Im Fernsprechbuch stehen mehrere *Fritz Müller.*
Müllers, unsere Nachbarn, sind verreist.
In der DDR gibt es acht *Neustadt(s).*

Nicht zu den Eigennamen im individualisierenden Sinne gehören unter anderem die Zeitangaben und die Bezeichnungen für viele Produkte der menschlichen Gesellschaft (Automarken, Flugzeugnamen usw.). Diese Eigennamen bilden einen regelmäßigen Plural.

An schönen *Sonntagen* fahren wir ins Grüne.
Die *AN 24* werden vor allem auf Kurzstrecken eingesetzt.

4. Abstrakta

Nur im Singular stehen Abstrakta, wenn sie ungegliederte Allgemeinbegriffe darstellen.

Er arbeitet mit viel *Fleiß.*
Am Freitag nachmittag ist der *Verkehr* in der Stadt am größten.

Zur Bezeichnung der verschiedenen Erscheinungsformen des Allgemeinbegriffs ist bei einzelnen Abstrakta ein Plural mit lexikalischen Mitteln möglich:

Das Kinderbuch ist für alle Alters*stufen* geeignet.

Neben den nicht-pluralfähigen Abstrakta gibt es zahlreiche Abstrakta, bei denen die Vorstellung der Gegliedertheit möglich ist und die deshalb sowohl im Singular als auch im Plural stehen können.

Er nannte *die Ursache* des Fehlers.
Er nannte *die Ursachen* des Fehlers.

4.2.2.
Pluraliatantum

Bei einigen Substantiven wird die Gegliedertheit als semantischer Grundzug empfunden. Solche Substantive verfügen nur über die Pluralform. Dazu gehören unter anderem:

(1) Geographische Bezeichnungen (Gebirge, Inselgruppen, Länder)

Alpen, Anden; Kurilen, Azoren; Niederlande, USA

(2) Personengruppen

Eltern, Geschwister, Gebrüder, Leute

(3) Zeitbegriffe

Ferien, Flitterwochen

(4) Krankheiten

Masern, Pocken, Röteln, Blattern

(5) Sammelbegriffe im Handel und in der Wirtschaft

Chemikalien, Kurzwaren, Lebensmittel, Möbel, Spirituosen, Textilien, Spaghetti

(6) Kaufmännische und Rechtsbegriffe

Alimente, Einkünfte, Finanzen, Unkosten, Personalien, Spesen, Zinsen

4.3.
Kasus

4.3.1.
Wesen der Kasus

Die Kasus dienen dazu, die Beziehungen des Substantivs zu anderen Elementen im Satz mit Hilfe morphologischer Mittel zum Ausdruck zu bringen. Diese Aufgabe erfüllen jedoch nicht nur die Kasus, sondern auch andere Mittel (Präpositionen, Intonation, Wortstellung). Im Deutschen spielen die Kasus und die Präpositionen eine dominierende Rolle. Da die gleichen Beziehungen im Deutschen einmal durch Kasusendungen, das andere Mal durch selbständige Wörter (Präpositionen) ausgedrückt werden, ist ein syntaktischer und semantischer Unterschied zwischen den reinen Kasus (ohne Präpositionen) und den präpositionalen Kasus kaum festzustellen.

(1) Er schreibt *seinem Vater* einen Brief.
(2) Er schreibt *an seinen Vater* einen Brief.

Bei den reinen Kasus (1) besteht ein unmittelbarer Kontakt zwischen dem in einem bestimmten Kasus stehenden Substantiv und dem übergeordneten Wort (Verb, Adjektiv, Substantiv):

Bei den präpositionalen Kasus (2) besteht ein durch die Präposition vermittelter, ein mittelbarer Kontakt zwischen dem in einem bestimmten Kasus stehenden Substantiv und dem übergeordneten Wort (Verb, Adjektiv, Substantiv):

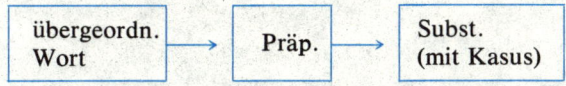

Während beim unmittelbaren Kontakt die reinen Kasus direkt vom übergeordneten Wort abhängen, werden beim mittelbaren Kontakt die Kasus des Substantivs nicht direkt vom übergeordneten Wort, sondern von der vermittelnden Präposition festgelegt. Deshalb werden in der folgenden Darstellung die reinen Kasus von den präpositionalen Kasus getrennt, obwohl sie die gleichen Sachverhalte der Realität ausdrücken.

4.3.2. Satzgliedfunktionen der reinen Kasus

Die reinen Kasus erfüllen bestimmte Funktionen als syntaktische Glieder im Satz.

1. Der *Nominativ* kann folgende Satzgliedfunktionen ausüben:
(1) als Subjekt:

Der Arbeiter liest ein Buch.

(2) als Prädikativ (= Subjektsprädikativ):

Er bleibt *der beste Student* in der Seminargruppe.

(3) als außerhalb des Satzverbandes stehendes Glied, das dienen kann der bloßen Benennung („Nennfall"):

ein schöner Morgen

dem Anruf („Vokativ"):
Komm, *Vater!*

2. Der *Akkusativ* kann folgende Satzgliedfunktionen ausüben:
(1) als Objekt zum Verb:

Die Regierung unterzeichnete *den Freundschaftsvertrag.*

(2) als Objekt zum Prädikativ (Adjektiv):

Die Ware ist *ihr Geld* wert.

(3) als Objektsprädikativ:

Die Lehrerin nennt ihn *einen begabten Schüler*.

(4) als lexikalisch-idiomatischer Prädikatsteil
in Gestalt eines Umstandsobjekts:

Der Tourist fährt *Auto*.

in Gestalt eines inneren Objekts (Akkusativ des Inhalts):

Sie stirbt *einen schweren Tod*.

(5) als Adverbialbestimmung:

Er arbeitet *jeden Tag*.
Der Graben ist *einen Meter* tief.

3. Der *Dativ* kann folgende Satzgliedfunktionen ausüben:
(1) als Objekt zum Verb:

Die Volkspolizei hilft *dem Geschädigten*.

(2) als Objekt zum Prädikativ (Adjektiv):

Er ist *seiner Frau* treu.

(3) als Ergänzungsangabe in verschiedenen Arten:
(a) als Dativus commodi

Er trägt *seiner Mutter* die Tasche.

(b) als possessiver Dativ

mit Beziehung auf das Subjekt:

Meinem Vater schmerzt der Kopf.

mit Beziehung auf das Objekt:

Der Arzt reinigt *dem Patienten* die Wunde.

mit Beziehung auf die Adverbialbestimmung:

Er sieht *seiner Tochter* in die Augen.

c) als ethischer (d. h. volkstümlicher) Dativ:

Falle *mir* nicht!

4. Der *Genitiv* kann folgende Satzgliedfunktionen ausüben:
(1) als Objekt zum Verb:

Er erinnert sich *des Befreiungstages*.

(2) als Objekt zum Prädikativ (Adjektiv):

Er ist *des Weges* kundig.

(3) als Prädikativ:
Der Lehrer ist *guter Laune.*

(4) als Adverbialbestimmung:
Er besuchte uns *eines Abends.*

(5) als attributiver Gliedteil:
Das Haus *seines Vaters* wurde verkauft.

5. Nicht an *einen* Kasus gebunden sind folgende Verwendungsweisen, die in *allen* vier reinen Kasus vorkommen:

(1) als Apposition (= Gliedteil):
Herr Müller, *der Direktor* des Betriebes, hat eine neue Konzeption für die Planung vorgelegt.
Die neue Konzeption wurde von Herrn Müller, *dem Direktor* des Betriebes, vorgelegt.

(2) als Adverbialbestimmung (nach den Fügewörtern *als* und *wie*):
Er arbeitet als *stellvertretender Vorsitzender.*
Wir begrüßen ihn als *stellvertretenden Vorsitzenden.*

4.3.3. Präpositionale Kasus

1. Die Satzgliedfunktionen der präpositionalen Kasus

Die präpositionalen Kasus erfüllen dieselben Funktionen wie die reinen (obliquen) Kasus:

(1) als Subjektsprädikativ:
Das Problem ist *von großer Bedeutung.*
Er wird *als ein Aktivist* der ersten Stunde bezeichnet.

(2) als Objektsprädikativ:
Der Ausländer bezeichnet unser ökonomisches System *als einen unbestreitbaren Vorteil.*

(3) als Objekt:
Wir warten *auf die Bestätigung* des Planes.

(4) als Objekt zum Prädikativ (Adjektiv):
Er ist wütend *über die Vergeudung* des Volkseigentums.

(5) als Adverbialbestimmung:
Der Schriftsteller wohnt *in Rostock.*
Er qualifiziert sich *am Wochenende.*

(6) als Ergänzungsangabe zum Satz:
Er trägt *für seine Mutter* das Gepäck.

(7) als prädikatives Attribut:

Er traf ihn *im dunklen Anzug.*

(8) als attributiver Gliedteil:

Die Hoffnung *auf Vertragsabschluß* hat sich erfüllt.

2. Die präpositionalen Kasus bei Substantiven (Rektion)

Das Vorkommen als attributiver Gliedteil bei Substantiven teilen die präpositionalen Kasus mit dem Genitiv, unterscheidet sie aber von Nominativ, Akkusativ und Dativ. Obwohl die Substantive keine festen Leerstellen um sich eröffnen, die durch bestimmte Genitive oder Präpositionalkasus zu besetzen sind (wie die Verben und Adjektive), kann man von einer Rektion der Substantive in den Fällen sprechen, in denen die folgende Präposition syntaktisch vom Substantiv gefordert wird und nicht das folgende Substantiv semantisch spezifiziert. Wir vergleichen:

(2) die Hoffnung   auf   baldige Genesung

Im Falle (1) ist die Präpositionalgruppe nicht vom übergeordneten Substantiv regiert, wohl aber im Falle (2); denn das regierende Substantiv fordert immer nur bestimmte Präpositionen (in den meisten Fällen: eine einzige Präposition) und schließt alle anderen aus. Die Präposition trägt dabei keine erkennbare Bedeutung – im Unterschied zum Falle (1).

Wenn das Substantiv einen Präpositionalkasus regiert, sind folgende Gruppen unterscheidbar:

(1) Das Substantiv regiert die gleiche Präposition wie das entsprechende Verb und das entsprechende Adjektiv (bzw. Partizip):

Das Thema *hängt vom* Perspektivplan *ab.*

→ Das Thema ist *vom* Perspektivplan *abhängig.*

→ die *Abhängigkeit* des Themas *vom* Perspektivplan

Ebenso: ähneln – ähnlich – Ähnlichkeit *in*; ärgern – ärgerlich – Ärger *über*; befähigen – fähig – Fähigkeit *zu*; befreien – frei – Befreiung (Freiheit) *von*; danken – dankbar – Dankbarkeit *für*; sich freuen – erfreut – Freude *über*; helfen – behilflich – Hilfe *bei*; sich sorgen – besorgt – Sorge *um*; staunen – erstaunt – Staunen (Erstaunen) *über*

(2) Das Substantiv regiert die gleiche Präposition wie das entsprechende Verb, ein entsprechendes Adjektiv ist nicht vorhanden:

Wir *glauben an* den Fortschritt der Menschheit.

→ unser *Glaube an* den Fortschritt der Menschheit

Ebenso: sich ängstigen – Angst *um/vor*; anknüpfen – Anknüpfung *an*;

anspielen – Anspielung *auf*; antworten – Antwort *auf*; appellieren – Appell *an*; arbeiten – Arbeit *an/für*; sich aufregen – Aufregung *über*; beginnen – Beginn *mit*; beitragen – Beitrag *zu*; sich bemühen – Bemühung *um*; berichten – Bericht *von/über*; beschränken – Beschränkung *auf*; bitten – Bitte *um*; denken – Gedanke *an*; sich drängen – Drang *nach*; duften – Duft *nach*; dürsten – Durst *nach*; sich ekeln – Ekel *vor*; sich entscheiden – Entscheidung *für*; fahnden – Fahndung *nach*; kämpfen – Kampf *für/gegen*; sich kümmern – Kummer *um*; polemisieren – Polemik *gegen*; protestieren – Protest *gegen*; raten – Rat *zu*; riechen – Geruch *nach*; sich scheuen – Scheu *vor*; spielen – Spiel *mit*; streiten – Streit *mit/um*; teilnehmen – Teilnahme *an*; unterrichten – Unterricht *in*; unterweisen – Unterweisung *in*; vertrauen – Vertrauen *auf*; verzichten – Verzicht *auf*; wissen – Wissen *um/von*; zweifeln – Zweifel *an*

(3) Das Substantiv regiert eine Präposition, während das entsprechende Verb den Akkusativ regiert und ein entsprechendes Adjektiv nicht vorhanden ist:

Er besucht *unseren Freund.*
→ sein Besuch *bei unserem Freund*
Ebenso: achten – Achtung *vor*; erlauben – Erlaubnis *zu/für*; fordern – Forderung *nach*; fragen – Frage *an*; lieben – Liebe *zu*; überblicken – Überblick *über*; unterrichten – Unterricht *an*; vorschlagen – Vorschlag *auf*; wünschen – Wunsch *nach*

(4) Das Substantiv regiert eine Präposition, während das entsprechende Verb den Dativ regiert und ein entsprechendes Adjektiv nicht vorhanden ist:

Wir antworten *dem Institutsdirektor.*
→ unsere Antwort *an den Institutsdirektor*
Ebenso: begegnen – Begegnung *mit*; berichten – Bericht *an*; helfen – Hilfe *für*; mitteilen – Mitteilung *an*; nützen – Nutzen *für*; schaden – Schaden *für*; schenken – Geschenk *für*; vertrauen – Vertrauen *zu*; zustimmen – Zustimmung *zu*

(5) Das Substantiv regiert die gleiche Präposition wie das entsprechende Adjektiv, ein entsprechendes Verb ist nicht vorhanden:

Die DDR ist *stolz auf* ihre Errungenschaften.
→ der *Stolz* der DDR *auf* ihre Errungenschaften
Ebenso: arm – Armut *an*; bekannt – Bekanntschaft *mit*; eifersüchtig – Eifersucht *auf*; gierig – Gier *nach*; gut – Güte *zu*; hart – Härte *in*; reich – Reichtum *an*; sorgfältig – Sorgfalt *in*; überlegen – Überlegenheit *an/in*; verwandt – Verwandtschaft *mit*; zornig – Zorn *auf*

(6) Das Substantiv regiert eine Präposition, während das entsprechende Adjektiv den Dativ regiert und ein entsprechendes Verb nicht vorhanden ist:

Der Wissenschaftler ist *seinen Prinzipien* treu.
→ die Treue des Wissenschaftlers *zu seinen Prinzipien*

Ebenso: nahe – Nähe *zu*; überlegen – Überlegenheit *gegenüber*

(7) Das Substantiv regiert eine Präposition, obwohl weder ein entsprechendes Verb noch ein entsprechendes Adjektiv vorhanden ist:

Er hat keinen Appetit *auf* Obst.
Sie hat keine Lust *zum* Schwimmen.

Ebenso: Ehrgeiz *nach*, Kontakt *mit/zu*, Voraussetzung *zu/für*

Adjektiv

Zur Wortklasse *Adjektiv* gehören alle Wörter, die in einen der beiden folgenden Rahmen oder in beide eingesetzt werden können:

(1) der ... Vortrag → der interessante Vortrag
(2) Der Vortrag ist ... → Der Vortrag ist interessant.

Beim Rahmen (1) spricht man vom attributiven Gebrauch des Adjektivs, beim Rahmen (2) vom prädikativen Gebrauch des Adjektivs.

1. Formenbestand

1.1. Deklination

Nur die attributiven Adjektive haben verschiedene Deklinationsformen. In prädikativer Stellung werden die Adjektive in ihrer endungslosen Grundform verwendet.

attributiv:

der *interessante* Vortrag – ein *interessanter* Vortrag

prädikativ:

Der Vortrag ist *interessant.* – Ein Vortrag ist *interessant.*

Das attributive Adjektiv tritt stets zusammen mit einem Artikelwort auf, das auch der Nullartikel sein kann. Die Kasus- und Genusmerkmale werden jeweils nur einmal ausgedrückt, entweder vom Artikelwort (1.) oder vom Adjektiv (2.).

1. Wenn das Artikelwort die Kasus- und Genusmerkmale trägt, hat das Adjektiv folgende Endungen:

im Singular Nominativ maskulin, neutral und feminin   -e
                Akkusativ neutral und feminin   -e
in allen anderen Kasus   -en

2. Wenn das Artikelwort nicht die Kasus- und Genusmerkmale enthält, werden sie vom Adjektiv übernommen (z. B. für Nominativ Singular: *-er, -es, -e*).
Je nachdem, mit welchem Artikelwort das Adjektiv verbunden ist, folgt es dem Deklinationstyp A, B oder C.

Adjektiv nach bestimmtem Artikel (Deklinationstyp A)

	Maskulinum	Neutrum	Femininum
Sing.			
N	der große Erfolg	das große Fenster	die große Stadt
A	den großen Erfolg	das große Fenster	die große Stadt
D	dem großen Erfolg	dem großen Fenster	der großen Stadt
G	des großen Erfolgs	des großen Fensters	der großen Stadt
Pl.			
N	die großen Erfolge	die großen Fenster	die großen Städte
A	die großen Erfolge	die großen Fenster	die großen Städte
D	den großen Erfolgen	den großen Fenstern	den großen Städten
G	der großen Erfolge	der großen Fenster	der großen Städte

Adjektive nach *derjenige, derselbe, dieser, jener, jeder, mancher, welcher* und im Plural *irgendwelche, alle, solche* folgen ebenfalls dem Deklinationstyp A.
Nach *manche, (irgend)welche, solche* im Plural werden die Adjektive mitunter nach Deklinationstyp B flektiert:

welche sowjetische Romane
die Titel mancher neuer Filme

Adjektiv nach unbestimmtem Artikel/Nullartikel (Deklinationstyp B)

	Maskulinum	Neutrum	Femininum
Sing.			
N	ein großer Erfolg	ein großes Fenster	eine große Stadt
A	einen großen Erfolg	ein großes Fenster	eine große Stadt
D	einem großen Erfolg	einem großen Fenster	einer großen Stadt
G	eines großen Erfolgs	eines großen Fensters	einer großen Stadt
Pl.			
N	– große Erfolge	– große Fenster	– große Städte
A	– große Erfolge	– große Fenster	– große Städte
D	– großen Erfolgen	– großen Fenstern	– großen Städten
G	– großer Erfolge	– großer Fenster	– großer Städte

Adjektive, die nach *manch (ein), solch (ein), welch (ein), irgendein* stehen, werden ebenso flektiert. Diese Formen sind auf den Singular beschränkt.

Adjektive nach *einige, etliche, mehrere* folgen ebenfalls dem Deklinationstyp B. Diese Formen sind im allgemeinen nur im Plural gebräuchlich. Im Genitiv Plural erfolgt die Deklination des Adjektivs manchmal nach Deklinationstyp A:

die Adresse einiger ausländisch*en* Studenten

Adjektiv nach Nullartikel (Deklinationstyp C)

	Maskulinum	*Neutrum*	*Femininum*
Sing.			
N	– groß*er* Erfolg	– groß*es* Geheimnis	– groß*e* Sorge
A	– groß*en* Erfolg	– groß*es* Geheimnis	– groß*e* Sorge
D	– groß*em* Erfolg	– groß*em* Geheimnis	– groß*er* Sorge
G	– groß*en* Erfolgs	– groß*en* Geheimnisses	– groß*er* Sorge

Plural wie Deklinationstyp B

Adjektive, die nach *deren, dessen* stehen, werden ebenso flektiert.

Besonderheiten der Deklination

1. Adjektive nach *kein* und *mein, dein, sein, ihr, unser, euer* werden im Singular nach dem Deklinationstyp B, im Plural nach dem Deklinationstyp A flektiert.

Singular:

kein groß*er* Erfolg   ihre groß*e* Sorge

Plural:

keine groß*en* Erfolge   ihre groß*en* Sorgen

2. Adjektive auf *-el* verlieren bei der Deklination das *e*:

dunkel – ein dunkles Zimmer

3. Zwei oder mehr aufeinanderfolgende Adjektive haben die gleichen Deklinationsendungen.

der große, wichtige Erfolg – ein großer, wichtiger Erfolg

Von dieser Regel gibt es bei Nullartikel folgende Abweichungen:

(1) Nach *sämtlich, beide* und (im Singular) *folgend* wird das zweite Adjektiv zumeist, nach *ander-, verschieden, viel* und *wenig* gelegentlich nach Deklinationstyp A flektiert:

sämtlich*es* alt*e* Material, beid*e* jung*en* Leute; mit viel*em* groß*en* Gepäck, die Ursache ander*er* grammatisch*en* Fehler

(2) Wenn das zweite Adjektiv mit dem Substantiv eine engere Einheit bildet (z. B. *ungarischer Wein*), das erste Adjektiv also dieser Gruppe

Formenbestand

untergeordnet ist, wird das zweite Adjektiv im Dativ Sing. Mask./Neutr. überwiegend nach Deklinationstyp A flektiert:

mit gut*em* ungarisch*en* Wein

1.2. Graduierung

Der *Positiv* bezeichnet die Grundstufe des Adjektivs. Im Vergleich zweier Größen dient er zum Ausdruck der Gleichheit. Als Vergleichswörter werden verwendet: so (verstärkt: *ebenso/genauso*) – wie

Der Lehrer ist (genau)so alt wie mein Vater.

Der *Komparativ* (1. Steigerungsstufe) wird mit *-er* gebildet und dient zum Ausdruck der Ungleichheit zweier miteinander verglichener Größen. Er wird in attributiver Verwendung flektiert, in prädikativer Verwendung nicht flektiert. Vergleichswort ist *als*.

Der Lehrer ist älter als mein Vater.

Der *Superlativ* (2. Steigerungsstufe) gibt beim Vergleich mindestens dreier miteinander verglichener Größen einer den ersten Platz. Er wird mit *-est* (nach *d, t, s, ß, x, tz, z, st* bei betonter Auslautsilbe) oder *-st* gebildet:

der älteste Lehrer, die heißeste Jahreszeit
das jüngste Kind, die geeignetsten Beispiele

In attributiver Stellung wird der Superlativ flektiert und mit dem bestimmten Artikel verwendet; in prädikativer Verwendung können sowohl die flektierten Formen als auch die feste Verbindung *am* + *-en* stehen (erstere dann, wenn ein Bezugssubstantiv mitgedacht wird und hinzugefügt werden kann).

Der heißeste Monat ist der Juli.
Der Monat Juli ist am heißesten.
Der Monat Juli ist der heißeste (Monat).

Besonderheiten der Graduierung

(1) Im allgemeinen werden die Adjektive mit umlautfähigem Vokal in Komparativ und Superlativ ohne Umlaut gebraucht. Nur wenige einsilbige Adjektive haben Umlaut:

alt – älter – älteste
Ebenso: arg, arm, hart, kalt, krank, lang, scharf, schwach, schwarz, stark, warm; grob, groß; dumm, jung, klug, kurz

Einige Adjektive lassen Formen mit und ohne Umlaut zu:

gesund – gesünder/gesunder – gesündeste/gesundeste
Ebenso: blaß, glatt, karg, naß, schmal; fromm, rot

Die Adjektive *hoch* und *nahe* verändern außer dem Vokal auch den Auslautkonsonanten:

hoch – hö*h*er – höchste
nahe – näher – nä*ch*ste

(2) Bei Adjektiven auf -*el* fällt im Komparativ das *e* aus:

dunkel – das dunklere Zimmer (aber im Superlativ regelmäßig: das dunkelste Zimmer)

(3) Bei zusammengesetzten Adjektiven wird im allgemeinen das zweite Glied gesteigert:

die altmodischsten Hüte

Zusammengesetzte Adjektive werden im ersten Glied gesteigert, wenn dieses sich relative Selbständigkeit bewahrt hat. Oft ist das zweite Glied ein Partizip.

leichtfaßlich – eine leichter faßliche Aufgabe
dichtbevölkert – die am dichtesten bevölkerte/dichtestbevölkerte Stadt

(4) Der Komparativ einiger Adjektive (*jung, alt, lang, kurz, groß, klein*) kann auch ohne tatsächlichen Vergleich stehen. Er drückt dann keine Steigerung, sondern eine Abschwächung des Positivs aus:

ein junger Mann   (etwa: 15–30 Jahre)
ein jüngerer Mann   (etwa: 30–45 Jahre)
ein älterer Mann   (etwa: 50–65 Jahre)
ein alter Mann   (etwa: über 70 Jahre)

Gelegentlich steht auch der Superlativ nicht im Vergleich. In diesem Falle bezeichnet er einen sehr hohen Grad. Dieser sogenannte absolute Superlativ (oder: Elativ) ist auch mit Nullartikel möglich.

Gestern war das herrlichste Wetter.
Er ging in höchster Eile.

(5) Die Adjektive *gut* und *viel* werden mittels zusätzlicher Wortformen gesteigert:

gut – besser – beste
viel – mehr – meiste

In attributiver Stellung wird *mehr* (und *weniger*) nur mit Nullartikel und unflektiert gebraucht:

mit mehr Fleiß, bei mehr Fehlern

(6) Mit Partikeln wie *(ganz) besonders, höchst, sehr, überaus* wird der sogenannte absolute Superlativ gebildet. Er ist auch mit unbestimmtem Artikel und Nullartikel möglich.

das sehr schöne Mädchen, eine überaus fleißige Studentin, besonders schnelle Fahrzeuge

Die Partikel *(all)zu* drückt einen über das Normalmaß hinausgehenden Grad aus:

Das Wetter war zu kalt.

(7) Der Komparativ kann verstärkt werden durch Wörter wie *weit(aus)*, *bei weitem*:

Sein Arbeitsweg ist bei weitem der längste.

Eine Verstärkung des Superlativs kann auch durch Zusammensetzung mit *aller-* vorgenommen werden:

die allerneuesten Nachrichten

2.
Syntaktische Subklassen

Adjektive können entweder attributiv und prädikativ, nur attributiv oder nur prädikativ verwendet werden.

Gruppe A

Die Adjektive der Gruppe A sind attributiv und prädikativ verwendbar. Je nach ihrer Flektierbarkeit und Graduierbarkeit werden sie in drei Untergruppen eingeteilt.

Die *Gruppe A_1* enthält Adjektive, die attributiv und prädikativ verwendbar und flektierbar und graduierbar sind:

der wichtige Rohstoff   der Rohstoff ist wichtig
der wichtigste Rohstoff   der Rohstoff ist am wichtigsten

Zu dieser Gruppe gehört eine große Zahl qualitativer Adjektive wie *klein, fest, billig, gesund, allgemein, konkret* usw.

Manche Adjektive der Gruppe A_1 haben Ergänzungen bei sich:

(1) Adjektive mit adverbialem Akkusativ (Maßangabe)

Der Wagen ist *vier Meter* lang.

Die Antonyme dieser Adjektive (*jung, schmal, dünn* ...) können nur dann eine Maßangabe bei sich haben, wenn diese (mittels Komparativ oder *zu*) graduiert sind:

*Der Wagen ist fünfzig Zentimeter kurz.
→ Der Wagen ist fünfzig Zentimeter kürzer (als der alte Typ).
→ Der Wagen ist fünfzig Zentimeter zu kurz.

Vereinzelt kommen auch Adjektive mit Objektsakkusativ vor:

Ich bin *das Streiten* überdrüssig.

(2) Adjektive mit Objekt bzw. Ergänzungsangabe im Dativ (zumeist Person)

Die Gegend war *ihm* fremd.
Ihm war die Bedeutung der Redewendung nicht klar.

(3) Adjektive mit Objekt im Genitiv (selten)

Er ist *großer Leistungen* fähig.

(4) Adjektive mit Objekt im Präpositionalkasus

Der Lehrer ist *mit den Leistungen der Schüler* zufrieden.
Die Sowjetunion ist reich *an Bodenschätzen.*

Die *Gruppe A_2* enthält Adjektive, die attributiv und prädikativ verwendbar und flektierbar, aber nicht graduierbar sind.

die gegenseitige Hilfe   die Hilfe ist gegenseitig

Zu dieser Gruppe gehören zahlreiche qualitative Adjektive, die auf Grund ihrer Semantik keine Graduierung erlauben: *fertig, gemeinsam, heilbar, ledig, stimmhaft, tödlich* ...
Manche Adjektive der Gruppe A_2 haben Ergänzungen bei sich:
(1) Adjektive mit Objekt bzw. Ergänzungsangabe im Dativ (zumeist Person)

Diese Auffassung ist *allen Mitarbeitern* gemeinsam.

(2) Adjektive mit Objekt im Genitiv (selten)

Er ist *des Deutschen* nicht mächtig.

(3) Adjektive mit Objekt bzw. obligatorischer Adverbialbestimmung im Präpositionalkasus

Ich bin *mit deinem Vorschlag* einverstanden.
Er ist *aus Erfurt* gebürtig.

(4) Adjektivpartizipien mit obligatorischer Modalangabe

Er ist *fortschrittlich* eingestellt.

Die *Gruppe A_3* besteht aus Adjektiven, die sowohl attributiv als auch prädikativ verwendbar, aber weder flektierbar noch graduierbar sind.

Dazu gehören:
(1) einige Farbadjektive wie *lila, rosa, beige, orange*

das lila Tuch   das Tuch ist lila

(2) die Kardinal- und Bruchzahlen von *zwei* an aufwärts sowie einige unbestimmte Zahladjektive (*allerlei, mancherlei, vielerlei; ein bißchen, ein paar*)

Gruppe B
Zur Gruppe B gehören die Adjektive, die nur attributiv verwendbar sind. Je nach Flektierbarkeit und Graduierbarkeit gliedern sie sich in drei Untergruppen.
Die *Gruppe B_1* enthält Adjektive, die flektierbar und graduierbar sind. Es handelt sich um einige Adjektive mit lokaler Bedeutung, denen im prädikativen (und adverbialen) Gebrauch besondere Adverbformen (die auch attributiv-nachgestellt möglich sind) entsprechen. Die Graduierbarkeit dieser Lokaladjektive ist beschränkt. Sie bilden keinen Komparativ, sondern nur einen Superlativ.

Adjektiv
die obere Wohnung
die oberste Wohnung

Adverb
die Wohnung ist (liegt) oben
die Wohnung oben

Der Formenbestand der Lokaladjektive und -adverbien wird aus der folgenden Tabelle ersichtlich:

	Adjektiv		Adverb
Positiv	Komparativ	Superlativ	
äußer-	–	äußerst-	außen
inner-	–	innerst-	innen
ober-	–	oberst-	oben
unter-	–	unterst-	unten
vorder-	–	vorderst-	vorn
hinter-	–	hinterst-	hinten

Die *Gruppe B₂* besteht aus Adjektiven, die flektiert, aber nicht graduiert werden:

das eigentliche Problem

Zu dieser Gruppe gehören:

(1) Bezugsadjektive

die staatliche Arztpraxis, die nervösen Störungen

In übertragener Bedeutung (als qualitative Adjektive) sind manche Bezugsadjektive prädikativ möglich und graduierbar:

Mein Freund ist sehr nervös. (= reizbar, empfindlich)

(2) Herkunftsbezeichnungen

der bulgarische Wein, die südamerikanischen Indianer

(3) Stoffadjektive

der eiserne Zaun, die goldene Uhr

(4) Temporal- und Lokaladjektive
Einigen Adjektiven mit temporaler oder lokaler Bedeutung entsprechen im prädikativen (und adverbialen) Gebrauch besondere Adverbformen (die auch attributiv-nachgestellt möglich sind). Im Unterschied zu den Lokaladjektiven der Gruppe B_1 sind diese Adjektive nicht graduierbar.

Adjektiv
das rechte Gebäude

Adverb
das Gebäude ist (liegt) rechts
das Gebäude rechts

Temporale Adjektive (*Adverbien*): damalig (*damals*), ehemalig (*ehemals*), gestrig (*gestern*), heutig (*heute*), morgig (*morgen*), jetzig (*jetzt*), sofortig (*sofort*), baldig (*bald*)
Lokale Adjektive (*Adverbien*): hiesig (*hier*), dortig (*dort*), recht- (*rechts*), link- (*links*), diesseitig (*diesseits*), jenseitig (*jenseits*), auswärtig (*auswärts*)

(5) Ordinalia
In die Gruppe B_2 gehören auch die Ordinalia, die nicht prädikativ gebraucht werden können und nur der Form nach Superlative sind:

der zehnte Jahrestag, das hundertste Experiment

Eine *Gruppe* B_3 (nur attributiv, nicht flektierbar, nicht graduierbar) bilden die von Ortsnamen abgeleiteten Herkunftsbezeichnungen auf -er:
das Rostocker Bautempo, die Pariser Mode

Gruppe C
Die Gruppe C enthält Adjektive, die nur prädikativ gebraucht werden und weder flektierbar noch graduierbar sind. Es handelt sich um einige, zumeist aus Substantiven gebildete Adjektive wie *angst, einerlei, eingedenk, egal, entzwei, feind, gewahr, gram, schade, schuld*:

Daß er nicht kommt, ist *schade*. Ob er kommt oder nicht, ist (mir) *egal/einerlei* (ugs.). Er ist mir *gram* (lit.). Sie sind ihm *feind* (lit.). Mir ist (es) *angst*. Ich bin seiner Worte immer *eingedenk* (lit.). Der Autofahrer war (an dem Unfall) *schuld*.

3.
Rektion der Adjektive

3.1.
Adjektive mit einem Kasus

1. reine Kasus
(A) alt, breit, groß, hoch, lang; wert
(D) ähnlich, angeboren, behilflich, bekannt, geläufig, gemeinsam, gewachsen, recht, treu, überlegen, zugetan
(G) eingedenk, gewiß, ledig, schuldig, sicher, verdächtig, würdig

2. Präpositionalkasus
an (A) gebunden, gewöhnt; (D) arm, interessiert, reich, schuld
auf (A) angewiesen, begierig, eifersüchtig, gespannt, neidisch, stolz, wütend; (D) blind, taub
aus gebürtig

bei	behilflich, beliebt, verhaßt
für	bezeichnend, charakteristisch, empfänglich, geeignet, notwendig, vorteilhaft, zuständig

Anmerkung:

Außerdem können verschiedene Adjektive, die den Dativ regieren, alternativ mit *für* erscheinen: angenehm, heilsam, interessant, klar, möglich, nützlich, peinlich, unbegreiflich, unentbehrlich, verständlich, wichtig

gegen	empfindlich, gefühllos, gleichgültig, mißtrauisch
in	(A) verliebt; (D) bewandert, erfahren, geschickt, geübt, wohnhaft
mit	befreundet, einverstanden, fertig, vergleichbar, verheiratet, zufrieden
nach	ehrgeizig, gierig
über	ärgerlich, beschämt, entrüstet, erfreut, erstaunt, froh, glücklich, traurig
um	besorgt
von	abhängig, frei, krank, müde, überzeugt, verschieden, voll
vor	blaß, sicher, starr, stumm
zu	bereit, fähig, geeignet, geschaffen, grob

3.2.
Adjektive mit verschiedenen Kasus

1. Bei manchen Adjektiven ist der Kasusgebrauch schwankend. Zwischen den verschiedenen Formen gibt es keine Bedeutungsunterschiede.

Ich bin *das Streiten/des Streitens* überdrüssig.
Der Ausländer ist *das europäische Klima/an das europäische Klima* nicht gewöhnt.
Er ist *großer Leistungen/zu großen Leistungen* fähig.

2. Mit dem schwankenden Kasusgebrauch sind nicht die Fälle zu verwechseln, in denen der verschiedene Kasusgebrauch mit Bedeutungsunterschieden verbunden ist:

Seine Adresse ist *mir* nicht bekannt. – Ich bin *mit seinem Sohn* gut bekannt.
Er ist taub *gegen alle Ermahnungen* – Er ist *auf einem Ohr* taub.

Bei einigen Adjektiven sind zwei Ergänzungen üblich:

Das Mädchen ist ihren Mitschülern in Mathematik weit überlegen.
Die Tochter ist der Mutter bei der Hausarbeit behilflich.
Ich bin Ihnen für den Ratschlag dankbar.

4. Zahladjektiv

Das Zahladjektiv gliedert sich in zwei Hauptgruppen auf:
Kardinalia (Grundzahlen): *ein-, zwei, drei* ...
Ordinalia (Ordnungszahlen): *erster, zweiter, dritter* ...

Von diesen zwei Hauptgruppen sind zu unterscheiden:
die Bruchzahlen: *viertel, achtel* ....
die unbestimmten Zahladjektive: *einzeln, paar, viel* ...

Um Sondergruppen handelt es sich bei den bestimmten und unbestimmten Gattungszahlen (*zweierlei, dreierlei* ... und *allerlei, mancherlei* ...), den Wiederholungszahlen (*zweimalig, dreimalig* ...), den Vervielfältigungszahlen (*zweifach, dreifach* ...) und der Sammelzahl *beide*.

4.1. Kardinalia

Die Kardinalia geben eine bestimmte Menge oder Anzahl von Personen oder Nicht-Personen an (Frage: *Wieviel?*). Sie werden attributiv und prädikativ gebraucht; sie sind in der Regel nicht flektierbar und nicht graduierbar.
Die niedrigen Kardinalia sind der Bildung nach einfache Wörter. Höhere Zahlen werden durch Zusammensetzung oder Verbindung – im Falle der Zehner auch durch Ableitung – der einfachen Wörter gebildet.

0–9	10–19	20–29	30–90
null	zehn	zwanzig	
eins	elf	einundzwanzig	
zwei	zwölf	zweiundzwanzig	
drei	dreizehn	dreiundzwanzig	dreißig
vier	vierzehn	vierundzwanzig	vierzig
fünf	fünfzehn	fünfundzwanzig	fünfzig
sechs	sechzehn	sechsundzwanzig	sechzig
sieben	siebzehn	siebenundzwanzig	siebzig
acht	achtzehn	achtundzwanzig	achtzig
neun	neunzehn	neunundzwanzig	neunzig
100	(ein)hundert	1000	(ein)tausend
101	(ein)hunderteins	1002	(ein)tausendzwei
102	(ein)hundertzwei	1100	(ein)tausendeinhundert
200	zweihundert	1200	(ein)tausendzweihundert
300	dreihundert	2000	zweitausend
		10 000	zehntausend
		200 000	zweihunderttausend usw.

Besonderheiten der Kardinalia

1. Auf Grund ihrer Bedeutung („Menge oder Anzahl") verlangen die Kardinalia gewöhnlich den Plural des Substantivs:
zwei Räume, tausend Kinder, eine Million Frauen

In folgenden Fällen steht das Substantiv im Singular:

(1) Die Kardinalzahl ist die Zahl *ein-*:

ein Raum, ein Kind, eine Frau

(2) Die Kardinalzahl steht nach dem Substantiv (= Ordinalzahl):

Raum zwei, Lektion drei

(3) Das Substantiv ist eine Maß- und Mengenangabe (mit Stoffbezeichnung im merkmallosen Kasus):

drei Stück Zucker, fünf Glas Bier

2. Beim Sprechen und beim Schreiben in Buchstaben werden bei den Zahlen 13–19 und 21–99 die Einer vor die Zehner gestellt. Bei den Zahlen 21–99 steht als Verbindungselement *und*.

13   dreizehn
22   zwei*und*zwanzig

3. Die Zahlen bis 999 999 bilden im Deutschen Zusammensetzungen und werden in einem Wort zusammengeschrieben:

256 310 zweihundertsechsundfünfzigtausenddreihundertzehn

Die Substantive *Million, Milliarde, Billion* usw. bilden mit den niedrigen Ziffern eine Wortverbindung (mit Getrenntschreibung):

17 052 000 siebzehn Millionen zweiundfünfzigtausend

4. Von den Kardinalia wird nur die Zahl 1 vollständig flektiert (im Sing.): adjektivisch-attributiv nach Nullartikel wie der unbestimmte Artikel, nach bestimmtem Artikel wie ein Adjektiv in gleicher Stellung, substantivisch im allgemeinen ebenso, aber nach Nullartikel im Nom. Mask. und im Nom./Akk. Neutr. mit den vollen Endungen *-er* und *-(e)s*:

Ein Schüler hat gefehlt. Der *eine* Schüler hat gefehlt.
Einer hat gefehlt. Der *eine* hat gefehlt.

Anmerkung:

In bestimmten Verbindungen erscheint die Zahl 1 in der Form *eins*, so als alleinstehendes Wort, als letztes Glied einer nicht attributiv gebrauchten Zusammensetzung, bei Zeitangaben ohne den Zusatz *Uhr*:

eins, zwei, drei, vier ...
zweihundert*eins*
heute gegen halb *eins*

5. Neben der Kardinalzahl *ein-* haben gelegentlich auch die anderen einfachen Zahlen im Genitiv und Dativ Flexionsformen.

(1) *zwei* und *drei* flektiert man im Genitiv, wenn sie mit Nullartikel stehen:

die Aussagen *zweier* Zeugen (aber: der *zwei* Zeugen)

(2) Die Zahlen von *zwei* bis *zwölf* werden häufig im Dativ flektiert, wenn sie substantivisch gebraucht sind. Es handelt sich dabei entweder um Personenbezeichnungen oder um bestimmte feste präpositionale Verbindungen.

Ich habe gestern mit *zweien* aus der Seminargruppe gesprochen.
Das Kind ist *auf allen vieren* gekrochen.

6. Vom substantivischen Gebrauch mancher Kardinalia (vgl. 5. (2)) ist die Substantivierung zu unterscheiden. Während die Zahladjektive beim substantivischen Gebrauch ihre adjektivischen Flexionsmerkmale beibehalten, verlieren sie bei der Substantivierung diese Merkmale und nehmen die Flexionsmerkmale des Substantivs an.

(1) Feminina
Alle Kardinalia können eine feminine substantivische Form bilden, die im Singular dem substantivischen Deklinationstyp 3 (endungslos), im Plural dem Deklinationstyp 2 (Nominativ auf -*en*/-*n*) folgt.

Die Tausend ist eine vierstellige Zahl.
Der kleine Uhrzeiger steht auf der Zehn.
Er hat die Vierzig längst überschritten.
Er hat in seinem Zeugnis sechs Einsen.

(2) Maskulina
Aus Kardinalia kann man auch maskuline substantivische Formen mit Hilfe des Suffixes -*er* bilden. Diese Maskulina flektiert man nach dem substantivischen Singulartyp 1 (Genitiv mit -*s*) und Pluraltyp 3 (im Nominativ endungslos). Sie geben eine bestimmte Anzahl vor allem von Nicht-Personen an, die eine Reihe bilden.

Im Deutschen spricht man die Einer vor den Zehnern.
Er ist schon hoch in den Achtzigern.

(3) Neutra
Die Kardinalia *hundert* und (*zehn/hundert*)*tausend* können eine neutrale substantivische Form bilden, die nach dem substantivischen Singulartyp 1 (Genitiv mit -*s*) und Pluraltyp 1 (Nominativ auf -*e*) flektiert wird. Bei diesen Wörtern handelt es sich um substantivische Mengenbezeichnungen, mit denen man eine Anzahl von Personen oder Nicht-Personen zusammenfaßt.

Das erste Hundert der Kompanie war zum Straßenbau eingesetzt.

7. Beim Sprechen und beim Schreiben in Buchstaben werden bei den Jahreszahlen 1100 bis 1999 statt des Tausenders die entsprechenden Hunderter verwendet:

1848   acht*zehnhundert*achtundvierzig

Zur Angabe der Jahreszahl gebraucht man im Deutschen die Jahreszahl allein oder in der Verbindung mit *im Jahr(e)*:

Karl Marx wurde *1818* geboren.
Karl Marx wurde *im Jahre 1818* geboren.

8. Bei der Angabe der Uhrzeit ist zwischen (1) Stundenangaben (mit dem Wort *Uhr* im Singular) und (2) Minutenangaben (mit dem Wort *Minute* im Singular und Plural) zu unterscheiden.

(1) Stundenangaben

(a) Für die erste Tageshälfte (0–12 Uhr) sind die Stundenangaben einheitlich. Umgangssprachlich kann das Wort *Uhr* fehlen.

Es ist vier (Uhr).

(b) Die Uhrzeit der zweiten Tageshälfte (12–24 Uhr) wird umgangssprachlich und offiziell verschieden gesprochen.
Offiziell zählt man den Tag mit 24 Stunden; umgangssprachlich wiederholt man die Zahlen der ersten Tageshälfte. Im ersten Falle darf das Wort *Uhr* nicht fehlen.

Es ist fünfzehn Uhr.   Es ist drei (Uhr).

(2) Minutenangaben
Bei den Minutenangaben ist gleichfalls zwischen einer offiziellen und einer umgangssprachlichen Leseart zu unterscheiden.

(a) Offiziell werden die Minuten *nach* den Stunden gezählt. Das Wort *Minute(n)* ist fakultativ.

9.15 Uhr   neun Uhr fünfzehn (Minuten)

(b) Umgangssprachlich werden die Minuten *vor* den Stunden gezählt. Die Stunde wird in Teile von 15 Minuten geteilt, die in Bruchzahlen ausgedrückt werden: *(ein) viertel, halb, dreiviertel.* Diese Angaben dienen neben den Angaben der vollen Stunde als Meßwert für die Einzelminuten. In Beziehung gesetzt wird mit den Präpositionen *nach* und *vor*, wobei meistens der kürzeste Zeitabstand entscheidend ist. Die Wörter *Uhr* und *Minute(n)* werden oft weggelassen. Vgl. folgendes Beispiel:

9.05 Uhr   fünf nach neun
9.15 Uhr   viertel zehn/viertel nach neun
9.25 Uhr   fünf vor halb zehn
9.30 Uhr   halb zehn
9.50 Uhr   zehn vor zehn

4.2. Ordinalia

Die Ordinalia, mit denen eine bestimmte Stelle in einer Reihe von Personen oder Nicht-Personen angegeben wird (Frage: *Der/Die/Das wie-*

vielte?), kommen vor allem im Singular mit dem bestimmtem Artikel vor. Sie werden nur attributiv verwendet und sind flektierbar, aber nicht graduierbar.
Die Ordinalia werden aus den Kardinalia mit Suffix *-t* oder *-st* gebildet. Die Ordinalia von 2 bis 19 haben das Suffix *-t*, die Ordinalia von 20 an das Suffix *-st*. Bei zusammengesetzten Zahlen wird nur das letzte Glied zur Ordinalzahl.

der zwei*te*, der sechzehn*te*, der zwanzig*ste*, der neunhundertneunundneunzig*ste*

Unregelmäßig gebildet sind:

der erste, der dritte, der achte

In der Flexion stimmen die Ordinalia mit den anderen Adjektiven überein. Bei zusammengesetzten Ordinalia flektiert man nur das letzte, suffigierte Glied:

des einunddreißigst*en* Dezember

Besonderheiten der Ordinalia

1. Wenn man in Ziffern schreibt, drückt man die Ordinalzahl durch einen Punkt hinter der Kardinalzahl aus:

der 31. = der einunddreißigste

2. Die Ordinalia können auch substantivisch gebraucht werden. In dieser Form nehmen sie auch die prädikative Stellung ein.

Er ist der Erste in der Klasse.
Er war beim Wettkampf dritter.

3. Datumsangaben sind komplexe Angaben über Tag, Monat und Jahr. Die Angabe des *Jahres* erfolgt durch Kardinalia (vgl. dort). Der *Tag* wird in der Regel durch die Ordinalzahl für den betreffenden Tag im Monat ausgedrückt (beim Schreiben in Ziffern). Zur Angabe des *Monats* dient die Ordinalzahl oder der Name:

der 7. 10. *oder* der 7. Oktober (nicht: der siebente zehnte)

Für die Wiedergabe des Tages und Monats durch Ordinalzahlen ist zu beachten, daß die Wörter *Tag* und *Monat* obligatorisch ausfallen. Sie bestimmen jedoch das Genus der Ordinalzahl:

Berlin, *den* 1. 5. 1971
Ich, Gerhard Schwarz, wurde *am* 26. 12. 1940 geboren.

4.3. Bruchzahlen

1. Bruchzahlen bezeichnen den Teil eines Ganzen. Es sind Zahlenverbindungen aus zwei Zahlen: dem Zähler und dem Nenner. Der Zähler

ist eine Kardinalzahl. Der Nenner wird aus einer Ordinalzahl mit dem Suffix *-el* gebildet.

ein viertel, vier zehntel, fünf millionstel

Besondere Formen haben die Zahlen 1 und 2 als einfache Nenner: Die Zahl 1 als Nenner heißt *ganz*, die Zahl 2 als Nenner heißt *halb*.

2. Bruchzahlen werden nur attributiv, nicht prädikativ verwendet. Auch in attributiver Stellung werden sie nicht flektiert; eine Ausnahme machen nur *ein-* (in beschränktem Maße auch *zwei*) als Zähler und *ganz* und *halb* als Nenner (1). Zumeist stehen die Bruchzahlen vor Maß- und Mengenangaben mit Nullartikel. Abhängig davon, ob der Zähler 1 oder eine höhere Zahl als 1 ist, werden die Maß- und Mengenangaben im Singular oder im Plural gebraucht. Verschiedene Maß- und Mengenangaben – vor allem Neutra – stehen immer im Singular (2).

(1) in *vier hundertstel* Sekunde – in *einer* fünftel Sekunde – in einer *halben* Sekunde

(2) ein drittel *Jahr* Arbeit – zwei drittel *Jahre* Arbeit; ein achtel *Kilo* Kaffee – drei achtel *Kilo* Kaffee

3. Bruchzahlen, die nach ganzen Zahlen stehen, werden ebenfalls als Zusammensetzungen geschrieben:

3 1/4 Stunden = drei einviertel Stunden

4. Die Bruchzahl kann auch mit einer Maß- und Mengenangabe eine neue allgemein gebräuchliche Maßbezeichnung bilden. Der Nenner der Bruchzahl wird dann zum Bestimmungswort eines zusammengesetzten Wortes und wird mit der Maß- und Mengenangabe zusammengeschrieben:

drei Achtelliter Milch, eine Viertelstunde Wartezeit, vier Zehntelgramm Radium

5. Bruchzahlen können wie alle Adjektive substantiviert werden. In der substantivischen Form erscheint der Nenner der Zahlenverbindung. Er ist ein Neutrum: *das Viertel, das Zehntel* (für den Nenner 2 zumeist: *die Hälfte*). Substantivische Bruchzahlen stehen nicht nur vor Maß- und Mengenangaben, sondern auch vor anderen Substantiven. Diese Substantive werden in der Regel als Genitivattribute angeschlossen:

Er verfehlte den Rekord um zwei Zehntel einer Sekunde.
Die Leistungen eines Drittels der Klasse sind unbefriedigend.

Anmerkung:

Dezimalbrüche werden aus Kardinalia gebildet. Man liest sie wie folgt:

2,41 = zwei Komma vier Liter (genauso mit anderen Maßeinheiten außer *Meter*)

2,4(0) m = zwei Komma vier Meter *und* zwei Meter vierzig (Zentimeter)
2,40 M = zwei Mark vierzig (genauso mit anderen Währungseinheiten)

4.4. Unbestimmte Zahladjektive

Die unbestimmten Zahladjektive stehen zwischen den indefiniten Pronomina/Artikelwörtern und den Zahladjektiven. In semantischer Hinsicht entsprechen sie den indefiniten Wörtern. In syntaktischer und morphologischer Hinsicht verhalten sie sich weitgehend wie Adjektive:
wie Adjektive der Gruppe A_2 (attributiv und prädikativ möglich; flektierbar, aber nicht graduierbar): *einzeln*
wie Adjektive der Gruppe B_2 (nur attributiv möglich; flektierbar, aber nicht graduierbar): *ander-, folgend*

Die meisten unbestimmten Zahladjektive haben zusätzlich spezielle syntaktisch-morphologische Merkmale:

(1) Die flektierbaren Zahladjektive *viel* und *wenig* können nach Nullartikel auch in unflektierter Form erscheinen:

Sie fuhren mit viel(em)/wenig(em) Gepäck.
Aber nur: Er klagte über das viele/wenige Gepäck.

(2) Das stets unflektierte *etwas* ist auf den Singular beschränkt und nur mit Nullartikel möglich:

Kannst du mir etwas Geld leihen?
Mit etwas Geduld kann man die Aufgabe lösen.

Ebenfalls unflektiert und nur im Singular gebräuchlich ist das umgangssprachliche *bißchen* (zumeist mit unbestimmtem Artikel):

Gib mir ein bißchen Geld!

(3) Auf den Plural beschränkt ist das unflektierbare *paar* (zumeist mit unbestimmtem Artikel):

Ich habe ihm gestern ein paar Zeilen geschrieben.

Ebenfalls vor allem im Plural gebräuchlich sind die flektierbaren unbestimmten Zahladjektive *übrig-* (nicht mit Nullartikel) und *sämtlich-* (zumeist mit Nullartikel):

Die übrigen/Sämtliche Gäste reisen am nächsten Morgen ab.

Adverb

Zur Wortklasse des Adverbs gehören alle Wörter, die in den Rahmen (1) und eventuell auch in die Rahmen (2) und/oder (3) eingesetzt werden können:

adverbiale Verwendung
(1) Der Mann arbeitet ...
    Der Mann arbeitet dort.

prädikative Verwendung
(2) Der Mann ist ...
    Der Mann ist dort.

attributive Verwendung, nachgestellt – unflektiert[1]
(3) Der Mann ... arbeitet den ganzen Tag.
    Der Mann dort arbeitet den ganzen Tag.

1.

Formenbestand

Adverbien sind nicht flektierbar und nur beschränkt graduierbar (*Komparativ* mit -er, *Superlativ* mit am + sten).

Anmerkung:

1. Adverbien, die der Form nach mit den Adjektiven übereinstimmen (*„Adjektivadverbien"*), haben alle Möglichkeiten der Graduierung:

Er arbeitet fleißiger. Er lernt am besten. Die Maschine funktioniert sehr gut.

---

[1] In dieser Position deckt sich das Adverb scheinbar mit dem nachgestellten attributiven Adjektiv:
Der Mann *dort* arbeitet den ganzen Tag. (Adverb)
Der Mann, *alt und krank*, arbeitet den ganzen Tag. (Adjektiv)
Im Unterschied zum Adverb jedoch kann das Adjektiv immer – unter Hinzufügung der Flexionsendung – vor das substantivische Beziehungswort gestellt werden. Außerdem ist es bei Nachstellung von seinem Beziehungswort durch Komma abgetrennt.

Die Graduierung kann auch verstärkt werden:

Der Betrieb arbeitet am allerbesten.

2. Die Adverbien *bald, gern, oft, viel* werden mit Hilfe anderer Wortformen gesteigert:

bald	–	eher	–	am ehesten
gern	–	lieber	–	am liebsten
oft	–	öfter/häufiger	–	am häufigsten
viel	–	mehr	–	am meisten

3. Einige Adjektivadverbien bilden zusätzlich Superlativformen mit *aufs + ste,* mit *-st* und mit *-stens,* die zumeist ohne eigentlichen Vergleich stehen und einen sehr hohen Grad ausdrücken (absoluter Superlativ, Elativ):

aufs schönste, aufs beste, aufs herzlichste
baldigst, höflichst, freundlichst
bestens, längstens, wenigstens

2.
Besondere Gruppen der Adverbien

2.1. Konjunktionaladverbien

Zu den Adverbien werden bestimmte Wörter gerechnet, die die Stelle vor dem finiten Verb allein einnehmen können (also Satzglieder sind) und auch innerhalb des Satzes stehen können, aber vielfach – am Satzanfang – die Rolle einer koordinierenden Konjunktion übernehmen. Sie werden auch „Konjunktionaladverbien" genannt: *deshalb, daher, trotzdem, folglich, nämlich, insofern, deswegen, mithin, demnach, sonst, außerdem, allerdings.*

Er war krank; *deshalb* kam er nicht zur Arbeit.
Er war krank; er kam *deshalb* nicht zur Arbeit.

Wir vergleichen:

Konjunktionaladverb
Er war krank; *deshalb* kam er nicht zur Arbeit.

echte Konjunktion
Er kam nicht zur Arbeit; *denn* er war krank.

Im Unterschied zu den Konjunktionaladverbien können die echten (koordinierenden) Konjunktionen nicht innerhalb des Satzes stehen und die Stelle vor dem finiten Verb nicht allein besetzen.

2.2.
Frageadverbien

Zu den Adverbien gehören auch die *Frageadverbien* (Interrogativadverbien), die die gleiche Position (am Anfang des Satzes) einnehmen wie die anderen Adverbien:

Dort arbeitet er.
Wo arbeitet er?

Zu den Frageadverbien gehören: *wo, wann, wie, warum, wieviel*. Sie unterscheiden sich von den übrigen Adverbien durch zwei Besonderheiten:

1. Sie stehen notwendig am Satzanfang.
2. Sie signalisieren die Satzart des Fragesatzes.

3.
Syntaktische Subklassen

Gruppe A

Adverbien der Gruppe A sind adverbial, prädikativ und attributiv (nachgestellt-unflektiert) verwendbar, sie können weder flektiert noch graduiert werden:

Der Student arbeitet dort.
Der Student ist dort.
Der Student dort arbeitet bei uns.

Ebenso: hier, da, draußen, drinnen, drüben, damals, gestern, morgen, heute

Gruppe B

Adverbien der Gruppe B sind nur adverbial und attributiv (nachgestellt-unflektiert) verwendbar; sie können weder flektiert noch graduiert werden:

Der Weg führt dorthin.
Der Weg dorthin ist eine Strapaze.

Gruppe C

Adverbien der Gruppe C sind nur adverbial und prädikativ verwendbar.

Adverbien der *Gruppe C_1* sind nur adverbial und prädikativ verwendbar; sie sind weder flektierbar noch graduierbar:

Der heutige Mensch arbeitet anders.
Der heutige Mensch ist anders.

Ebenso: ebenso

Adverbien der *Gruppe C_2* können nur adverbial und prädikativ verwendet werden; sie sind nicht flektierbar, aber graduierbar:

Der Schlosser arbeitet fleißig.
Der Schlosser ist fleißig.

Gruppe D
Adverbien der Gruppe D können nur adverbial verwendet werden.

Adverbien der *Gruppe D₁* sind nur adverbial verwendbar; sie sind weder flektierbar noch graduierbar:

Der Tag kommt dann.
Ebenso: ebenfalls, einst, einmal, endlich, nach wie vor, nach und nach

Adverbien der *Gruppe D₂* können nur adverbial verwendet werden; sie sind nicht flektierbar, aber graduierbar:

Der Student liest gern Fachbücher.
Der Student liest lieber Fachbücher als Romane.
Ebenso: bald, gern, oft, viel, wenig, wohl

4.
Semantische Subklassen

Nach der Bedeutung können folgende Arten der Adverbien unterschieden werden:

4.1. Lokaladverbien

1. zur Bezeichnung des Ortes oder der Ruhelage:
hier, da, dort, draußen, drinnen, drüben, innen, außen, rechts, links, oben, unten; überall; irgendwo, anderswo; nirgendwo, nirgends; wo

2. zur Bezeichnung der Richtung

(1) des Ausgangspunktes einer Bewegung (sprecherzugewandte Richtung, ausgedrückt mit *-her*):
hierher, daher, dorther; überallher; irgendwoher, anderswoher; nirgendwoher; woher

(2) des Endpunktes oder des Ziels einer Bewegung (z.T. sprecherabgewandte Richtung, ausgedrückt mit *-hin*):
hierhin, dahin, dorthin; aufwärts, abwärts, seitwärts, vorwärts, rückwärts, heimwärts; fort, weg, heim; bergauf, bergab, querfeldein; überallhin; irgendwohin, anderswohin; nirgendwohin; wohin

Anmerkung:
1. Aus den meisten Ortsadverbien können Richtungsadverbien durch die Präpositionen *von* und *nach* gebildet werden:

Er sitzt draußen. (Ort)
Er kommt *von* draußen. (Ausgangspunkt)
Er geht *nach* draußen. (Ziel)

Ebenso: drinnen, drüben, innen, außen, rechts, links, unten, oben

Bei einigen Adverbien ist zusätzlich ein nachgestelltes *her* und *hin* möglich:

Er geht nach rechts (hin).

2. Die mit *-hin* und *-her* zusammengesetzten Lokaladverbien können im Satz getrennt werden, ohne daß sich dabei die Bedeutung ändert:

Wohin geht er?
→ Wo geht er hin?

4.2.
Temporaladverbien

1. zur Bezeichnung eines Zeitpunktes:
jetzt, bald, damals, neulich, eben, nun, soeben, dann, seinerzeit, vorhin, zugleich; wann

2. zur Bezeichnung einer Zeitdauer:
stets, immer, zeitlebens, lange, niemals, nie, allezeit, seither, bisher, noch; wie lange

3. zur Bezeichnung der Wiederholung:
oft, zeitweise, manchmal, bisweilen, selten, häufig, nochmals, mehrmals, vielmals, täglich, wöchentlich, monatlich; wie oft

4. zur Bezeichnung einer Zeit, die sich auf einen anderen Zeitpunkt bezieht (relative Zeit):
vorher, nachher, seitdem, seither, unterdessen, indessen

Anmerkung:
Es stehen nebeneinander:

Er hat ihn *vorhin* gesehen. (Bezugspunkt ist die Gegenwart des Sprechers.)
Er hat ihn *vorher* gesehen. (Bezugspunkt ist ein bestimmter Punkt in der Vergangenheit.)

4.3.
Modaladverbien

zur Bezeichnung der Art und Weise

1. „reine" Adverbien:
gern, so, anders, vergebens, umsonst, derart, ebenfalls; wie

2. fast alle Adjektivadverbien:
gut, schlecht, fleißig, tüchtig, schnell, langsam

4.4.
Kausaladverbien
zur Bezeichnung von Grund, Ursache, Bedingung, Folge und Zweck:

deshalb, daher, seinetwegen, folglich, demnach, mithin, infolgedessen, andernfalls, sonst, trotzdem, jedenfalls, gleichwohl; warum, weshalb

5.
Syntaktische Verbindbarkeit mit dem Verb (Valenz)

Die syntaktische Bindung mancher Adverbien an die Verben ist so eng, daß bei einigen Verben ohne das Vorhandensein des Adverbs (bzw. ohne das Vorhandensein einer Präpositionalgruppe mit dem entsprechenden adverbialen Inhalt) keine vollgrammatischen Sätze entstehen können.

1. Lokaladverbien sind notwendig bei *wohnen, sich befinden, sich aufhalten, übernachten, sitzen, stehen, liegen*:

Er wohnt dort (in der neuen Stadt).

2. Richtungsadverbien sind notwendig bei *setzen, stellen, legen*:

Er legt das Buch dorthin (auf den Tisch).

3. Modaladverbien sind notwendig bei *sich benehmen, auftreten, sich anstellen, wirken*:

Er verhielt sich ruhig (wie ein guter Leiter).

4. Manche Verben fordern ein Adverb, das einer verschiedenen semantischen Klasse angehören kann. Dazu gehören die Verben *sich abspielen, sich ereignen, stattfinden, entstehen*:

Das Unglück ereignete sich gestern   (an diesem Tage).
Das Unglück ereignete sich dort   (auf der Hauptstraße).
Das Unglück ereignete sich deshalb   (aus Unvorsichtigkeit).

Funktionswörter 1

(Besondere Arten der Pronomina)

1.
Artikelwörter

1.1.
Wesen und syntaktische Beschreibung
    1. Abgrenzung als Wortklasse
Die Artikelwörter sind durch folgende Merkmale charakterisiert:

(1) Die Artikelwörter stehen immer vor einem Substantiv:

Der Freund spricht.

Anmerkung:

1. Zwischen das Artikelwort und das Substantiv können andere Wörter (vor allem: Adjektive, Partikeln) treten, weil das Artikelwort die substantivische Gruppe eröffnet und mit dem zugehörigen Substantiv einen Rahmen bildet:

der ihm vertraute und jederzeit hilfsbereite *Freund*

2. Das Artikelwort ist – im Unterschied zu einem in ähnlicher Position stehenden Adjektiv – keine potentielle Prädikation zu dem dazugehörigen Substantiv:

**Freund ist *der*.

(2) Mit einem Artikelwort kann kein anderes Artikelwort koordinativ verbunden werden:

*Der mein Freund.

Anmerkung:
Wenn vereinzelt im konkreten Satz zwei Artikelwörter nebeneinanderstehen, so handelt es sich

1. um subordinative Beziehungen:

diese meine Frage
alle diese Fragen

2. nicht um zwei Artikelwörter, sondern um ein Artikelwort, um eine Variante ohne wesentlichen Bedeutungsunterschied:

Er hat *manch ein* Buch darüber gelesen.
Er hat *manches* Buch darüber gelesen.

Ebenso: welch ein, solch ein

(3) Das Artikelwort kann seine Position im Satz niemals allein, sondern immer nur zusammen mit dem zugehörigen Substantiv ändern:

Der Freund kommt heute zu mir.
Heute kommt *der Freund* zu mir.
**Freund der* kommt heute zu mir.

(4) Die Artikelwörter kongruieren mit dem dazugehörenden Substantiv (und einem dazwischenstehenden Adjektiv) im Genus, Kasus und Numerus:

Der (neue) *Freund/Die* (neue) *Freundin* kommt heute zu mir.
Der (neue) *Freund* kommt. Ich rufe *den* (neuen) *Freund*.

(5) Das Auftreten eines Artikelwortes ist im allgemeinen obligatorisch:

Der Baum steht vor dem Haus.
**Baum steht vor dem Haus.

2. Liste der Artikelwörter
Entsprechend den genannten Merkmalen gehören folgende Wörter zu den Artikelwörtern:[1]

Maskulinum	Neutrum	Femininum	Plural
der	das	die	die
ein	ein	eine	
Nullartikel	Nullartikel	Nullartikel	Nullartikel
derjenige	dasjenige	diejenige	diejenigen
dieser	dieses (dies)[1]	diese	diese
jener	jenes	jene	jene
derselbe	dasselbe	dieselbe	dieselben
ein solcher/ solch ein	ein solches/solch ein	eine solche/ solch eine	solche
jeder	jedes	jede	
(aller)	(alles)	(alle)	alle
(einiger)	(einiges)	(einige)	einige
(etlicher)	(etliches)	(etliche)	etliche
			mehrere
mancher	manches	manche	manche
irgendein	irgendeines	irgendeine	

[1] Einige Artikelwörter verfügen über Varianten, die deren Bedeutung modifizieren und/oder nur in bestimmten Umgebungen möglich sind. Diese Varianten stehen neben dem betreffenden Artikelwort. Die in ( ) stehenden Artikelwörter bzw. Varianten können nur vor bestimmten Substantiven im Singular stehen.

Maskulinum	Neutrum	Femininum	Plural
(irgendwelcher)	(irgendwelches)	(irgendwelche)	irgendwelche
kein	kein	keine	keine
welcher	welches	welche	welche
mein	mein	meine	meine
dessen/deren	dessen/deren	dessen/deren	dessen/deren
wessen	wessen	wessen	wessen

Zu den Artikelwörtern werden also gerechnet:

(1) der bestimmte Artikel (*der*), der unbestimmte Artikel (*ein*) und der Nullartikel;
(2) das adjektivische Demonstrativpronomen (*dieser, jener, derjenige, derselbe, ein solcher*);
(3) das adjektivische Possessivpronomen (*mein, dessen, deren, wessen*);
(4) das adjektivische Interrogativpronomen (*welcher*);
(5) das adjektivische Indefinitpronomen (*jeder, mancher, aller, einiger, etlicher, mehrere, irgendwelcher, kein, irgendein*).

1.2.
Formenbestand

1. Die meisten Artikelwörter werden – ausgenommen Gen. Mask./Neutr. – wie Adjektive mit Nullartikel dekliniert:

	Maskulinum	Neutrum	Femininum	Plural
N	dies-er	dies-es	dies-e	dies-e
A	dies-en	dies-es	dies-e	dies-e
D	dies-em	dies-em	dies-er	dies-en
G	dies-es	dies-es	dies-er	dies-er

2. Von diesem normalen Deklinationstyp weichen folgende Artikelwörter ab:

(1) der bestimmte Artikel (*der*)

	Maskulinum	Neutrum	Femininum	Plural
N	d-er	d-*as*	d-*ie*	d-*ie*
A	d-en	d-*as*	d-*ie*	d-*ie*
D	d-em	d-em	d-er	d-en
G	d-es	d-es	d-er	d-er

(2) die Demonstrativpronomina *derjenige* und *derselbe*

	Maskulinum	Neutrum	Femininum	Plural
N	derjenig-*e*	dasjenig-*e*	diejenig-e	diejenig-*en*
A	denjenig-en	dasjenig-*e*	diejenig-*e*	diejenig-*en*
D	demjenig-*en*	demjenig-*en*	derjenig-*en*	denjenig-en
G	desjenig-*en*	desjenig-*en*	derjenig-*en*	derjenig-*en*

(3) der unbestimmte Artikel (*ein*), die Indefinitpronomina *irgendein* und *kein* sowie die Possessivpronomina *mein, dein* usw.

	Maskulinum	Neutrum	Femininum	Plural
N	mein —	mein —	mein-e	mein-e
A	mein-en	mein —	mein-e	mein-e
D	mein-em	mein-em	mein-er	mein-en
G	mein-es	mein-es	mein-er	mein-er

Anmerkung:

1. Die Artikelwörter *ein(e)* und *irgendein(e)* haben keinen Plural. Sie werden im Plural durch den Nullartikel oder *irgendwelche* ersetzt:

Er hat *einen* Freund. – Er hat Freunde.
Gib mir bitte *ein/irgendein* Buch! – Gib mir bitte *irgendwelche* Bücher!

Das Artikelwort *solcher* lautet im Singular gewöhnlich *ein solcher*:

Sie wünscht sich *eine solche* Kette.

Im Plural verhält sich *solche* wie andere pluralfähige Artikelwörter:

Sie wünscht sich *solche* (diese, jene ...) Ohrringe.

2. Die Artikelwörter *dessen* und *deren* können nicht dekliniert werden:

Er hat einen Freund. *Dessen* Bruder ist krank.

Die Wahl der Formen *dessen* oder *deren* richtet sich nach Genus und Numerus des Bezugswortes im übergeordneten oder vorangehenden Satz (Sing. mask. und neutr. *dessen*, Sing. fem. und Pl. *deren*):

Peter hat eine Freundin. – Ich kenne *dessen* Freundin nicht.
Monika hat eine Freundin. – Ich kenne *deren* Freundin nicht.
Monika hat einen Freund. – Ich kenne *deren* Freund nicht.

3. Bei den Artikelwörtern *welch ein, solch ein* und *manch ein* – auf den Sing. beschränkt – wird der erste Teil niemals dekliniert:

Welch ein Wetter ist heute!
Er hat uns schon wieder *solch eine* Überraschung bereitet.

4. Das Artikelwort *mehrere* kann nur im Plural verwendet werden:
Mehrere Freunde haben schon einen Vortrag gehalten.

Anmerkung:
Mehrere ist nicht mit *mehr* (= Komparativ zu *viel*) zu verwechseln:
Ich habe mir *mehrere* (= einige) Bücher gekauft.
Er besitzt *mehr* Bücher als ich.

5. Die Artikelwörter *einige, etliche* und *alle* können im Singular nur stehen bei Stoffbezeichnungen und bei Abstrakta:
Er hat schon *einiges (etliches, alles)* Geld verbraucht.
Für diese Arbeit muß er *einige (etliche, alle)* Zeit verwenden.

6. Das Artikelwort *jeder* wird im Plural durch *alle* ersetzt:
Jeder Freund wird einen Vortrag halten.
Alle Freunde werden einen Vortrag halten.

1.3.
Semantische Beschreibung der Artikelwörter
(außer dem bestimmten Artikel, dem unbestimmten Artikel und dem Nullartikel)
Alle Artikelwörter (außer dem bestimmten, dem unbestimmten und dem Nullartikel) haben eine klar abgrenzbare Bedeutung, z.B.:

derjenige
verstärkend für *der* vor folgendem Relativsatz
Wir treffen uns heute mit *denjenigen* Freunden, die an der Reise nach Ungarn teilnehmen werden.

dieser
Naheliegendes oder unmittelbar vorher Erwähntes
Er wohnt in *diesem* Haus hier.

jener
Entferntes oder nicht unmittelbar vorher Erwähntes
Siehst du *jenes* Haus dort drüben?

derselbe
tatsächliche Übereinstimmung mit vorher Erwähntem
Peter kauft immer in dem Geschäft am Bahnhof. Inge kauft auch in *demselben* Geschäft (wie Peter).

ein solcher/solch ein (Sing.)/**solche** (Plural)
qualitative Übereinstimmung mit vorher Erwähntem
Sie wünscht sich auch *ein solches* Kleid wie du.

jeder
Gesamtheit einer Gruppe, Exemplare einzeln gesehen (nur im Sing.)
Jeder Student hat einen Vortrag vorbereitet (d. h. 10 Studenten = 10 Vorträge).

alle
Gesamtheit einer Gruppe, Exemplare gemeinsam gesehen (gewöhnlich nur im Plural; bei ungegliederten Begriffen auch im Sing.)
Alle Studenten haben einen Vortrag vorbereitet (d. h. 10 Studenten = 10 Vorträge oder 10 Studenten = 1 Vortrag).
Er hat *allen* Mut verloren.

einige
geringe Zahl von Exemplaren einer Gruppe (gewöhnlich nur im Plural; bei ungegliederten Begriffen auch im Sing.)
Sie hat *einige* Freundinnen eingeladen.
Er hat schon *einiges* Geld vom Gehalt verbraucht.

mehrere
wie *einige* (aber nur im Plural)

mancher
Anzahl vereinzelter Exemplare einer Gruppe, unter vielen der eine und der andere
In *manchen* Schreibwarengeschäften kann man auch Briefmarken kaufen.

irgendein (Sing.)/**irgendwelche** (Plural)
unbestimmtes Einzelexemplar einer Gruppe
Ich werde ihm *irgendein* Buch schenken.

kein
Verneinung (Gegensatz zu: *jeder, alle*)
Kein Student wird heute einen Vortrag halten.

welcher
Frage nach einem Exemplar einer Gruppe
In *welchem* Geschäft kauft Herr Müller?

mein
Zugehörigkeit
Ich treffe mich heute mit *meinem* Freund.

dessen/deren
Zugehörigkeit nur zum Vorhergenannten
Kennst du Peters Freund? – Nein, *dessen* Freund kenne ich nicht.

1.4.
Regeln für den Gebrauch des bestimmten, des unbestimmten und des Nullartikels

Im Unterschied zu den anderen Artikelwörtern haben der bestimmte, der unbestimmte und der Nullartikel keine klar abgrenzbare Bedeutung. Ihr Gebrauch ist von verschiedenen syntaktischen und semantischen Bedingungen abhängig.

1.4.1.
Bestimmter Artikel

Der bestimmte Artikel signalisiert vor allem die *Identifizierung* (= die Eindeutig-Machung) von Objekten der außersprachlichen Realität. Diese Identifizierung ist auf verschiedenem Wege möglich: Die Objekte der Realität werden eindeutig durch Individualisierung, durch den Situationskontext, durch den sprachlichen Kontext oder durch Generalisierung.

1. Der bestimmte Artikel signalisiert die Identifizierung von Objekten der Realität durch Individualisierung. Dabei handelt es sich um Objekte, die in der Welt nur einmal oder zumindest immer in der gleichen charakteristischen Qualität existieren, vor allem um geographische Objekte und um Personen. Die entsprechenden Bezeichnungen – geographische Eigennamen und Personennamen – sind auf eine Numerusform (zumeist Singular) festgelegt.

(1) Der bestimmte Artikel steht vor den Namen von Gebirgen, Bergen, Meeren, Seen, Flüssen und Gestirnen.

die Alpen, *der* Fichtelberg, *das* Mittelmeer, *der* Bodensee, *die* Elbe, *die* Venus

(2) Der bestimmte Artikel steht vor den Namen einiger Länder und Landschaften

bei den pluralischen Namen:

die Vereinigten Staaten von Amerika, *die* Niederlande

bei den mit *Republik, Union, Staat, Königreich* u. a. gebildeten Namen und den entsprechenden Abkürzungen:

die Sowjetunion – *die* UdSSR
die Tschechoslowakische Sozialistische Republik – *die* ČSSR

bei den Namen auf *-ei*:

die Tschechoslowakei, *die* Türkei

bei einigen anderen Ländernamen:

die Schweiz, *der* Sudan, *der* Libanon

bei den Landschaftsnamen auf *-ie*, *-e* und *-a*:

die Normandie, *die* Bretagne, *die* Riviera, *die* Dobrudscha bei den Landschaftsnamen mit einem Adjektiv:

der Ferne Osten, *der* Hohe Norden

bei einigen anderen geographischen Namen (Landschaften, Inseln u. ä.):

der Darß, *der* Balkan, *die* Krim, *das* Elsaß, *die* Dardanellen

Anmerkung:
Ortsnamen stehen mit Nullartikel und erhalten nur mit Attribut den bestimmten Artikel:

das alte Prag; *das* Prag des 19. Jahrhunderts

(3) Der bestimmte Artikel steht bei Namen von Straßen, Gebäuden, Einrichtungen, Schiffen:

die Talstraße, *die* Thomaskirche, *das* „Berolina", *die* „Rostock"

(4) Der bestimmte Artikel steht zur Identifizierung bei Personennamen
(a) bei Schauspielerrollen und Kunstwerken:

Er spielte *den* Egmont ausgezeichnet.
Er hat *die* Sixtinische Madonna gesehen.

(b) bei Appositionen; vgl. dazu Kapitel „Attribut" (S. 241)

(5) Der bestimmte Artikel steht bei Namen von Zeitungen und Zeitschriften:

Er hat *das* „Neue Deutschland" von heute gelesen.
Er will *den* „Eulenspiegel" kaufen.

2. Der bestimmte Artikel steht vor Substantiven, wenn die ihnen entsprechenden Objekte der Realität durch den Situationskontext identifiziert sind.

(1) Der bestimmte Artikel steht bei nicht pluralfähigen Abstrakta und Zeitangaben (Jahreszeiten, Monaten, Tageszeiten, Mahlzeiten):

Er kämpfte für *die* Gerechtigkeit.
Der Frühling beginnt im März.
Das Frühstück wird um 7 Uhr eingenommen.

(2) Der bestimmte Artikel steht bei Substantiven, wenn die ihnen entsprechenden Objekte der Realität durch die Situation eindeutig für Sprecher und Hörer identifiziert sind:

Ein Mann kommt in eine Dorfgaststätte und ruft: „*Der* Silo brennt".
(Es kann sich dabei nur um den Silo des betreffenden Dorfes handeln.)

(3) Der bestimmte Artikel steht bei Kollektiva, die für die Sprechergemeinschaft identisch sind:

Die Bevölkerung wurde zu einer Spendenaktion aufgerufen.

(4) Der bestimmte Artikel steht bei Marken oder Typen von Industrieerzeugnissen, wenn sie einem Kriterium der Identität entsprechen:

Der Wartburg ist ein moderner Mittelklassenwagen.
Wir fliegen mit *der* TU 154.

3. Der bestimmte Artikel steht vor Substantiven, wenn das ihnen entsprechende Objekt der Realität durch den sprachlichen Kontext identifiziert wird.

(1) Der bestimmte Artikel steht vor einem Substantiv, das im Kontext vorher erwähnt wurde und unter kommunikativem Aspekt nun nicht mehr das Neue, sondern das schon Identifizierte und Bekannte in der Mitteilung darstellt:

Dort steht ein Haus. *Das* Haus gehört meinem Freund.

(2) Der bestimmte Artikel steht vor einem Substantiv, wenn das ihm entsprechende Objekt der Realität durch ein Attribut näher identifiziert ist:

Das Geld, das er ihm geliehen hat, ist schon aufgebraucht.

(3) Der bestimmte Artikel steht vor einem Substantiv, das durch den Superlativ oder durch eine Ordinalzahl die Bedeutung der Einmaligkeit bekommt:

Goethe ist *der* bedeutendste Dichter der deutschen Klassik.
Das war *das* dritte Flugzeugunglück in dieser Woche.

(4) Der bestimmte Artikel steht vor einem Substantiv, das durch die Betonung die Bedeutung der Einmaligkeit bekommt:

Sein Sieg war *das* Ereignis dieses Winters.

4. Der bestimmte Artikel steht vor Substantiven, wenn die ihnen entsprechenden Objekte der Realität durch Generalisierung identifiziert sind. Dabei nennt das Substantiv das Element einer Klasse, das stellvertretend für die gesamte Klasse steht:

Das Auto ist ein Verkehrsmittel.

Anmerkung:

Eigennamen (sonst mit Nullartikel verwendet) erhalten den bestimmten Artikel, wenn sie Klassenbezeichnungen sind:

Bayreuth ist *das* Mekka der Wagnerfreunde.
Der Duden ist ein bewährtes Nachschlagewerk.

1.4.2.
Unbestimmter Artikel

Der unbestimmte Artikel signalisiert vor allem die *Indeterminiertheit* der bezeichneten Objekte der Realität: diese Objekte werden unbestimmt gelassen und nicht näher identifiziert. Die Indeterminiertheit kann sich auf verschiedene Weise ausprägen.

Der unbestimmte Artikel bezeichnet ein Objekt der Realität

1. als beliebiges Objekt einer Klasse
2. als Klasse
3. als Stellvertreter einer Klasse

1. Das Objekt der Realität als beliebiges Objekt einer Klasse

(1) Der unbestimmte Artikel steht vor einem Substantiv, das erstmalig genannt, im Kontext vorher nicht erwähnt wird und unter kommunikativem Aspekt das Neue in der Mitteilung darstellt:

Dort steht *ein* Mann. *Der* (dieser) Mann trägt Arbeitskleidung.

(2) Der unbestimmte Artikel steht bei nicht näherer Beschreibung eines Objekts der Realität aus einer Klasse, auch wenn dieses nicht zum erstenmal genannt wird:

Wir haben auch *ein* Auto.

(3) Der unbestimmte Artikel steht verstärkend an Stelle des bestimmten Artikels:

Eine erfolgreiche Durchführung des Wettbewerbs erfordert die Mitarbeit aller.

(4) Der unbestimmte Artikel steht bei Substantiven, die durch ein Attribut als Vertreter einer Klasse betrachtet werden:

Wir haben *eine* sehr einsatzfreudige Schulleitung.
dagegen:
Ein Besucher fragte nach dem Zimmer *der* Schulleitung.

Er trägt jetzt *eine* größere Verantwortung als bisher.
dagegen:
Er ist es gewohnt, Verantwortung zu tragen.

2. Das Objekt der Realität als Klasse
Der unbestimmte Artikel steht vor Substantiven, die eine Klasse bezeichnen, in die ein einzelnes Objekt eingeordnet wird (in einem Satz vom Typ Nominativ + *sein* + Nominativ):

Das Auto ist *ein* Verkehrsmittel.
Anmerkung:
Der unbestimmte Artikel steht auch bei Eigennamen, die eine Klasse bezeichnen:

Dieses Bild ist *ein* Rembrandt.

3. Das Objekt der Realität als Stellvertreter einer Klasse
Der unbestimmte Artikel wird gebraucht, wenn ein Substantiv ein Objekt der Realität bezeichnet, das stellvertretend für seine Klasse steht:

Ein Haus kostet viel Geld. (= Jedes Haus kostet viel Geld.)

1.4.3. Nullartikel

1. Der Nullartikel steht als *Ersatzform* für den unbestimmten oder bestimmten Artikel.

(1) Der Nullartikel steht im Plural, wenn im Singular der unbestimmte Artikel steht (weil es keinen Plural des unbestimmten Artikels im Deutschen gibt):

Wir werden ihm zum Geburtstag Bücher schenken.

(2) Der Nullartikel steht zur Bezeichnung einer Klasse im Plural:

Facharbeiter brauchen eine gute Allgemeinbildung.

Anmerkung:
In dieser generalisierenden Funktion sind auch der bestimmte Artikel (+ Singular oder Plural) und der unbestimmte Artikel (+ Singular) möglich:

Der Facharbeiter braucht eine gute Allgemeinbildung.
Die Facharbeiter brauchen eine gute Allgemeinbildung.
Ein Facharbeiter braucht eine gute Allgemeinbildung.

2. Der Nullartikel steht vor bestimmten *semantischen Gruppen* von Substantiven.

(1) Der Nullartikel steht vor Stoffbezeichnungen im Singular, wenn die unbestimmte Menge eines Stoffes bezeichnet wird:

Er trinkt gern *Bier.*
Zum Bau eines Hauses braucht man *Zement* und *Sand.*

(2) Der Nullartikel steht bei Bezeichnung des Berufs, der Funktion, der Nationalität und der Weltanschauung in Sätzen vom Typ Nominativ + *sein/werden* + Nominativ oder Nominativ + Verb + *als* + Nominativ:

Er ist Bürgermeister. Er ist Engländer. Er handelt als Marxist.

Anmerkung:
Wenn das Substantiv ein Attribut hat, steht der bestimmte oder unbestimmte Artikel:

Er ist *der* neue/*ein* neuer Lehrer.

(3) Der Nullartikel steht bei Abstrakta, die ganz allgemein eine Eigenschaft, einen Zustand bzw. einen Vorgang bezeichnen:

Sie hatte Geduld.

Anmerkung:
Bei einem substantivierten Infinitiv steht der Nullartikel oder der bestimmte Artikel:

Konsequentes Arbeiten/*Das* konsequente Arbeiten ist die Grundlage des Erfolges.

(4) Der Nullartikel steht bei Zeitbegriffen ohne Präposition mit adjektivischem Attribut, bei Wochentagen auch ohne Adjektiv:

Ein neuer Kurs beginnt nächstes Frühjahr.
Der Unterricht beginnt erst Montag.

3. Der Nullartikel steht in bestimmten *syntaktischen Konstruktionen* und *syntaktischen Umgebungen*.

(1) Der Nullartikel steht vor einem Substantiv im Akkusativ, wenn es zusammen mit dem Verb eine enge Einheit bildet und durch ein Verb ersetzt werden kann. Es handelt sich um Abstrakta, die nicht identifiziert und auch nicht indeterminiert gebraucht werden können und nicht pluralfähig sind:

Er holt Atem. (= Er atmet.)
Sie schöpft Verdacht gegen ihn. (= Sie verdächtigt ihn.)

(2) Der Nullartikel steht vor einem Substantiv im Akkusativ in einem Satz vom Typ Nominativ + *haben* + Akkusativ, der durch einen Satz vom Typ Nominativ + *sein* + Adjektiv ersetzt werden kann:

Er hat Hunger. (= Er ist hungrig.)

(3) Der Nullartikel steht vor einem Substantiv in einem nachgestellten präpositionalen Attribut, das durch ein Adjektiv ersetzt werden kann:

Das ist ein Problem von großer Bedeutung. (= Das ist ein bedeutsames Problem.)

(4) Der Nullartikel steht vor einem Substantiv in einer präpositionalen Adverbialbestimmung, die durch ein Adverb ersetzt werden kann:

Sie wendeten sich in freundlicher Weise an uns. (= Sie wendeten sich freundlich an uns.)

(5) Der Nullartikel steht in einer präpositionalen Adverbialbestimmung aus Partizip und nicht pluralfähigem Substantiv, die durch einen Nebensatz ersetzt werden kann:

Das Feuerwerk beginnt bei eintretender Dunkelheit. (= wenn die Dunkelheit eintritt)

(6) Der Nullartikel steht vor einem adverbialen Genitiv, der durch eine präpositionale Adverbialbestimmung ersetzt werden kann:

Er verließ erhobenen Hauptes das Zimmer. (= ... mit erhobenem Haupt)

(7) Der Nullartikel steht vor präpositionalen Lokalbestimmungen bei Verben der Fortbewegung, bei *sein* und *bleiben*; das dem Substantiv entsprechende Objekt ist dabei weder identifiziert noch indeterminiert:

zu Bett gehen, in See stechen, auf See sein/bleiben, nach Hause kommen/gehen, zu Hause sein/ bleiben, zu Fall kommen

(8) Der Nullartikel steht in festen Zwillingsformeln:

Ebbe und Flut, Haus und Hof, durch Wald und Flur, Mann und Frau, Sonn- und Feiertage; Satz für Satz, Seite um Seite, von Haus zu Haus; weder Baum noch Strauch, weder Mensch noch Tier, weder Fisch noch Fleisch

(9) Der Nullartikel steht bei einigen Substantiven (meist Jahreszeiten, Monate, Wochentage) in Sätzen vom Typ es + sein/werden + Nominativ:

Es ist schon Sommer. Im Oktober wird es langsam Winter.

(10) Der Nullartikel steht bei bloßer Nennung des Substantivs außerhalb des Satzzusammenhangs
beim Anruf und bei der Anrede von Personen:

Karl! – Hallo Gisela! – Lieber Klaus!
bei Gruß- und Wunschformeln:

Guten Tag! – Auf Wiedersehen! – Glückliche Reise!
bei einigen Ausrufen in Gefahrensituationen:

Achtung! – Feuer! – Vorsicht! – Hilfe!

(11) Der Nullartikel steht, wenn die Position vor dem Substantiv durch ein anderes Glied besetzt ist,
obligatorisch bei vorangestelltem Genitiv:

Dort kommt *Karls* Mutter.

obligatorisch bei den indefiniten Zahladjektiven *viel, wenig, etwas, allerlei,* wenn diese vor substantivisch gebrauchten Adjektiven/Partizipien, vor Abstrakta und Stoffbezeichnungen stehen:

Er hat *viel* Interessantes erzählt.

obligatorisch bei den indefiniten substantivischen Pronomina *jemand, niemand, nichts,* wenn diese vor substantivisch gebrauchten Adjektiven/Partizipien stehen:

Er konnte *nichts* Entscheidendes berichten.

fakultativ bei Zahladjektiven (Kardinalzahlen; *viele, wenige, beide, sämtliche*):

Er hat schon *drei (viele, wenige, beide, sämtliche)* Prüfungen bestanden.

4. Der Nullartikel steht vor *Eigennamen.*
Eigennamen sind identifiziert; sie tragen jedoch das Identifizierungsmerkmal in sich, so daß sie vielfach keines bestimmten Artikels bedürfen.

(1) Der Nullartikel steht bei Personennamen
bei Personennamen ohne Attribut:

Peter wohnt in Dresden.

bei Appositionen; vgl. dazu Kapitel „Attribut" (S. 241).

(2) Der Nullartikel steht bei geographischen Namen
bei den Namen der fünf Kontinente *Afrika, Amerika, Asien, Australien* und *Europa:*

Alle Studenten dieser Gruppe kommen aus Afrika.

bei den Namen der meisten Länder:

Frankreich, Polen, Rumänien, Ungarn, Ägypten, Syrien, Israel, Nigeria, Mali, Brasilien, Chile, Indonesien, China u. a.

bei den Namen vieler Landschaften und Inseln:

Thüringen, Sachsen, Kreta, Mesopotamien, Transbaikalien, Kalifornien, Hawai, Borneo, Rügen, Sachalin, Sibirien u. a.

bei den Ortsnamen ohne Attribut:

Er wohnt in Berlin. Sie fährt nach Leipzig.

(3) Der Nullartikel steht bei den Namen einiger Feste religiöser Herkunft (*Weihnachten, Ostern, Pfingsten*):

Was wünschst du dir zu Weihnachten?

(4) Der Nullartikel steht häufig in Buchtiteln und Überschriften:

Russisch-Deutsches Wörterbuch
Sowjetunion an Westmächte

Anmerkung:

1. In diesen Fällen können auch der bestimmte und der unbestimmte Artikel stehen:

Deutsch. *Ein* Lehrbuch für Ausländer
Die Sowjetunion eröffnet *den* Weg zur Venus.

2. Bei den deutschsprachigen Titeln von Zeitungen und Zeitschriften steht meistens der bestimmte Artikel:

das „Neue Deutschland"
der „Eulenspiegel"

3. Bei fremdsprachigen Titeln von Zeitungen und Zeitschriften wird der bestimmte oder der Nullartikel verwendet:

(*Das/die*) „Rudé Právo" meldet ...

(5) Der Nullartikel steht in einigen Namen von Einrichtungen, die mit Präpositionen gebildet sind:

die Deutsche Hochschule für Körperkultur
der Rat für gegenseitige Wirtschaftshilfe

(6) Der Nullartikel steht bei Namen von Unterrichts- und Studienfächern:

Er hat eine Eins in Deutsch bekommen.

Anmerkung:
Ist jedoch das Wissenschaftsgebiet gemeint, steht meistens der bestimmte Artikel:

Er beschäftigt sich gern mit *der* Logik.

2.

Pronomen *es*

Das Pronomen *es* tritt in drei syntaktischen Funktionen auf:

es steht als Prowort. In dieser Funktion ist *es* ersetzbar und nicht weglaßbar:

(Wo ist das Buch?) Es liegt auf dem Tisch.
→ Das Buch liegt auf dem Tisch.
→ *Auf dem Tisch liegt.

es steht als Korrelat (Platzhalter). In dieser Funktion ist *es* nicht ersetzbar, in bestimmten Positionen aber weglaßbar:

Es hat sich gestern ein schwerer Unfall ereignet.
→ *Das Auto hat sich gestern ein schwerer Unfall ereignet.
→ Gestern hat sich ein schwerer Unfall ereignet.

es steht als formales Subjekt und Objekt. In dieser Funktion ist *es* nicht ersetzbar und nicht weglaßbar:

Es hat heute nacht geregnet.
→ *Der Regen hat heute nacht geregnet.
→ *Heute nacht hat geregnet.

2.1.
***es* als Prowort**

1. Als Prowort ersetzt *es* ein neutrales Substantiv im Nominativ (= Subjekt) oder im reinen Akkusativ (= Objekt):

Subjekt

(Wo ist *das Buch*?) *Es* liegt auf dem Tisch.

Objekt

(Wann bekomme ich *das Geld*?) Ich brauche *es*.

2. *es* kann auch für einen neutralen substantivierten Infinitiv (bzw. ein entsprechendes Verbalabstraktum) stehen, der sich auf das Prädikat des vorhergehenden Satzes bezieht:

Er *siegt* oft im Wettkampf, aber *es* (das Siegen) macht ihn nicht überheblich.

3. Das Pronomen *es* kann auch als Prowort für ein Prädikativ stehen.

(1) Wenn das Pronomen *es* ein prädikatives Substantiv ersetzt (bei den Verben *sein, werden* und *bleiben*), steht es für ein Maskulinum oder Femininum. Im Gegensatz zum Substantiv steht *es* unmittelbar nach dem finiten Verb.

Der Vater ist Arzt, und sein Sohn wird *es* auch.
← Der Vater ist Arzt, und sein Sohn wird auch *Arzt*.

(2) Die gleichen Stellungsregularitäten gelten, wenn *es* ein prädikatives Adjektiv vertritt:

Die anderen waren müde, er war *es* nicht.
← Die anderen waren müde, er war nicht *müde*.

4. Für ein mask. oder fem. Subjekt steht *es* in Sätzen mit dem Verb *sein* (in der 3. Person) plus prädikativem Substantiv. *es* erscheint hier im Wechsel mit dem Personalpronomen *er* bzw. *sie* (nur bei Person).

Da kommt *eine Studentin. Es* (auch: *Sie*) ist eine Ausländerin.

2.2. *es* als Korrelat

2.2.1. Korrelat eines Substantivs (syntaktisches Subjekt)

Als Korrelat eines Substantivs (bzw. eines substantivischen Pronomens), das das syntaktische Subjekt des Satzes darstellt, steht *es* nur am Satzanfang. Ist die erste Stelle im Satz durch ein anderes Wort besetzt, fällt *es* weg:

Es hat sich gestern ein schwerer Unfall ereignet.
→ Gestern hat sich ein schwerer Unfall ereignet.

Als Korrelat eines Substantivs (syntaktisches Subjekt) kommt *es* auch in Passivsätzen vor. Dabei gelten die gleichen Stellungsregeln:

Es wird in dieser Straße ein neues Haus gebaut.
→ In dieser Straße wird ein neues Haus gebaut.

es kommt aber auch in Passivsätzen ohne Substantiv (syntaktisches Subjekt) vor:

Es wurde bis in den Morgen getanzt.
→ Bis in den Morgen wurde getanzt.

2.2.2.
Korrelat eines Substantivs (logisches Subjekt)

Das Pronomen *es* tritt auch als Korrelat eines Substantivs auf, das logisches Subjekt und syntaktisches Objekt ist. Während das Korrelat des syntaktischen Subjekts im Satzinnern obligatorisch eliminiert wird, wird das Korrelat des logischen Subjekts fakultativ eliminiert. Das Pronomen verhält sich in diesem Falle wie das Korrelat des Nebensatzes. Das Auftreten von *es* als Korrelat eines logischen Subjekts ist an bestimmte Verben und Adjektive gebunden, bei denen das personale Subjekt der Handlung (das logische Subjekt) nicht im Nominativ, sondern in einem obliquen Kasus steht.

1. Verben mit Personenangabe im Dativ oder Akkusativ:

Es friert mich.
→ Mich friert (es).
Es schwindelt ihr.
→ Ihr schwindelt (es).

Mit Akkusativ: dürsten, ekeln, frieren, frösteln, hungern
Mit Dativ: schwindeln
Mit Akkusativ oder Dativ: grauen, grausen, gruseln, schaudern, schauern

2. Prädikative Adjektive mit Personenangabe im Dativ:

Es ist mir kalt.
→ Mir ist (es) kalt.

Ebenso: jemandem ist/wird angst, bange, gut, heiß, übel, warm...

2.2.3.
Korrelat von Nebensätzen

Als Korrelat eines Nebensatzes tritt *es* bei Subjekt- und Objektsätzen und entsprechenden Infinitiven und Infinitivkonstruktionen auf.

1. Subjekt- und Objektsatz als Nachsatz

(1) Als Korrelat eines nachgestellten Subjektsatzes steht *es* an der ersten Stelle im Hauptsatz. Ist diese Stelle durch ein anderes Wort besetzt, erscheint *es* fakultativ im Satzinnern (nach dem finiten Verb).

Es freut mich besonders, daß ich ihn getroffen habe.
→ Besonders freut (es) mich, daß ich ihn getroffen habe.

(2) Als Korrelat eines nachgestellten Objektsatzes steht *es* nie an der ersten Stelle im Hauptsatz, sondern fakultativ im Satzinnern (nach dem finiten Verb). Anstelle von *es* kann *das* an der ersten Stelle stehen.

Ich bedaure (es) sehr, daß ich Sie gekränkt habe.
→ Das bedaure ich sehr, daß ich Sie gekränkt habe.

Anmerkung:
Ob das fakultative *es* im konkreten Satz auftritt oder nicht, hängt von der Wahl des finiten Verbs ab. Bei manchen Verben ist das Korrelat üblich, bei anderen Verben fehlt es oft.

Ich kann *es* nicht *verantworten*, daß er am Wettkampf teilnimmt.
Ich habe (*es*) ihm *erlaubt*, daß er am Wettkampf teilnimmt.

2. Subjekt- und Objektsatz als Vordersatz
Wenn der Nebensatz ein Vordersatz ist, fällt das Korrelat weg. Anstelle von *es* tritt an der ersten Stelle im Hauptsatz fakultativ *das* auf.

Subjektsatz
Es freut mich besonders, daß ich ihn getroffen habe.
→ Daß ich ihn getroffen habe, (das) freut mich besonders.

Objektsatz
Ich bedauere es sehr, daß ich Sie gekränkt habe.
→ Daß ich Sie gekränkt habe, (das) bedauere ich sehr.

Anmerkung:
Die gleichen Stellungsverhältnisse herrschen, wenn das Prädikat des übergeordneten Satzes nicht ein Vollverb ist, sondern aus *sein/werden* und einem Adjektiv oder Substantiv als Prädikativ besteht:

(1a) Subjektsatz als Nachsatz

Adjektiv
Es ist *sonderbar*, daß er nicht schreibt.
Sonderbar ist (es), daß er nicht schreibt.

Substantiv
Es ist ein *Glück*, daß du kommst.
Ein *Glück* ist (es), daß du kommst.

(1b) Subjektsatz als Vordersatz

Adjektiv
Daß er nicht schreibt, (das) ist *sonderbar*.

Substantiv
Daß du kommst, (das) ist ein *Glück*.

(2a) Objektsatz als Nachsatz (nur zu Adjektiven)
Das Buch ist (es) *wert*, daß man es liest.

2.3.
es als formales Subjekt und Objekt

Bei einer Reihe von Verben, bei denen der Handlungsträger nicht genannt wird bzw. nicht als Subjektsnominativ erscheint, ist *es* formales, inhaltleeres Subjekt. Bei einer anderen kleinen Gruppe von Verben ist *es* formales, inhaltleeres Akkusativobjekt. Als formales Subjekt kann *es* am Satzanfang und im Satzinnern stehen, als formales Objekt steht *es* nur im Satzinnern.

formales Subjekt
Plötzlich klingelte *es*.
Es klingelte plötzlich.

formales Objekt
Ich habe *es* heute eilig.
*Es habe ich heute eilig.

1. *es* als formales Subjekt
Die Verben, bei denen *es* als formales Subjekt steht, bilden keine einheitliche Gruppe.

(1) Verben ohne Aktanten

Es schneit. Es friert. Es klingelt.

Ebenso: blitzen, dämmern, donnern, dunkeln, hageln, klopfen, krachen, nieseln, regnen, spuken, tauen, ziehen, zischen usw.

(2) *sein, werden* und *bleiben* mit Prädikativ

Es ist spät. Es wird Abend. Es bleibt kalt.

(3) Verben mit personalem Akkusativobjekt

Es schüttelt mich. Es juckt mich. Es überläuft mich kalt. Es zieht mich zu ihr. Es hält mich hier nicht länger.

(4) Verben mit personalem Dativobjekt

Es geht ihm gut. Es hat mir in Ungarn gefallen. Es fehlt ihm nicht an Mut.

(5) Verben mit verschiedenen Objekten

Es gibt noch einen ungeklärten Punkt. Es bedarf noch einiger Mühe. Es geht um die Industrialisierung des Bauens. Es kommt auf die Senkung der Selbstkosten an. Es handelt sich um einen schwierigen Fall.

(6) Reflexivkonstruktionen mit zwei adverbialen Angaben

In diesem Sessel sitzt es sich bequem.

2. *es* als formales Objekt
Die Verben, bei denen *es* als formales Objekt steht, bilden feste Verbindungen (Wendungen):

Ich habe es heute eilig. Sie hat es ihm angetan. Ich meine es gut mit dir. Er hat es sich sehr leicht gemacht. Er wird es noch weit bringen. Er hat es auf sie abgesehen.

2.4.
Kongruenz zwischen finitem Verb und Pronomen *es*

Im allgemeinen kongruiert das finite Verb mit dem Pronomen *es* (in der 3. Person Singular). Keine Kongruenz zwischen finitem Verb und *es* gibt es bei *es* als Objekt (und Korrelat eines Objektsatzes) und in den folgenden Fällen:

(1) Prowort *es* als Prädikativ

Der Vater ist Arzt, und *seine Söhne werden* es auch.

(2) Prowort *es* mit *sein*

Da kommen Studenten. Es *sind Ausländer.*

(3) *es* als Korrelat eines Substantivs (= syntaktisches Subjekt)

Es *sind* in der letzten Zeit *mehrere Unfälle* passiert.

Funktionswörter 2

(Fügewörter)

Unter dem Begriff Fügewörter werden diejenigen Funktionswörter zusammengefaßt, die Wörter oder Wortgruppen bzw. Gliedteile, Satzglieder oder Sätze miteinander zu einem einheitlichen Ganzen verbinden oder „fügen". Ohne selbst Satzgliedcharakter zu haben, ordnen sie die Wörter oder Wortgruppen bzw. Gliedteile, Satzglieder oder Sätze gleichen oder verschiedenen Grades einander zu.
Nicht alle Fügewörter haben eine eindeutige Semantik. Alle Fügewörter haben innerhalb des Satzgliedes oder des Satzes jedoch eine bestimmte Position. Morphologisch sind die Fügewörter in der Regel unveränderlich.
Es sind zwei Hauptgruppen von Fügewörtern zu unterscheiden: Präpositionen und Konjunktionen.

1. Die Präpositionen verbinden Wörter und Wortgruppen, die Konjunktionen verbinden Gliedteile, Satzglieder und Sätze:

Präposition
der Stuhl – das Fenster – an
→ der Stuhl *am* Fenster

Konjunktion
Wir treiben Sport. – Das ist gesund.
→ Wir treiben Sport, *und* das ist gesund.

2. Die Präpositionen stehen *innerhalb* von Satzgliedern, die Konjunktionen stehen *außerhalb* von Satzgliedern:[1]

Präposition
Er bringt seinen Sohn (*in* die Schule).

Konjunktion
Er geht nicht (ins Bad), *sondern* (in die Schule).

3. Die Präpositionen haben Kasusforderungen, die Konjunktionen nicht. Jede Präposition regiert einen Kasus oder mehrere Kasus:

[1] Satzglieder im Sinne von Funktionsgliedern, nicht von bloßen Stellungsgliedern.

Er geht *zu dem* Krankenhaus.
Er geht *in das* Krankenhaus. – Er liegt *in dem* Krankenhaus.

Anmerkung:
Einige Fügewörter können als Präpositionen und als Konjunktionen auftreten: *bis, seit, während, wie, als*. Bei diesen Wörtern wird der syntaktische Unterschied besonders deutlich:

Präposition
Bis zu seiner Abreise will er sich die Stadt ansehen.

Konjunktion
Bis er abreist, will er sich die Stadt ansehen.

1.
Präpositionen

1.1. Formenbestand

Bei den Präpositionen handelt es sich um eine relativ geschlossene Gruppe von Wörtern wie *an, bei, durch, unter,* die jedoch erweitert wird durch

1. formelhafte präpositionale Fügungen wie
mit Bezug auf, im Hinblick auf, mit Rücksicht auf, im Vergleich zu, im Verhältnis zu; in bezug auf, von seiten

2. Wörter wie
angesichts, betreffs, zwecks, bezüglich, hinsichtlich, entsprechend

Einige Präpositionen können im Dativ oder Akkusativ Sing. mit folgenden Formen des bestimmten Artikels verschmelzen:

M/N dem →	am	–	beim	–	–	hinterm	im	überm	–	unterm	vom	vorm	zum
N das →	ans	aufs	–	durchs	fürs	hinters	ins	übers	ums	unters	–	vors	–
F der →	–	–	–	–	–	–	–	–	–	–	–	–	zur

Anmerkung:
Die Zusammenziehung von Präposition und bestimmtem Artikel ist obligatorisch:

(1) bei vielen festen Verbindungen aus *Präposition + Substantiv + Verb*:

beim Wort nehmen, *im* Begriff sein, *ums* Leben kommen, *zur* Warnung dienen

(2) bei substantivierten Infinitiven

beim Essen, *zum* Lernen

(3) bei prädikativen Adjektiven und prädikativ und adverbial gebrauchten Adjektivadverbien im Superlativ:

am genauesten, *aufs* herzlichste

(4) bei Eigennamen

im Harz, *am* Mittelmeer, *zur* Venus

(5) bei Ordinalzahlen als Adverbialbestimmung

fürs erste, *zum* zweiten Male

In einigen Fällen ist die Zusammenziehung von Präposition und bestimmtem Artikel unmöglich:

(1) wenn der bestimmte Artikel betont ist (= *dieser*):

Gerade *an dem* (= *diesem*) Montag war ich nicht zu Hause (, obwohl ich montags immer zu Hause bin).

(2) wenn von dem folgenden Substantiv ein Attributsatz abhängt:

Ich habe schon viel *in dem* Buch gelesen, das du mir geschenkt hast.

1.2.
Syntaktische Beschreibung

Es handelt sich um eine Präposition, wenn sich das Wort in einen der folgenden Rahmen einsetzen läßt:

1. vor dem von der Präposition regierten Wort
Das regierte Wort ist ein Substantiv oder ein substantivisches Pronomen:

Er tat es ... den Freund/ihn.
→ Er tat es *für* den Freund/ihn.

Hierher gehört die Mehrzahl der in der alphabetischen Liste genannten Präpositionen.

Das regierte Wort ist ein Adjektiv:

Wir halten das ... gut.
→ Wir halten das *für* gut.

Hierher gehört außer *für* nur noch *als*.

Das regierte Wort ist ein Adverb:

Wir gehen ... rechts.
→ Wir gehen *nach* rechts.

Hierher gehören: ab, bis, nach, seit, von

Anmerkung:
In besonderen Verbindungen (mit Superlativ, vor Farb- und Sprachbezeichnungen) können auch die Präpositionen *an, auf, in* vor Adjektiven und Adjektivadverbien stehen.

2. vor oder hinter dem regierten Wort
Das regierte Wort ist ein Substantiv oder ein substantivisches Pronomen:

... ihrer Meinung war die Diskussion interessant.
→ *Nach* ihrer Meinung war die Diskussion interessant.
Ihrer Meinung... war die Diskussion interessant.
→ Ihrer Meinung *nach* war die Diskussion interessant.
Hierher gehören: entgegen, entlang, gegenüber, gemäß, nach, ungeachtet, wegen, zufolge

3. hinter dem regierten Wort
Das regierte Wort ist ein Substantiv oder ein substantivisches Pronomen:

Seinem Vater/Ihm... fuhr er nicht ins Ausland.
→ Seinem Vater/Ihm *zuliebe* fuhr er nicht ins Ausland.
Hierher gehört außer *zuliebe* nur noch *halber*.

4. vor und hinter dem regierten Wort
Das regierte Wort ist ein Substantiv oder ein substantivisches Pronomen:

Er tat es... seiner Freunde/ihret-...
→Er tat es *um* seiner Freunde/ihret- *willen*.
Hierher gehört nur *um... willen*.

Anmerkung:
1. Obligatorisch (1) oder fakultativ (2) stehen auch mehrere Präpositionen vor einem regierten Wort:

(1) obligatorisch zwei Präpositionen

Bis auf einen Studenten kannte ich alle.

(2) fakultativ zwei Präpositionen

Die Bedeutung bleibt erhalten:

Der Zug fährt *bis nach* Berlin.
Der Zug fährt bis Berlin.
Der Zug fährt nach Berlin.

Die Bedeutung ändert sich:

Er wartet *seit über* einer Stunde auf sie.
Er wartet seit einer Stunde auf sie.
Er wartet über eine Stunde auf sie.

2. Manchmal dient eine zweite nachgestellte Präposition obligatorisch (1) oder fakultativ (2) zur Spezifizierung der ersten Präposition:

(1) Von der letzten Stadt an hat er im Zug geschlafen.
(2) Vom Fernsehturm (aus) kann er die Stadt überblicken.

3. Die Möglichkeit, daß die Präposition vom regierten Wort abrückt – einen Rahmen mit dem regierten Wort bildet –, besteht dann, wenn vor das regierte Wort ein Attribut tritt:

Mit großen, ihre ganze Freude ausdrückenden *Augen* sah sie das Kind an.

1.3.
Rektion der Präpositionen

Bei der Rektion der Präpositionen sind drei Gruppen zu unterscheiden:

Präpositionen, die nur einen Kasus regieren

1. Akkusativ: *bis, durch, für, gegen, je, ohne, per, pro, um, wider*
2. Dativ: *aus, bei, binnen, entgegen, gegenüber, gemäß, laut, mit, nach, (mit-)samt, seit, von, zu, zuliebe*
3. Genitiv: *außerhalb, diesseits, halber, infolge, inmitten, jenseits, kraft, oberhalb, seitens, um... willen, ungeachtet, unterhalb, unweit (unfern), zugunsten*

Präpositionen, die mehrere Kasus regieren

1. Dativ/Genitiv
Die Dativform tritt dann auf,
wenn zwei Substantive im Genitiv Singular nebeneinanderstehen würden:

Trotz dem Rat des Vaters ging der Junge auf das Eis.

wenn im Plural der Genitiv vom Nominativ und Akkusativ nicht zu unterscheiden ist:

Die Kosmonauten schützen sich mittels Spezialanzügen (statt: Spezialanzüge) gegen schädliche Strahlen.

So verhalten sich: längs, mittels, statt, trotz, während.
Zu den Kasusverhältnissen bei *wegen* vgl. die alphabetische Liste.

2. Akkusativ/Dativ
Der Akkusativ steht, wenn es sich um ein zielgerichtetes Geschehen handelt, der Dativ, wenn das Geschehen nicht zielgerichtet ist. Diese Unterscheidung gibt es bei folgenden Präpositionen:
an, auf, hinter, in, neben, über, unter, vor, zwischen
Zu den Kasusverhältnissen bei *ab* vgl. die alphabetische Liste.

Anmerkung:
Manchmal hängt der Kasusgebrauch auch davon ab, ob das Verb ein Präfix hat (D) oder nicht (A):

Er stellt das Tischchen an *der* Wand auf.
Er stellt das Tischchen an *die* Wand.

3. Akkusativ/Dativ/Genitiv
Drei Kasus regiert nur die Präposition *entlang*: Genitiv/Dativ in Prästellung, Akkusativ/Dativ in Poststellung.

Präpositionen ohne Kasusforderung

1. Die Präpositionen *als* und *wie* regieren keine bestimmten Kasus. Der Kasus der nach diesen Präpositionen stehenden Wörter richtet sich nach dem Kasus ihrer Beziehungswörter:

Ich kannte ihn als *Student.*
Ich kannte *ihn* als *Studenten.*

2. Wenn Präpositionen in Zwillingsformen stehen, regieren sie ebenfalls keinen bestimmten Kasus:

Die Schmiedehämmer fielen Schlag *auf Schlag.*

3. Ohne erkennbaren Kasus stehen Adjektive, Adverbien und zum Teil auch Substantive mit Nullartikel (Eigennamen, präpositionale Wendungen) nach Präpositionen:

Ich halte ihn *für begabt.* Er geht *nach vorn.* Sie sind *nach Dresden* gefahren. Die Volkszählung wird *mit Hilfe* von Computern ausgewertet.

4. Wenn zwei Präpositionen nebeneinanderstehen, ist die erste ohne Kasusforderung. Der Kasus des regierten Wortes wird von der zweiten Präposition bestimmt:

Er begleitet sie bis *zu* dem Haus.
Das Auto fuhr bis *vor* das Haus.

1.4.
Wesen und Aufgaben der Präpositionen

Die Präpositionen stehen innerhalb von Satzgliedern bzw. Gliedteilen (= Attributen) und setzen Wörter bzw. Wortgruppen zueinander in Beziehung. Sie stellen ein adverbiales, attributives oder ein Objektsverhältnis her:

adverbial
Das Buch liegt *auf dem Tisch.*

attributiv
Das Buch *auf dem Tisch* gehört mir.

Objektsverhältnis
Er interessiert sich *für das Buch.*

Viele Präpositionen sind nur Fügemittel:

1. Sie können als Ersatz für ein Kasus-Suffix bei Eigennamen auf *-s* und *-x* (die Leistung *von* Marx) oder bei Adverbien (Deutsch *von* heute) stehen.

2. Ein großer Teil der Präpositionen, vorwiegend im abstrakten Bereich, ist obligatorisch bestimmten Verben, Adjektiven oder Substantiven zugeordnet. Diese regierten Präpositionen haben nur eine syntaktische Funktion. Ihre semantische Funktion ist in der Gegenwartssprache nicht mehr durchschaubar.

Solche Verbindungen werden deshalb aus der semantischen Beschreibung in der alphabetischen Liste ausgeschlossen. Sie sind in den Rektionslisten des Verbs, des Substantivs und des Adjektivs nachzuschlagen.

1.5.
Alphabetische Liste zum Gebrauch der Präpositionen[1]

ab (D/A)

1. (D). Lokal. Geographisch. Ausgangspunkt einer Strecke. Vor Ortsnamen. Mit Nullartikel. Ggs.: *bis 1.*

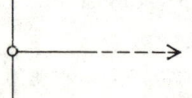

Der Zug fährt ab Berlin-Schönefeld.

2. (A/D). Temporal. Zeitdauer mit Angabe des Anfangspunktes. Zumeist mit Nullartikel. (=*von ... an/ab*, vgl. *von 2.1.*). Ggs.: *bis 2.*

Die Badeanstalt ist ab nächste (nächster) Woche geöffnet.

3. (A/D). Minimum. Vor Zahlangaben. (= *mit mehr als*)

Dieser Film ist für Jugendliche ab 14 Jahre(n) erlaubt.

als (ohne Kasusforderung)
Modal

1. Spezifizierung. (= *in der Eigenschaft, Funktion*)

Er arbeitet als Schlosser in einem volkseigenen Betrieb.

---

[1] In der folgenden Liste werden von den auf S. 166f. aufgeführten Präpositionen nur die besonders häufigen, mehrdeutigen Präpositionen mit ihren verschiedenen Bedeutungsvarianten beschrieben. Bei dieser Beschreibung ist der übertragene Gebrauch der Präpositionen nicht berücksichtigt, da er dem Gebrauch in lokaler, temporaler, modaler u.a. Bedeutung entspricht bzw. davon abzuleiten ist.

2. Komparativ. Ungleichheit im Vergleich. Nach Komparativform des Adjektivs/Adverbs und *anders, auf andere Weise.*

Er läuft schneller als sein Freund.

an (D/A)

1. Lokal: (D) nicht zielgerichtet, (A) zielgerichtet.

Der Schrank steht an der Wand.   Die Lampe hängt an der Decke.

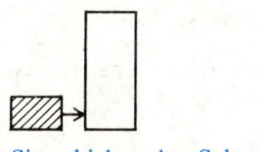 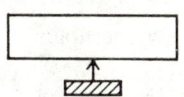

Sie schieben den Schrank   Er hängt die Lampe
an die Wand.   an die Decke.

2. (D) Temporal. Gleichzeitigkeit. Zeitpunkt, Zeitdauer. Vor mask. und neutr. Zeitangaben. Datum.

Am Abend gab es ein schweres Gewitter.
am 31. Dezember 1970

3. (D). Modal. Gradangabe. Beim Superlativ des Adjektivs in prädikativer Stellung und beim Superlativ des Adjektivadverbs. Nur in neutraler Form und mit Artikelverschmelzung.

Er läuft am schnellsten.

auf (D/A)

1. Lokal: (D) nicht zielgerichtet, (A) zielgerichtet. Mit Berührung.

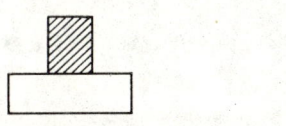 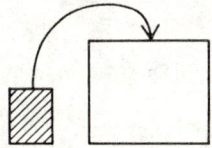

Das Buch liegt auf dem Tisch.   Sie legt das Buch auf den Tisch.

Präpositionen

2. Final-Lokal: (D) nicht zielgerichtet, (A) zielgerichtet. Vor der Bezeichnung von Ämtern und Institutionen.

Sie kauft auf dem Postamt Briefmarken.
Sie geht auf das Postamt.

3. (A). Temporal. Gleichzeitigkeit. Begrenzte Zeitdauer. Vor Substantiven wie *Woche, Monat, Jahrzehnt* mit Zahladjektiven. (= *für 5.*)

Sie ist auf drei Monate ins Ausland gefahren.

4. Modal.

4.1. (A). Maßangabe. Mit obl. oder fak. *genau* hinter dem regierten Wort.

Die Uhr geht auf die Minute genau.

4.2. (A). Gradangabe. Elativ (= *sehr, besonders*). *auf das* oder *aufs* + Superlativ. Nur in adverbialer Verwendung.

Wir grüßen Sie aufs herzlichste.

4.3. Steigernde Wiederholung. In Zwillingsformeln. Ohne Kasusforderung.

Tropfen auf Tropfen rann aus dem Wasserhahn.

4.4. Vor Sprachbezeichnungen. Ohne Kasusforderung. (= *in 3.2.*)

Er hat ihr das Kompliment auf englisch gemacht.

5. (A). Distributiv. Maßangabe zu Maßangabe. Relation partitiver Art.

Auf ein Kilo Mehl rechnet man 30 Gramm Hefe.

6. (A). Kausal. Bei Nullartikel fakultatives *hin* nach dem regierten Wort, sonst obligatorisches *hin*.

Er las das Buch auf Anregung seines Professors (hin).
Er korrigierte einige Stellen im Vortrag auf die Kritik seines Freundes hin.

aus (D)

1. Lokal. Bewegung aus einem Bereich heraus.

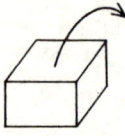

Die Mutter nimmt die Wäsche aus dem Korb.

2. Kausal. Mit Nullartikel.

Er half ihr aus Mitleid.

3. Modal. Qualität, stoffliche Beschaffenheit. (= *von 3.2.*)

Ein Haus aus Glas, Beton und Aluminium wird gebaut.

bei (D)

1. Lokal.

1.1. Unmittelbare Nähe. (= *vor, hinter, über, unter, neben*)

Das Haus steht bei einem Springbrunnen.

1.2. Geographisch. Nahe Lage. Vor Ortsnamen.

In Markkleeberg bei Leipzig findet alljährlich die Landwirtschaftsausstellung statt.

1.3. Volkswirtschaftlicher oder persönlicher Bereich.

Sie wohnt bei ihren Eltern.

2. Temporal. Gleichzeitigkeit. Zeitpunkt, Zeitdauer. Besonders vor Deverbativa.

Beim Eintritt des Dozenten wurde es still. (= Als der Dozent eintrat, wurde es still.)
Beim Essen soll man nicht sprechen.

3. Konditional. Zumeist mit Nullartikel.

Bei Regen fällt die Veranstaltung aus. (= Falls es regnet, fällt die Veranstaltung aus.)

bis (A)

1. Lokal. Strecke mit Angabe des Endpunktes. Ggs.: *ab 1., von... ab* (vgl. *von 1.1.*).

1.1. Geographisch. Vor Lokaladverbien und Ortsnamen. Mit fak. zweiter Präposition und Nullartikel.

Er fuhr von Leipzig bis (nach) Weimar.

1.2. Vor anderen Richtungsbestimmungen. Mit obl. zweiter Präposition (die das Substantiv regiert). Nicht mit Nullartikel.

Das Auto fuhr bis vor das Hotel.

2. Temporal. Zeitdauer mit Angabe des Endpunktes. Ggs.: *ab 2., seit, von... an/ab* (vgl. *von 2.1.*).

2.1. Vor Temporaladverbien, Uhrzeitangaben und Jahreszahlen. Mit obl. Nullartikel.

Bis morgen muß die Arbeit geschafft sein.

2.2. Vor Monatsnamen, Wochentagen, Datumsangaben, vor den Substantiven *Woche, Monat, Jahr* usw. (in Verbindung mit *vorig-, nächst-* oder *Ende, Anfang* usw.). Mit Nullartikel oder mit zweiter Präposition *zu*, die das Substantiv regiert. Wenn *zu* steht, ist Nullartikel nicht möglich.

Bis (zur) Mitte der Woche hat sie Zeit.
Bis (zum) Donnerstag will ich noch warten.

2.3. Vor sonstigen Temporalangaben. Mit obl. zweiter Präposition *zu*, die das Substantiv regiert. Nicht mit Nullartikel.

Bis zu den Ferien muß ich noch viel erledigen.

3. Modal. Grad- oder Maßangabe. Äußerste Grenze. Mit obl. zweiter Präposition, die das Substantiv regiert.

In dem Aufsatz ist alles bis ins letzte durchdacht.
Er hat für den Wagen bis zu 2000 Mark geboten.

4. Modal/Temporal. Unbestimmtheit einer Maß- oder Temporalangabe. Zwischen zwei Zahlen, mit denen die Begrenzung angegeben wird. Mit obl. Nullartikel.

Die Mäntel kosten 100,– bis 150,– Mark.

durch (A)

1. Lokal. Bewegung durch oder in einem Bereich.

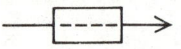

Er sieht durch das Fernrohr.   Wir bummeln durch die Stadt.

2. Urheber, Ursache, Agens. (= *von 4.*)

Amerika wurde durch Kolumbus entdeckt.

3. Modal. Instrument, Mittel, Vermittler. (= *mit 1., per*)

Sie versenkten das Schiff durch ein Torpedo.

entlang (A/D/G)

1. (D/G in Präposition, A/D in Postposition). Lokal. Parallelverlauf. (= *neben 1., parallel zu, längs*)

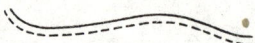

Entlang dem Weg (des Weges) stehen hübsche Wochenendhäuser.
Der Weg führt den Bach (dem Bach) entlang.

2. (A in Postposition). Lokal. Ortsveränderung bei Bewegungsverben. Nach Substantiven wie *Weg, Straße, Fluß*. (= *auf, auf und ab*)

Das Schiff fährt den Fluß entlang.

für (A)

1. Final. (vgl. *zu 3.1.*)

Das Auto benötigt für die (Bewältigung der) Strecke eine Stunde.

2. Personaler oder nicht-personaler Bezugspunkt des Geschehens.

Er arbeitet gern für die Mathematik.

3. Modal. Komparativ. (= *im Hinblick auf, im Vergleich zu*)

Für sein Alter ist das Kind gut entwickelt.

4. Austausch, Ersatz. (= *statt*)

Für seinen Wagen bekam er nur wenig Geld.

5. Temporal. Gleichzeitigkeit. Begrenzte Zeitdauer. (= *auf 3.*)

Für einen Tag herrschte Arbeitsruhe. (= *einen Tag lang*)

gegen (A)

1. Lokal. Zielgerichtet.

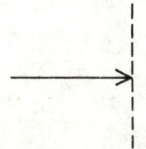

Das Auto ist gegen einen Baum gefahren.

2. Adversativ. Relation. (= *im Gegensatz zu*)

Gegen seinen Bruder ist er klein.

3. Temporal. Unbestimmtheit einer Zeitangabe. (= *etwa, ungefähr*; vgl. auch *um 2.1.*)

Der Zug kommt gegen 19 Uhr an.

gegenüber (D)

Prä- und Postposition. Bei Personenbezeichnungen vorwiegend, bei Personalpronomina immer Postposition.

1. Lokal. Gegenseite.

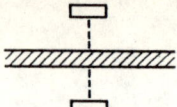

Gegenüber dem Internat (dem Internat gegenüber) befindet sich ein Krankenhaus.

2. Modal.

2.1. Komparativ. Verhältnis, Vergleich.

Gegenüber einer Dampflok hat eine Diesellok viele Vorzüge.

2.2. Verhaltensweise zu einem Menschen.

Alten Menschen gegenüber soll man immer hilfsbereit sein.

hinter (D/A)

Lokal: (D) nicht zielgerichtet, (A) zielgerichtet.

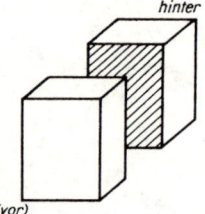 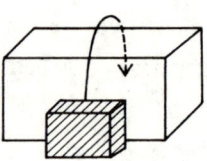

Hinter dem Haus befindet sich eine Garage.

Sie haben die Garage hinter das Haus gebaut.

in (D/A)

1. Lokal: (D) nicht zielgerichtet, (A) zielgerichtet.

  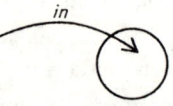

Die Kinder sind in der Schule.　　Die Kinder gehen in die Schule.

2. (D). Temporal.

2.1. Gleichzeitigkeit. Begrenzte Zeitdauer. (= *binnen, innerhalb*)

Wir hatten die Arbeit in zwei Tagen geschafft.

2.2. Zeitpunkt nach der Sprechergegenwart. Ggs.: *vor 2.1.*

In fünfzig Jahren wird die Atomenergie die wichtigste Energieform sein.

2.3. Gleichzeitigkeit. Zeitpunkt, Zeitdauer.

Sie ist im Jahre 1940 geboren.

3. Modal.

3.1. (D). Begleitender Umstand. Vor Substantiven mit Attribut. (= *mit 1.2.*)

Sie kamen in der Absicht, ihr zu helfen.

3.2. Vor Sprachbezeichnungen. Ohne Kasusforderung. (= *auf 4.4.*)

Er hält seine Vorlesungen in russisch.

3.3. Vor Farbbezeichnungen. Ohne Kasusforderung.

Haben Sie dieses Kleid auch in grün?

3.4. (D) Zustand, (A) Zustandsveränderung. In festen Verbindungen mit Nullartikel. Ggs.: *außer.*

Die Maschine war in Betrieb.
Als die Maschine repariert war, konnte sie wieder in Gang gesetzt werden.

mit (D)

1. Modal.

1.1. Instrumental. (= *mittels*). Ggs.: *ohne 1.1.*

Sie schreibt den Brief mit der Schreibmaschine.

1.2. Begleitender Umstand. Ggs.: *ohne 1.2.*

Mit hoher Geschwindigkeit fuhr der Zug über die Brücke.
Die Schüler gehen mit ihrem Lehrer ins Theater.

2. Temporal. Gleichzeitigkeit, Zeitpunkt. (vgl. *bei 2.*)

Mit dem Startschuß setzten sich die Läufer in Bewegung. (= als der Startschuß ertönte)

3. Konditional. Nicht mit Indikativ in der Vergangenheit.

Mit etwas Glück kann er die Prüfung schaffen. (= wenn er etwas Glück hat)

4. Partitiv. Zugehörigkeit. Teil-von-Verhältnis.

Ein Tisch mit drei Beinen.

nach (D)

1. Lokal. Zielgerichtet. Vor Lokaladverbien, Orts- und Ländernamen. Zumeist mit Nullartikel.

Gehen Sie bitte nach rechts!
Die Delegation reist nach Indien.

2. Temporal. Vorzeitigkeit. Mit Angabe des Ausgangspunktes. Ggs.: vor 2.2.

Wir sind erst nach Mitternacht in Leipzig angekommen.

3. Modal.

3.1. Gradangabe. Mit Superlativ.

Nach Hans ist Werner der Größte in der Klasse.

3.2. Rangstufe, Reihenfolge. Prä- und Postposition.

Sie standen der Größe nach (nach der Größe) nebeneinander.

3.3. Entsprechung. Übereinstimmung. Sinngemäße Wiedergabe mit der Möglichkeit der Distanzierung. Prä- und Postposition. Bei Personennamen in Präposition. (= *entsprechend*)

Nach den Hygienevorschriften (den Hygienevorschriften nach) müßte das Geschäft geschlossen werden.
Nach Marx ist die Sprache die unmittelbare Wirklichkeit des Gedankens.

neben (D/A)

1. Lokal: (D) nicht zielgerichtet, (A) zielgerichtet.

Sie geht neben ihm.   Sie setzt sich neben ihn.

2. (D). Kopulativ. (= *außer*)

Neben seiner beruflichen Arbeit hat er noch viele gesellschaftliche Verpflichtungen.

ohne (A)

1. Modal.

1.1. Instrumental. Negation. Ggs.: *mit 1.1.*

Ohne ein Spezialwerkzeug kann die Tür nicht geöffnet werden.

1.2. Begleitender Umstand. Negation. Ggs.: *mit 1.2.*

Das Zimmer kostet ohne Frühstück 5,– M.

2. Konditional. Negation. Ggs.: *bei 3.*

Ohne Zufuhr von Düngemitteln läßt der Boden bald in seiner Fruchtbarkeit nach.

3. Restriktiv. In Verbindung mit Zahladjektiven. (= *außer*)

Ohne die Kinder waren es zehn Gäste.

seit (D)

Temporal. Zeitdauer bis Sprechergegenwart mit Anfangspunkt in der Vergangenheit.

Seit drei Monaten liegt seine Frau im Krankenhaus.

(an)statt (G)[1]

Ersatz, Austausch. (= *an Stelle von, für 4.*)

(An)statt Blumen habe ich Ihnen ein Buch mitgebracht.

trotz (G)[1]

Konzessiv. (= *ohne Rücksicht auf*)

Trotz des schlechten Wetters gingen wir spazieren.

über (D/A)

1. Lokal.

1.1. (D) nicht zielgerichtet, (A) zielgerichtet.

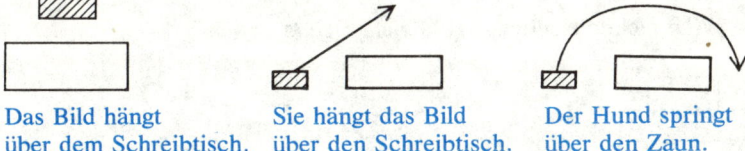

Das Bild hängt über dem Schreibtisch.   Sie hängt das Bild über den Schreibtisch.   Der Hund springt über den Zaun.

1.2. (A). Geographisch. Station einer Fahr- oder Flugstrecke.

Fährt die Straßenbahn über den Bahnhof?

2. Modal.

2.1. (A). Überschreiten einer Maßangabe. Vor Zahlangaben. (= *mehr als*). Ggs.: *unter 2.2.*

Das Schiff ist über hundert Meter lang.

2.2. Steigernde Wiederholung. In Zwillingsformeln. Ohne Kasusforderung.

In seinem Aufsatz sind Fehler über Fehler.

um (A)

1. Lokal. Verhältnis zu einem Mittelpunkt.

---

[1] Zum Gebrauch des Dativs statt des Genitivs vgl. 1.3. (S. 166)

Das Auto fährt um die Ecke.

Der Junge läuft um einen Baum.

Die Studenten sind um den Dozenten versammelt.

2. Temporal. Bestimmtheit/Unbestimmtheit.

2.1. Unbestimmtheit einer Zeitangabe. (= *ungefähr, etwa*; vgl. auch *gegen 3.*)

Dieses Haus ist um 1900 erbaut.

2.2. Angabe der genauen Uhrzeit.

Kommen Sie bitte um 19 Uhr zu mir!

3. Modal. Steigernde Wiederholung. In Zwillingsformeln. Ohne Kasusforderung.

Tag um Tag wartet er auf Antwort.

unter (D/A)

1. Lokal.

1.1. (D) nicht zielgerichtet, (A) zielgerichtet.

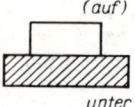 

Unter dem Tisch liegt ein Teppich.

Sie legt den Teppich unter den Tisch.

1.2. (D) nicht zielgerichtet, (A) zielgerichtet. Lage zwischen einer Menge von Personen oder Gegenständen.

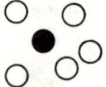 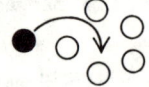

Unter den Steinen befand sich ein Diamant.

Ich mische mich unter die Zuschauer.

2. (D). Modal.

2.1. Begleitender Umstand. (= *mit 1.2.*)

Unter großem Beifall wurde der Redner vorgestellt.

2.2. Unterschreiten einer Maßangabe. Vor einer Zahlenangabe. (= *weniger als*). Ggs.: *über 2.1.*

Er suchte ein Hotelzimmer unter zehn Mark.

von (D)

1. Lokal.

1.1. Ausgangspunkt.

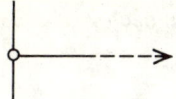

Er sprang von der Straßenbahn.

1.2. Ausgangspunkt einer Strecke. Mit zweiter Präposition vor zweitem regierten Wort.

Wir fliegen von Berlin nach Moskau.

2. Temporal. Zeitdauer mit Angabe des Anfangspunktes.

2.1. Mit zweiter Präposition (bzw. *her*) hinter dem regierten Wort (vgl. auch *ab 2*.)

Von acht Uhr ab bin ich wieder zu Hause.

2.2. Mit *bis* als zweiter Präposition vor zweitem regierten Wort.

Von zehn Uhr bis zehn Uhr dreißig ist Pause.

3. Modal.

3.1. Qualität, Eigenschaft. Vor Abstrakta.

Sie war eine Frau von großer Schönheit.

3.2. Qualität. Stoffliche Beschaffenheit. Vor Stoffnamen. (= *aus 3*

Sie kaufte einen Ring von (purem) Gold.

4. Urheber, Agens (im Passiv). (= *durch 2*.)

Das Kind wurde von seinen Eltern nie geschlagen.

5. Partitiv. Teil-von-Verhältnis. Auswahl.

Von allen Studenten war er der fleißigste.

vor (D/A)

1. Lokal: (D) nicht zielgerichtet, (A) zielgerichtet.

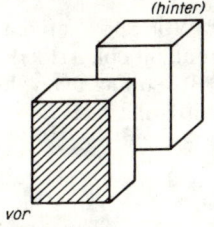 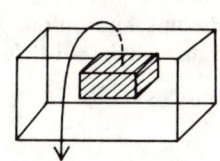

Das Taxi steht
vor dem Hoteleingang.

Das Taxi fährt
vor den Hoteleingang.

2. (D). Temporal.

2.1. Zeitpunkt vor der Sprechergegenwart. Ggs.: *in 2.2.*

Vor einer Woche haben die Ferien begonnen.

2.2. Nachzeitigkeit. Mit Angabe des Endpunktes. Ggs.: *nach 2.*

Vor 1945 war Mecklenburg vorwiegend Agrarland.

2.3. Zeitpunkt nach der Sprechergegenwart.

Vor Ende dieses Monats wird die Arbeit nicht beendet sein.

3. (D). Kausal. Mit Nullartikel.

Die Kinder schrien vor Begeisterung.

während (G)[1]

Temporal. Gleichzeitigkeit. Zeitdauer.

Während der Sommerferien arbeitet er in einem Betrieb.

wegen (G)[2]

Kausal. Grund, Argument. In Prä- und Postposition.

Wegen der großen Kälte (der großen Kälte wegen) heizen wir jetzt zweimal am Tag.

Anmerkung:
Eine morphologische Besonderheit bildet die Verbindung mit Personalpronomina:
meine*t*wegen, deine*t*wegen...

wie (ohne Kasusforderung)

Modal. Komparativ. Gleichheit im Vergleich.

Sie liebte ihn wie einen Vater.

zu (D)

1. Lokal. Zielgerichtet.

Sie ist zum Arzt gegangen.

2. Temporal. Gleichzeitigkeit. Zeitpunkt, Zeitdauer. Vor Substantiven wie *Essen, Abend, Jahresende* (bei fehlendem Attribut mit obl. Artikelverschmelzung). Vor Datumsangaben (auch in der Bedeutung *bis*, vgl. *bis 2.2.*). Vor Festtagsnamen (fak. bei Feiertagen mit Nullartikel).

Kommt ihr heute zum Abendessen?
Diese Arbeit muß (bis) zum 1. September fertig sein.
Er will (zu) Ostern verreisen.

[1] Zum Gebrauch des Dativs statt des Genitivs vgl. 1.3. (S. 166).
[2] Bei Vorderstellung auch Dativ (vgl. 1.3., S. 166), in Nachstellung nur Genitiv.

3. Final. Vor Deverbativa.

3.1. Zumeist mit Artikelverschmelzung. (= *für 1.*)

Er ist zum Training auf den Sportplatz gegangen.

3.2. Mit modal-spezifizierender Nebenbedeutung. Obl. Artikelverschmelzung. (= *als*)

Sie tranken eine Limonade zur Erfrischung.

4. Distributiv.

4.1. Personengruppe. Vor endungslosen Ordinalia und vor Kardinalia mit Endung *-en* (von 2 bis etwa 12).

Die Soldaten marschierten zu dritt/zu dreien.

4.2. Relation zwischen zwei Zahlangaben.

Sie kaufte zwei Kilo Äpfel zu einer Mark.

4.3. Vor Substantiven wie *Teil*, *Hälfte*, *Drittel*.

Er hat das Buch nur zur Hälfte gelesen.

zwischen (D/A)

1. Lokal. (D) nicht zielgerichtet, (A) zielgerichtet. Vor zwei mit *und* verbundenen Substantiven oder einem Substantiv im Plural.

Zwischen dem Schrank und dem Bett steht ein Tisch.

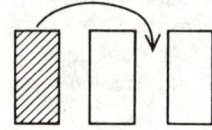

Sie legt das Lesezeichen zwischen die Buchseiten.

2. Modal/Temporal. Unbestimmtheit einer Maß- oder Temporalangabe. Vor zwei mit *und* verbundenen Zahlen, mit denen die Begrenzung angegeben wird. Mit Nullartikel. Ohne Kasusforderung.

Die Mäntel kosten zwischen 100,– und 150,– Mark.

2.
Konjunktionen

Nach ihrem Einfluß auf die Stellung des finiten Verbs in dem von einer Konjunktion eingeleiteten Satz sind zwei Gruppen von Konjunktionen zu unterscheiden: subordinierende Konjunktionen und koordinierende Konjunktionen.

1. Zu den *subordinierenden* Konjunktionen gehören die einfachen Konjunktionen:

daß, weil, bevor, ehe, obwohl, als, obgleich, während, damit, falls, indem, wenn, sobald

die zusammengesetzten Konjunktionen:
als daß, so daß, (an)statt daß, ohne daß, als ob, als wenn, außer daß
die mehrteiligen Konjunktionen:
je... desto, wenn auch... so doch

2. Zu den *koordinierenden* Konjunktionen gehören
die einfachen Konjunktionen:
aber, oder, und, bzw., denn, sondern, allein, doch, jedoch, d. h.

die mehrteiligen Konjunktionen:
entweder... oder, nicht nur... sondern auch

Nicht zu den Konjunktionen werden gerechnet die „Konjunktionaladverbien" wie *deshalb, trotzdem* und die „Pronominaladverbien" wie *darauf, daran*.

2.1.
Subordinierende Konjunktionen

1. Arten der Unterordnung
Die subordinierenden Konjunktionen betten den von ihnen eingeleiteten Nebensatz in einen übergeordneten Satz ein, der ein Hauptsatz (1) oder ein Nebensatz (2) sein kann. Das finite Verb steht bei den subordinierenden Konjunktionen am Ende des Nebensatzes (mit Ausnahme von *als* im irrealen Komparativsatz):

(1) Er sah,   daß das Mädchen weinte.
    (Hauptsatz)   (Nebensatz)

(2) Er sah,   daß das Mädchen weinte, weil es gestürzt war.
    (Hauptsatz)   (Nebensatz 1. Grades)   (Nebensatz 2. Grades)

2. Korrelat
Die mit einer Konjunktion eingeleiteten subordinierten Nebensätze stellen in der Regel eine nähere Bestimmung zum Sachverhalt des übergeordneten Satzes dar; sie beziehen sich dabei auf ein Wort, das Korrelat, das freilich im konkreten Satz nicht immer in Erscheinung tritt. Die Korrelate sind im Satz verschiebbar und dürfen nicht mit den Komponenten der zusammengesetzten subordinierenden Konjunktionen verwechselt werden. Die Korrelate stehen im übergeordneten Satz. Alle Teile der Konjunktion stehen an der Spitze des abhängigen Nebensatzes:

Der Beifall war *so* stark, daß das Stück wiederholt werden mußte.
(*so* = Korrelat)
Der Beifall war sehr stark, *so* daß das Stück wiederholt werden mußte.
(*so* = Teil der Konjunktion)

3. Zusammengesetzte subordinierende Konjunktionen

Unter zusammengesetzten (unmittelbar nebeneinanderstehenden) subordinierenden Konjunktionen werden solche Konjunktionen verstanden, deren beide Komponenten in der Regel nicht trennbar sind. Eine Trennung ist nur möglich

(1) durch ein Korrelat:

Er erlaubt sich ein Urteil, *ohne* daß er die Literatur gründlich kennt.
Er erlaubt sich ein Urteil *ohne die Tatsache,* daß er die Literatur gründlich kennt.

(2) durch Verwandlung der ersten Komponente zum Korrelat, jedoch unter Bedeutungsveränderung:

Er war krank, *so* daß er ins Krankenhaus eingeliefert werden mußte.
Er war *so* krank, daß er ins Krankenhaus eingeliefert werden mußte.

2.2. Koordinierende Konjunktionen

2.2.1. Arten der Nebenordnung

Die koordinierenden Konjunktionen verbinden Hauptsätze, Nebensätze gleichen Grades oder Satzglieder.

1. Verbindung von Hauptsätzen

Wir sprechen dann von koordinierenden hauptsatzverbindenden Konjunktionen, wenn das finite Verb hinter der Konjunktion und dem ersten Satzglied steht. Sie füllen somit folgenden Rahmen:

Wir wollen spazierengehen, ... das Wetter ist schön. (denn)

Diese Position unterscheidet die koordinierenden Konjunktionen von den Adverbien, auch von den „Konjunktionaladverbien", die die gleiche satzverbindende Funktion wie die Konjunktionen haben, aber Satzglieder sind.

Wir unterscheiden solche koordinierende Konjunktionen, die nur Hauptsätze verbinden, von anderen, die daneben auch andere Funktionen und Positionen (die von Adverbien und Partikeln) haben können:

Gruppe I: Nur als Konjunktion werden verwendet: *bzw., d.h., denn, oder, und*

Wir gehen fort, *und* ihr bleibt zu Hause.

Gruppe II: Als Konjunktion und als Adverb: *doch*

Wir wollten ins Kino gehen, *doch* wir bekamen keine Karten mehr.
Wir wollten ins Kino gehen, *doch* bekamen wir keine Karten mehr.

Gruppe III: Als Konjunktion, Adverb und Partikel: *aber, allein*

Wir gehen fort, *aber* ihr bleibt zu Hause.
Wir gehen fort, ihr bleibt *aber* zu Hause.
Wir gehen fort, ihr *aber* bleibt zu Hause.

Gruppe IV: In dieser Gruppe sind alle Möglichkeiten kombiniert: *jedoch*.

Wir gehen fort, *jedoch* ihr bleibt zu Hause.
Wir gehen fort, *jedoch* sind wir bald wieder zu Hause.
Wir gehen fort, ihr bleibt *jedoch* zu Hause.
Wir gehen fort, ihr *jedoch* bleibt zu Hause.

2. Verbindung von Satzgliedern
Alle koordinierenden hauptsatzverbindenden Konjunktionen außer *denn* verbinden auch Satzglieder:

Er *oder* sie sollte kommen.

3. Verbindung von Nebensätzen gleichen Grades
Alle koordinierenden hauptsatzverbindenden Konjunktionen außer *denn* können Nebensätze gleichen Grades verbinden:

Er wußte, daß sie gut vorbereitet war *und* daß sie keine Angst vor der Prüfung hatte.

Anmerkung:
Die zweite subordinierende Konjunktion kann eliminiert werden.

Er weiß, daß er ihr viel geholfen hat und sie gut vorbereitet ist.

Ist das Subjekt in beiden Nebensätzen identisch, wird die subordinierende Konjunktion meist nur gemeinsam mit dem Subjekt weggelassen:

Er wußte, daß sie gut vorbereitet war und keine Angst vor der Prüfung hatte.

2.2.2.
Aufgaben der koordinierenden Konjunktionen

Die koordinierenden Konjunktionen stellen nicht nur eine syntaktische Beziehung her, sondern sie setzen auch die verbundenen Teile in ein bestimmtes semantisches Verhältnis zueinander.

1. Die koordinierenden Konjunktionen setzen voneinander unabhängige Hauptsätze in bestimmte semantische (kausale, kopulative, restriktive u. a.) Beziehung zueinander:

Wir gehen fort. Das Wetter ist schön.
→ Wir gehen fort, denn das Wetter ist schön.

Hier entsteht z. B. ein kausales Verhältnis.

2. Die koordinierenden Konjunktionen verkürzen die verbundenen Hauptsätze, indem sie identische Satzglieder zusammenfassen:

Er geht spazieren. Er geht ins Kino.
→ Er geht spazieren und ins Kino.
Er geht spazieren. Sie geht spazieren.
→ Er und sie gehen spazieren.

3. Die koordinierenden Konjunktionen ermöglichen es, daß man Nebensätze gleichen Grades (auch verkürzend) aneinanderreiht:

Er hat gelesen, daß dieses Volk eine hohe Kulturstufe hatte.
Er hat gelesen, daß dieses Volk eine der ältesten Schriftsprachen hatte.
→ Er hat gelesen, daß dieses Volk eine hohe Kulturstufe und eine der ältesten Schriftsprachen hatte.

2.3. Semantische Gruppen[1]

	Subordinierende Konjunktionen	Koordinierende Konjunktionen
Adversativ	während	aber
		allein
		doch
		jedoch
		sondern
Alternativ	–	oder
		entweder... oder
		beziehungsweise
Ersatz	als daß	–
	(an)statt daß/(an)statt ... zu	
	ehe	
Final	außer um ... zu	–
	damit/um ... zu	
	daß	
Kausal	„umso"... als	denn
	da	
	umsomehr als	
	umsoweniger als	
	weil	
	zumal	

---

[1] Die in der folgenden Liste in Redezeichen eingeschlossenen Wörter vor der Konjunktion sind obl. Korrelate zu den subordinierenden Konjunktionen im übergeordneten Satz. In Redezeichen eingeschlossene Wörter hinter einer subordinierenden Konjunktion sind obl. auftretende Partikeln.

	Subordinierende Konjunktionen	Koordinierende Konjunktionen
Konditional	außer wenn falls sofern wenn	–
–, Wunsch	wenn... „doch/nur"	–
Konsekutiv	„zu"...als daß/um...zu so daß/„so"...daß	–
–, negativ	ohne daß/ohne...zu	–
Konzessiv	obwohl soviel... „auch" trotzdem wenn auch... so doch wie auch	ob... oder
Kopulativ	sowie	und
Modal, fehlender Begleitumstand	ohne daß/ohne...zu	–
–, Instrumental	indem „dadurch"...daß	–
–, Komparativ – realer Vergleich	als wie „so"...wie	–
–, Komparativ – irrealer Vergleich	als als ob als wenn wie wenn	–
–, Proportional	je je...desto/umso je nachdem	–
–, Restriktiv	außer daß außer um...zu außer wenn nur daß soviel soweit	aber
–, Spezifizierung	„insofern"...als „damit"...daß insofern (als) insoweit (als)	das heißt
–, steigernde Wiederholung	–	und
Temporal, Gleichzeitigkeit	als seit(dem) solange	–

	Subordinierende Konjunktionen	Koordinierende Konjunktionen
	sooft	
	während	
	wenn	
	„solange"... wie	
–, Nachzeitigkeit	bevor	–
	bis	
	ehe	
–, Vorzeitigkeit	als	–
	kaum daß	
	nachdem	
	seit(dem)	
	sobald	
	sowie	
	wenn	

Funktionswörter 3

(Adverbähnliche Wörter)

1.
Partikeln

Die Partikeln stellen im Deutschen eine relativ geschlossene Klasse dar, die etwa 40 Wörter umfaßt, die weder deklinierbar noch konjugierbar oder komparierbar sind.

1.1.
Abgrenzung von anderen Wortklassen

Im Unterschied zu den *Adverbien* haben die Partikeln keinen Satzgliedcharakter, sondern sind immer nur zusammen mit ihrem Bezugswort im Satz verschiebbar:

Partikel
Ziemlich gut hat er die Prüfung bestanden.

Adverb
Diesmal hat er die Prüfung gut bestanden.

Im Unterschied zu den *Modalwörtern* beziehen sich die Partikeln niemals auf den ganzen Satz (auf die Prädikation), sondern immer nur auf ein einzelnes Wort, mit dem zusammen sie im Satz verschiebbar sind.

Modalwort
Das Wetter wird *vermutlich* warm.
Vermutlich wird das Wetter warm.

Partikel
Das Wetter wird *sehr* warm.
*Sehr wird das Wetter warm.

Anmerkung:
Modalwörter, Adverbien und Partikeln unterscheiden sich dadurch, daß Modalwörter auf Entscheidungsfragen, Adverbien auf Ergänzungsfragen, Partikeln auf überhaupt keine Fragen antworten können:

Entscheidungsfrage
Kommt er heute?   Vermutlich.   *Spät.   *Nur.

Ergänzungsfrage
Wann kommt er heute?   *Vermutlich.   Spät.   *Nur.

In diesem verschiedenen Verhalten spiegelt sich die Tatsache, daß Adverbien Satzglieder, Partikeln weniger als Satzglieder und Modalwörter – in der zugrunde liegenden Struktur – mehr als Satzglieder (Sätze über Sätze) sind.

Im Unterschied zu den *Konjunktionen* beeinflussen die Partikeln die Satzgliedstellung nicht; es kommt allerdings vor, daß manche Wörter sowohl als Konjunktionen als auch als Partikeln (mit Bedeutungsunterschied) verwendet werden:

Partikel
Was macht er *denn*?

Konjunktion
Er kommt nicht, *denn* er ist krank.

1.2. Wesen der Partikeln

Unter *syntaktischem* Aspekt sind die Partikeln eine Wortklasse, deren Elemente kein Satzglied darstellen, sich nicht auf den ganzen Satz, sondern nur auf ein Wort beziehen und niemals allein, sondern nur zusammen mit ihrem Beziehungswort im Satz verschiebbar sind.
Die Partikeln sind – im Unterschied zu den Adverbialbestimmungen – nicht fähig, die erste Stelle im Satz (vor dem finiten Verb) allein auszufüllen. Sie haben eher attributiven Charakter, unterscheiden sich von den Attributen aber dadurch, daß sie nicht auf (sprachliche) Prädikationen zurückführbar sind.
Unter *semantischem* Aspekt sind die Partikeln eine Wortklasse, die ein Wort im Satz näher bestimmen, abtönen, spezifizieren oder graduieren.
Auch wenn der semantische Gehalt vieler Partikeln minimal ist, können sie nach bestimmten semantischen Merkmalen klassifiziert werden. Dabei sind objektive und subjektive Merkmale zu unterscheiden. Objektive Merkmale sind solche, die das Geschehen selbst abtönen oder modifizieren, subjektive Merkmale solche, die eine gefühlsmäßige Anteilnahme des Sprechers an dem Geschehen erkennen lassen.

1.3. Semantische Subklassen der Partikeln

Folgende semantische Klassen ergeben sich

1. nach objektiven Merkmalen:

(1) Bestätigung und Identifizierung
also, auch, denn, doch, eben, gerade, ja, nun, schon, zwar

(2) Einschränkung und Begrenzung
aber, allein, beinahe, bloß, erst, etwa, fast, ganz, ja, nahezu, noch, nur, selbst, ziemlich

(3) Verstärkung und Steigerung
aber, auch, bereits, besonders, bloß, denn, doch, durchaus, etwa, ganz, gar, gerade, geradezu, höchst, immer, mal, noch, schon, sehr, selbst, so, sogar, überaus, überhaupt, viel, weit, weitaus, zu

(4) Hervorhebung
besonders, doch, eben, erst, gerade, ja, nur, zumal

(5) Abschwächung
etwas, ganz, nicht eben, nicht einmal, nicht gerade, recht, schon, zwar

(6) Verallgemeinerung
auch, ganz und gar, immer, nur, überhaupt

(7) Zeitverhältnisse
bereits, erst, noch, schon

(8) Zusatz und Hinzufügung
auch, beispielsweise, noch, so, überhaupt

2. nach subjektiven Merkmalen:

(1) Sorge und Zweifel (in der Frage)
auch, bloß, doch, nicht, überhaupt

(2) Erstaunen, Entrüstung, Ärger
aber, doch, ja

(3) Wunsch und Aufforderung
doch, erst, ja, nur, schon

(4) Subjektive Anteilnahme allgemeiner Art
denn, gar, nur

(5) Fehlende subjektive Anteilnahme, Interesselosigkeit
eben, nur

2.
Modalwörter

2.1.
Abgrenzung vom Adverb

Die Modalwörter unterscheiden sich morphologisch und in der Stellung nicht von den Adverbien:

Adverb

Er kommt *pünktlich* zur Schule.

Modalwort

Er kommt *vermutlich* zur Schule.

Deshalb gibt es deutsche Sätze, die – entsprechend der Interpretation als Adverb oder als Modalwort – verschieden verstanden werden können:

(1) Er spricht *bestimmt* mit ihm.

Satz (1) erlaubt eine Interpretation (1a) als Adverb (= *nachdrücklich, eindringlich*) oder eine Interpretation (1b) als Modalwort (= *ohne Zweifel, sicherlich*):

(1a) Art und Weise des Sprechens   (objektiv).
(1b) Aussage des Sprechers über das Sprechen   (subjektiv).

Diesem Bedeutungsunterschied entsprechen folgende syntaktische Merkmale, durch die sich die Modalwörter von den Adverbien unterscheiden:

1. Im Unterschied zu den modalen Adverbien lassen sich die Modalwörter transformieren in einen übergeordneten Hauptsatz:

Er kommt *vermutlich*.
← Man vermutet (es ist vermutlich so), daß er kommt.
Er kommt *pünktlich*.
← *Es ist pünktlich, daß er kommt.

Auf diese Weise wird deutlich, daß die Modalwörter im Grunde Satzcharakter haben, weil sie als beurteilende Hauptsätze das im Nebensatz ausgedrückte Geschehen einschätzen, bewerten usw.

2. Bei einer Entscheidungsfrage ist es möglich, allein mit dem Modalwort zu antworten; es ist jedoch nicht möglich, allein mit einem modalen Adverb zu antworten:

Er kommt *vermutlich*. Kommt er? *Vermutlich*.
Er kommt *pünktlich*. Kommt er? **Pünktlich*.

3. Dieser tiefer liegende Unterschied spiegelt sich im aktualen Satz in einer verschiedenen Stellung des Negationswortes *nicht;* es steht immer *vor* dem modalen Adverb, aber *nach* dem Modalwort:

Er kommt *nicht* pünktlich.
Er kommt vermutlich *nicht*.

Durch die Negation lassen sich auch mehrdeutige Sätze – wie (1) – eindeutig machen:

(1a) Er spricht *nicht* bestimmt mit ihm.
(1b) Er spricht bestimmt *nicht* mit ihm.

2.2.
Wesen der Modalwörter

Die Modalwörter bezeichnen nicht das objektive Merkmal des Geschehens (wie die Adverbien), sondern drücken die subjektive Einschätzung des Geschehens durch den Sprechenden aus. Die Stellungnahme des Sprechenden zur Aussage kann entweder modaler oder emotionaler Art sein. Unter Modalität ist die Einschätzung einer Aussage hinsichtlich des Realitätsgrades zu verstehen; Emotionalität ist eine gefühlsmäßige Einstellung, die unter Umständen zusätzlich zur Modalität hinzutreten kann.

2.3.
Semantische Subklassen der Modalwörter

Vom Wesen der Modalwörter her lassen sich folgende semantische Klassen der Modalwörter unterscheiden:

1. Modalwörter als Ausdruck der Beurteilung der Realität der betreffenden Aussage durch den Sprecher (Modalität)

(1) Bestätigung oder Verstärkung des Inhalts der Aussage:
begreiflicherweise, bestimmt, gewiß, natürlich, selbstredend, selbstverständlich, sicher, sicherlich, tatsächlich, unbedingt, unstreitig, unzweifelhaft, wahrhaftig, wahrlich, wirklich, zweifellos, zweifelsohne

(2) Einschränkung oder Herabsetzung des Inhalts der Aussage:
allerdings, eigentlich, freilich

(3) Vermutung oder Zweifel des Sprechers am Inhalt der Aussage
(a) Vermutung, die durch Berufung auf einen offensichtlichen äußeren Tatbestand begründet wird:
anscheinend, augenscheinlich, offenbar, offenkundig, offensichtlich, scheinbar
(b) Vorsichtiger bis starker Zweifel, der vom Sprecher selbst begründet wird:
wohl, vielleicht, vermutlich, möglicherweise, mutmaßlich, wahrscheinlich, womöglich, schwerlich, kaum
(c) Zweifel, der durch Distanzierung des Sprechers von der Aussage eines anderen (entweder des syntaktischen Subjekts oder einer dritten Person) begründet wird:
angeblich, vorgeblich

(4) Verstärkung der Verneinung der Aussage
mitnichten, keinesfalls, keineswegs

2. Modalwörter als Ausdruck des gefühlsmäßigen Verhältnisses des Sprechers zur Aussage (Emotionalität)

(1) Positive Emotionen (Befriedigung, Erleichterung)
erstaunlicherweise, glücklicherweise, gottlob, hoffentlich, lieber

(2) Negative Emotionen (Bedauern):
bedauerlicherweise, leider, unglücklicherweise

3.
Negationswörter

3.1.
Syntaktische Beschreibung

Zu den Negationswörtern im Deutschen gehören: *nicht, nichts, nie, niemals, niemand, nirgends, nirgendwo, kein, nirgendwohin, nirgendwoher, keinesfalls, keineswegs, nein, weder ... noch.*
Von ihnen sind die meisten unflektierbar. Nur *niemand* und *kein* haben einen ausgeprägteren Formenbestand.
Auf Grund ihrer verschiedenen Position im Satz müssen die Negationswörter im Deutschen unterschiedlichen Wortklassen zugeordnet werden:

(1) ... kommt.	*keiner, niemand, nichts*
(2) Er läuft ...	*nie, niemals, nirgends, nirgendwo, nicht, nirgendwohin, keinesfalls, keineswegs*
(3) Er liest ... Buch.	*kein*
(4) Kommt er? ..., er kommt nicht.	*nein*
(5) ... ein Schüler war krank.	*nicht*
(6) Er ist ... dumm ... faul.	*weder – noch*

Nicht nur die Negationswörter insgesamt, sondern auch einzelne Negationswörter gehören verschiedenen syntaktischen Klassen an. Von einer eindeutigen Zuordnung zu einer bestimmten Wortklasse kann man sprechen bei *nie, niemals, nirgends, nirgendwo, nirgendwohin, nirgendwoher* (Adverb), bei *niemand* und *nichts* (substantivisches Pronomen), bei *nein* (Satzäquivalent), bei *keineswegs* und *keinesfalls* (Modalwort) und bei *weder ... noch* (Konjunktion). Die restlichen Negationswörter können – je nach ihrem Kontext – in verschiedene Wortklassen eingehen: *Kein* kann als substantivisches Pronomen oder als Artikelwort auftreten; *nicht* ist entweder Adverb oder Partikel.

3.2.
Semantische Beschreibung

1. Das gemeinsame semantische Kennzeichen *aller* Negationswörter besteht darin, daß sie die verneinende Einstellung des Sprechenden zum Inhalt seiner Aussage ausdrücken. Es kann jedoch durch die Negationswörter der gesamte Satzinhalt (Satznegation, totale Negation) oder auch nur ein Teil des Satzes – etwa ein Wort oder eine Wortgruppe – verneint werden (Sondernegation, partielle Negation):

Satznegation
Er kommt heute *nicht.*

Sondernegation
Er kommt *nicht* heute, sondern morgen.

2. Die einzelnen Negationswörter unterscheiden sich nicht nur hinsichtlich ihrer Zugehörigkeit zu verschiedenen syntaktischen Klassen, sondern auch durch ihre eigene Semantik:

nichts	− Mensch
niemand	+ Mensch
kein	± Mensch
nie	+ Zeit
niemals	+ Zeit
nirgends	+ Ort
nirgendwo	+ Ort
nirgendwohin	+ Richtung, + sprecherabgewandt
nirgendwoher	+ Richtung, + sprecherzugewandt
keinesfalls	+ Art und Weise
keineswegs	+ Art und Weise

Anmerkung:
Die zur Wortklasse der Substantivwörter gehörenden Negationswörter unterscheiden sich auch in ihrer Gebundenheit an ein Genus: *nichts* ist als (+ Neutr), *niemand* als (+ Mask) und *keiner* als (Mask/Neutr/Fem) zu charakterisieren:

Nichts, *was* er sagte, überzeugte sie.
Niemand, *der* im Zimmer war, hat es gehört.
Keiner, *der* (keine, *die* ...; keines, *das* ...) im Zimmer war, hat es gehört.

3. Die meisten Negationswörter im Deutschen entstehen durch die Kombination des Negationselements mit dem entsprechenden positiven Wort:

neg + ein	→	kein
Er ißt *einen* Apfel.	→	Er ißt *keinen* Apfel.
neg + Nullartikel	→	kein
Er ißt Butter.	→	Er ißt *keine* Butter.
neg + jemand	→	niemand (Person)
Er sieht *jemanden*.	→	Er sieht *niemanden*.
neg + etwas	→	nichts (Sache)
Er ißt *etwas*.	→	Er ißt *nichts*.
neg + irgendwo	→	nirgendwo, nirgends (Ort)
Er findet den Bleistift *irgendwo*.	→	Er findet den Bleistift *nirgendwo/nirgends*.
neg + irgendwann	→	nie, niemals (Zeit)
Er besucht uns *irgendwann*.	→	Er besucht uns *nie/niemals*.

neg + irgendwoher	→	nirgendwoher (Richtung zum Sprecher hin)
Er kommt *irgendwoher*.	→	Er kommt *nirgendwoher*.
neg + irgendwohin	→	nirgendwohin (Richtung vom Sprecher weg)
Er geht *irgendwohin*.	→	Er geht *nirgendwohin*.

3.3. Besonderheiten

3.3.1. Stellung des Negationswortes *nicht*

1. Die Stellung des Negationswortes *nicht* ist im Deutschen nicht völlig frei und auch nicht bloß von rhythmischen Gründen abhängig. Es gibt eine Menge von Fällen, in denen bestimmte Positionen für die Negation unzulässig sind. Auch wenn im konkreten Satz – unter ganz bestimmten Bedingungen – Satz- und Sondernegation zusammenfallen, bleibt ein Unterschied, weil in vielen Fällen beide Arten der Negation sowohl in der Bedeutung als auch in der Stellung unterschieden werden müssen.

Die *Satznegation* trifft immer die gesamte Prädikation (d.h. die Zuordnung von Subjekt und Prädikat); wird das finite Verb verneint, so wird zugleich der gesamte Satz verneint. Im Gegensatz zur Satznegation trifft die *Sondernegation* niemals den ganzen Satz, sondern nur Teile des Satzes: Sie hat deshalb eher attributive Funktion und eine unmittelbare Beziehung auf das verneinte Glied. Die Sondernegation trifft teils ganze Satzglieder (1), teils Wörter, die nur Teile von Satzgliedern sind (2), vereinzelt sogar Teile von Wörtern (3):

(1) Er kommt nicht *am Abend*, sondern erst *am Morgen*.
(2) Er traf sie nicht *vor*, sondern *nach* der Vorstellung.
(3) Sie haben das Auto nicht *be-*, sondern *ent*laden.

Je nach der Art der Negation (Satznegation oder Sondernegation verschiedener Glieder) unterscheidet sich die Bedeutung:

(4) *Nicht* alle Studenten waren verheiratet.
(5) Alle Studenten waren *nicht* verheiratet.

Im Falle einer normalen Intonation (keine Hervorhebung eines bestimmten Gliedes) handelt es sich bei (4) um eine Sondernegation des Artikelwortes (gemeint ist: nicht alle, aber die meisten), bei (5) um eine Satznegation (die gesamte Prädikation wird verneint). Diese verschiedene Bedeutung wird jeweils durch eine besondere Stellung signalisiert. Vor allem das Negationswort *nicht* kann durch seine Stellung die Bedeutung des Satzes vielfach variieren und unterliegt deshalb komplizierteren Stellungsregeln. Die genannten Regularitäten für (4) und (5) gelten jedoch nur für die normale Intonation; sie können durch besondere Hervorhebung einzelner Glieder wie folgt modifiziert werden:

(5) Alle Studenten waren nicht verheiratet.
    (= Satznegation, 100 % der Studenten)
(5a) *A*lle Studenten waren n*i*cht verheiratet.
    (= Sondernegation, etwa 90 % der Studenten)

Durch die veränderte Intonation nimmt (5a) die Bedeutung von (4) an. Die intonatorische Hervorhebung des Negationswortes *nicht* und des von ihr betroffenen Gliedes – wie in (5a) – bedeutet somit keine Verstärkung der Negation, sondern eine inhaltliche Einschränkung (von der Satz- zur Sondernegation).

2. Da die Bedeutung bei Satz- und Sondernegation meist verschieden ist, unterscheidet sich in der Grundstruktur die Satznegation von den verschiedenen möglichen Sondernegationen; beide fallen aber in den konkreten Sätzen unter bestimmten Bedingungen positionell zusammen. Deshalb gibt es einerseits aktuale Sätze mit einer doppelten Interpretation (als Satz- und als Sondernegation):

Er legt das Buch *nicht* auf den Tisch.

Andererseits kann die gleiche Satznegation manchmal im konkreten Satz verschieden realisiert werden:

Ich traf ihn *nicht* im Café.
Ich traf ihn im Café *nicht*.

3. Damit im Zusammenhang steht die Rolle des Kontextes und der Intonation:

(6) Der Vorhang fiel zwischen den Akten *nicht*.
(7) Der Vorhang fiel *nicht* zwischen den Akten.
(8) Er wollte sich im Harz *nicht* erholen.
(9) Er wollte sich *nicht* im Harz erholen.

Während (6) und (8) eindeutig als Satznegation interpretiert werden, enthalten Satz (7) und (9) eine Satznegation nur bei normaler Intonation, bei intonatorischer Hervorhebung der Präpositionalgruppe jedoch eine Sondernegation. Wenn also Satz- und Sondernegation positionell zusammenfallen, entscheidet die Intonation über ihre Differenzierung: Normale Intonation weist auf Satznegation, die Sondernegation dagegen fordert die intonatorische Hervorhebung des der Negation folgenden negierten Gliedes. Ebenso kann der Kontrast die Entscheidung zugunsten der Sondernegation treffen:

Er wollte sich *nicht* im Harz, sondern an der Ostsee erholen.

Die kontrastive Fortsetzung des Satzes ist jedoch für die Sondernegation nicht obligatorisch:

Er kommt oft *nicht*.
Er kommt *nicht* oft.

In den meisten Fällen erscheint allerdings eine kontrastive Fortsetzung des Satzes oder ein entsprechender Kontext (bzw. Situationszusammenhang). Oftmals wirken intonatorische Hervorhebung des der Negation folgenden negierten Gliedes und kontrastive Fortsetzung des Satzes – als die beiden Zeichen der Sondernegation – zusammen.

3.3.2. Verwendung von *kein* und *nicht*

1. Als Negation steht immer *kein*, wenn in dem nicht verneinten Satz der unbestimmte Artikel steht:

Er hat mir *ein* Buch gebracht.
→ Er hat mir *kein* Buch gebracht.

2. Als Negation steht in folgenden Fällen *kein*, wenn bei einem nicht verneinten Substantiv der Nullartikel steht:

(1) im Plural, wenn im Singular der unbestimmte Artikel steht:

Er hat Brüder.
→ Er hat *keine* Brüder.

(2) bei Stoffnamen im Singular, die eine unbestimmte Menge eines Stoffes bezeichnen, sowie bei Substantiven auf *-zeug, -werk* u.a.:

Er trank Bier.
→ Er trank *kein* Bier.

(3) in einigen festen Verbindungen:

Sie hatte Angst.   (= ängstigte sich)
→ Sie hatte *keine* Angst.

3. Als Negation steht in folgenden Fällen *nicht,* wenn im nicht verneinten Satz der Nullartikel steht:

(1) in einigen festen Verbindungen von Verb und Akkusativ ohne Objektscharakter, die nicht durch ein Verb ersetzt werden können:

Er kann Auto fahren.
→ Er kann *nicht* Auto fahren.

(2) bei geographischen Namen:

Er wohnt in Polen.
→ Er wohnt *nicht* in Polen.

(3) bei Berufsbezeichnungen nach einem Verb + *als*:

Sie arbeitet als Kontrolleurin.
→ Sie arbeitet *nicht* als Kontrolleurin.

4. Als Negation steht in folgenden Fällen *kein* oder *nicht,* wenn im nicht verneinten Satz der Nullartikel steht:

(1) bei Präpositionalgruppen (*nicht* steht vor der Präposition, *kein* zwischen Präposition und Substantiv):

Er geht in eine Oberschule.
→ Er geht *nicht* in eine Oberschule.
→ Er geht in *keine* Oberschule.

(2) in einigen festen Wendungen von *nehmen* + passivfähigem Akkusativ:

Er hat Rücksicht genommen.
→ Er hat *nicht* Rücksicht genommen.
→ Er hat *keine* Rücksicht genommen.

3.3.3.
Negationsbedeutung ohne oder mit anderem Negationsträger

Zu den Konkurrenzformen der Negationswörter gehören solche, bei denen die Negation mit Hilfe anderer Mittel oder überhaupt nicht ausgedrückt ist:

1. Viele Adjektive erhalten eine Sondernegation nicht nur durch *nicht*, sondern auch durch das Präfix *un-*:

Das Buch ist *nicht* interessant.
→ Das Buch ist *un*interessant.

2. Ebenso nehmen manche Substantive das Präfix *un-* zu sich und erhalten damit eine Sondernegation:

*Un*anständigkeit, *Un*aufführbarkeit . . . . .

3. Eine Negation wird auch ausgedrückt durch das Element *miß-* bei Verben und Substantiven:

gefallen + neg → mißfallen
Erfolg   + neg → Mißerfolg

4. Auch einige fremde Präfixe (*a(n)-*, *des-*, *dis-*, *in-*) bewirken eine Negation bei Substantiven und Adjektiven:

grammatisch + neg → agrammatisch
Interesse   + neg → Desinteresse
Proportion + neg → Disproportion
konsequent + neg → inkonsequent

5. Auch einige Fügewörter gehören zu den Negationselementen im Deutschen, weil sie – ohne formalen Negationsträger – den von ihnen eingeleiteten Satz verneinen (= Satznegation):

Er kommt, *ohne daß* er grüßt/*ohne zu* grüßen.   (= Er grüßt *nicht*.)
Er arbeitet, *anstatt daß* er schläft/*anstatt zu* schlafen   (= Er schläft *nicht*.)

Das Wetter war zu heiß, *als daß* man hätte arbeiten können. (= Man konnte *nicht* arbeiten.)

6. Auch dann wird die Negation im Nebensatz nicht ausgedrückt, wenn im entsprechenden übergeordneten Satz Verben stehen, die bereits eine negative Aussage enthalten (*abraten, verhindern, vermeiden, verbieten, warnen, untersagen* u. a.):

Er untersagt ihr, in die Stadt zu fahren. (= Sie soll *nicht* in die Stadt fahren.)

7. Auch bei irrealen Konditional- und Wunschsätzen wird die Negation formal nicht signalisiert, obwohl sie inhaltlich ausgesagt ist:

Wenn das Wetter schön gewesen wäre, wären wir spazierengegangen. (= Das Wetter ist *nicht* schön gewesen.)
Wenn der Brief doch heute gekommen wäre! (= Der Brief ist heute *nicht* gekommen.)

3.3.4.
Negationsträger ohne Negationsbedeutung

Umgekehrt gibt es Fälle, bei denen in der aktualen Gestalt des Satzes ein – allerdings fakultatives – *nicht* stehen kann, ohne daß der Satz inhaltlich eine Negation ausdrückt:

1. Ausrufesätze:

Was weiß er *nicht* alles! (= Was weiß er alles! Er weiß alles.)

2. Fragesätze:

Kannst du mir *nicht* helfen? (= Kannst du mir helfen? Du kannst mir helfen.)

3. die mehrteilige Konjunktion *nicht nur ... sondern auch*:

Er kämpft *nicht nur* für den Frieden, *sondern auch* für den Sozialismus. (= Er kämpft für den Frieden und für den Sozialismus.)

Im Unterschied zu 1. und 2. ist *nicht* jedoch hier obligatorisch.

3.3.5.
Doppelte Negation

Enthält ein Satz bereits ein Negationswort – sei es ein Pronomen (*keiner, niemand, nichts*) oder ein Adverb (*nie, nirgends, nirgendwohin*) –, so ist ein zusätzliches Auftreten von *nicht* ausgeschlossen.
Eine doppelte Negation ist in der deutschen Gegenwartssprache nicht zulässig, es sei denn als besonderes Stilmittel zur vorsichtigen Bejahung (nur in der Koppelung *nicht – un-* und in der Koppelung *nicht ohne*):

Er liest ein *nicht un*interessantes Buch. (= ein ziemlich interessantes Buch)
Er hat die Ansprache *nicht ohne* Spannung verfolgt. (= mit Spannung)

Auch *kaum* und *nicht* schließen einander aus, da *kaum* eine negative Bedeutung hat:

*Er wird mich *kaum nicht* besuchen.

3.3.6.
Zu einzelnen Negationswörtern

(1) Die Verbindung *noch nicht* bezeichnet ein Geschehen, das bis in die Sprechergegenwart nicht eingetreten ist, die Verbindung *nicht mehr* umgekehrt ein Geschehen, das in der Vergangenheit bestand, aber in der Sprechergegenwart nicht mehr besteht:

Er ist *noch nicht* in der Schule.   (= Er war und ist nicht in der Schule, wird aber in die Schule kommen.)
Er ist *nicht mehr* in der Schule.   (= Er war in der Schule, ist aber nicht länger dort.)

(2) *sogar* + neg → *nicht einmal:*

Er ist *sogar* drei Wochen verreist.   (= Verstärkung, Steigerung)
Er ist *nicht einmal* drei Wochen verreist.   (= Abschwächung, Minderung)

(3) Die Verbindungen *noch nicht, noch immer nicht, immer noch nicht, noch lange nicht, noch gar nicht, nicht mehr* und *nicht einmal* werden nicht durch andere Wörter getrennt, wohl aber die Verbindung *kein ... mehr:*

Er ist *nicht mehr* Lehrer.
Er ist *kein* Lehrer *mehr*.

(4) Der Unterschied zwischen *nicht* (Partikel) und *nichts* (substantivisches Pronomen) wird deutlich durch eine verschiedene Substituierbarkeit:

(a) Er liest *nicht anders* als sein Freund.
(b) Er liest *nichts anderes* als sein Freund.

Das hervorgehobene Glied ist in (a) ersetzbar durch ein Adverb (z. B.: *nicht besser, nicht deutlicher*), in (b) durch ein Substantiv (z. B.: *nichts Besseres, kein anderes Buch*).

4.
Satzäquivalente

4.1.
Syntaktische Beschreibung

Als Satzäquivalente werden solche Wörter bezeichnet, die nicht Teil eines Satzes sind, sondern selbst Sätze darstellen.

1. Abgrenzung der Satzäquivalente von den Modalwörtern

Geht man allein von der Grundstruktur aus, so ergibt sich eine grundsätzliche Übereinstimmung zwischen Satzäquivalenten und Modalwörtern: Sowohl bei den Satzäquivalenten als auch bei den Modalwörtern handelt es sich um zugrunde liegende Sätze. Ein deutlicher Unterschied besteht dagegen in der syntaktischen Repräsentation beider Wortklassen: Die Satzäquivalente stehen außerhalb des Satzverbandes, die Modalwörter können dagegen im Satzverband als ein normales Stellungsglied auftreten. Man vergleiche:

Modalwort
Vielleicht kommt er.

Satzäquivalent
*Ja kommt er.
→ Ja, er kommt.

2. Abgrenzung der Satzäquivalente von den Imperativformen

Geht man allein von der syntaktischen Repräsentation aus, so muß man sowohl den Imperativformen als auch bestimmten imperativischen Ersatzformen den gleichen Satzcharakter wie den Satzäquivalenten zuerkennen. Der Unterschied wird erst deutlich, wenn man die Imperativformen auf ihre Grundstruktur zurückführt, wobei obligatorisch ein zusätzliches Subjekt auftritt:

Geh! ← Geh du!

4.2.
Semantische Beschreibung

Dem grundsätzlich gleichen syntaktischen Verhalten der Satzäquivalente entspricht nicht ein ebenso einheitlicher semantischer Charakter dieser Wörter. Auf Grund semantischer Besonderheiten ergeben sich folgende Gruppen:

1. Interjektionen
Die Interjektionen können nach dem subjektiven Kriterium der von ihnen ausgedrückten Gefühlswerte eingeteilt werden. Der Satzart nach repräsentieren die Interjektionen in der Regel Ausrufesätze, was

graphisch durch das Ausrufezeichen und intonatorisch durch eine stärkere Druckbetonung zum Ausdruck kommt.

(1) Interjektionen mit eindeutigem Gefühlsausdruck
heisa, hurra, juchhe (Freude); *äks, pfui, puh* (Ekel); *uh, hu(hu)* (Furcht); *au(a), (o)weh* (Schmerz); *ätsch* (Spott); *hoho, nanu* (Verwunderung)

(2) Interjektionen mit mehrdeutigem Gefühlsausdruck
ach (Bedauern, Schmerz, Sehnsucht, Verwunderung); *ah* (Bewunderung, Freude, Verwunderung); *hm* (Behagen, Nachdenken, Verwunderung, Zustimmung)

Anmerkung:
Eine besondere Gruppe bilden Interjektionen wie *heda, hallo, pst, ach* u. ä. Diese Interjektionen sind besondere Ausdrucksformen der Aufforderung.

2. ja, nein, doch

Die Satzäquivalente *ja, nein, doch* sind Antworten auf Entscheidungsfragen. Jedes dieser Elemente steht alternativ-obligatorisch zu dem den Inhalt der Frage wiederholenden Antwortsatz:

Stimulus: „Bist du bei ihm gewesen?"
Reaktion: (1) *„Ja."*
         (2) „Ich war dort."
         (3a) *„Ja*, ich war dort."

Bei (1) handelt es sich um die isolierte Stellung des Satzäquivalents, bei (3a) um die abgesonderte Stellung. Die Kombination (3a) ist in der Regel nur bei Hervorhebung üblich. Häufiger steht das Satzäquivalent in abgesonderter Stellung vor einer weiterführenden Aussage:

Reaktion: (3b) „Ja, aber ich habe ihn nicht angetroffen."

Für die Bedeutungsunterscheidung von *ja, nein* und *doch* gilt folgende Grundregel:
Durch *ja* wird die Bestätigung, durch *nein* die Ablehnung einer Entscheidungsfrage ohne Negationselement ausgedrückt; *nein* dient außerdem zur Bestätigung einer Entscheidungsfrage mit Negationselement, *doch* zur Ablehnung (d. h. Bejahung) derselben.

3. bitte, danke

bitte und *danke* als Satzäquivalente drücken entsprechend ihrer Entstehung aus Verbformen Bitte bzw. Dank aus. In dieser Bedeutung kann *bitte* auch eine höfliche Umschreibung von *ja, danke* eine höfliche Umschreibung von *nein* sein. Vielfach stehen *bitte* und *danke* jedoch als bloße Höflichkeitsformeln.
Das Verhalten von *bitte* und *danke* im konkreten Satz ist verschieden. Während *danke* nur als Sprecherreaktion auf eine Frage oder Aussage steht, kann *bitte* außerdem in Aufforderungen erscheinen. Als Sprecherreaktion treten *bitte* und *danke* häufig in isolierter Stellung

auf (1), *bitte* in Aufforderungen ist gewöhnlich nur in abgesonderter Stellung möglich (2).

(1) Stimulus: „Ich danke Ihnen für Ihre Bemühungen."
Reaktion: „*Bitte* (, gern geschehen)."

Stimulus: „Ich habe das Buch für Sie mitgebracht."
Reaktion: „*Danke* (, das war sehr nett von Ihnen)."

Stimulus: „Möchten Sie noch eine Tasse Tee?"
Reaktion: „*Bitte* (, aber nur halb voll)." (= Ja.)
„*Danke* (, ich möchte nicht mehr)." (= Nein).

Stimulus: „Darf ich hier Platz nehmen?"
Reaktion: „*Bitte* (, der Platz ist noch frei)." (= Ja.)
„Nein (, der Platz ist besetzt)."

(2) Stimulus: „*Bitte*, treten Sie ein!"
„*Bitte*, nehmen Sie Platz!"

Der Satz

Satzglieder

Die Umstellprobe und die Ersatzprobe zeigen, daß es neben den Wortklassen noch eine weitere Ebene in der Grammatik gibt, die zwischen Wort und Satz liegt: die *Satzglieder*.

Er legt das Buch *auf den Tisch*.

Umstellprobe

Auf den Tisch legt er das Buch.

Ersatzprobe

Dorthin legt er das Buch.

Dieses Beispiel läßt deutlich werden, daß ein Satzglied entweder aus einem Wort oder aus mehreren Wörtern bestehen kann, daß dasselbe Satzglied durch verschiedene Wortklassen repräsentiert werden kann. Die Satzglieder lassen sich im Hauptsatz (Aussagesatz) um das finite Verb (2. Position) herum bewegen:

Er   *liest*   gern Romane.
Gern   *liest*   er Romane.
Romane   *liest*   er gern.

Die Satzglieder werden durch folgende Faktoren charakterisiert:

1. ihre Abhängigkeitsstruktur;
2. die Substitutionsmöglichkeiten, d. h. die morphologisch-syntaktischen Stellungsglieder, durch die sie repräsentiert werden können;
3. die Transformationsmöglichkeiten;
4. ihre Valenzeigenschaften, d. h. ihr obligatorisches, fakultatives oder freies Auftreten.

Nach diesen Kriterien werden folgende Satzglieder unterschieden, die hier nur nach ihren wichtigsten differenzierenden Eigenschaften beschrieben werden.

1.
Prädikat

1.1. Finites Verb

Das finite Verb ist dasjenige Satzglied, das eine feste Position im Satz einnimmt und um das herum im Hauptsatz (Aussagesatz) sich die anderen Satzglieder bewegen.
Am finiten Verb können Veränderungen vorgenommen werden im Tempus (1), im Genus (2), im Modus (3) und in der Modalität (4):

(1) Er *liest* ein Buch.
 → Er *hat* ein Buch *gelesen*.
(2) Er *liest* ein Buch.
 → Ein Buch *wird* von ihm *gelesen*.
(3) Er *kam* pünktlich.
 → Er *käme* pünktlich.
(4) Er *liest* ein Buch.
 → Er *möchte* ein Buch *lesen*.

1.2. Grammatischer Prädikatsteil

In bestimmten Konstruktionen (z. B. Perfekt, Passiv, unpersönlich-reflexive Formen) besteht das Prädikat aus zwei oder mehr Teilen. Der nicht-finite, aber verbale Teil des Prädikats wird als grammatischer Prädikatsteil bezeichnet.
Als grammatischer Prädikatsteil können auftreten:

(1) Infinitiv des Verbs

Er will das Buch *lesen*.

(2) Partizip des Verbs

Er hat das Buch *gelesen*.

(3) Reflexivpronomen *sich*

Das Buch liest *sich* spannend.

Die zusammengesetzten Tempus- (1) und Genusformen (2) ebenso wie die abgeleiteten Formen des Modus (3) und der Modalität (4) lassen sich auf die einfachen Grundformen zurückführen; die Beispiele dazu vgl. unter 1.1.

1.3. Lexikalisch-idiomatischer Prädikatsteil

Als lexikalisch-idiomatischer Prädikatsteil wird der nicht-finite Teil des Prädikats bezeichnet, der aus lexikalischen, phraseologischen oder Wortbildungsgründen steht.

Als lexikalisch-idiomatischer Prädikatsteil treten auf:

(1) Substantiv

Er fährt *Auto*.

(2) Präfix und Adverb

Das kommt ihm überzeugend *vor*.
Sie geht ins Haus *hinein*.

(3) Adjektiv

Wir essen uns *satt*.

(4) Infinitiv des Verbs

Sie lernten sich *kennen*.

1.4.
Prädikativ (= Subjektsprädikativ)

Das Prädikativ ist ein nicht-finiter und nicht-verbaler Teil eines mehrgliedrigen Prädikats bei *sein*-Verben, der sich auf das Subjekt bezieht. Dieses Prädikativ kann erscheinen als:

(1) Substantiv (oder substantivisches Pronomen) im Nominativ

Er ist *Student*.

(2) Adjektiv (oder Partizip)

Seine Tochter ist *begabt*.

(3) Präposition + Substantiv

Diese Frage ist *von Bedeutung*.

(4) (Präposition +) Adverb

Diese Zeitung ist *von heute*.
Der Lehrer ist *dort*.

Das Prädikativ beim Verb *sein* kann in ein Attribut transformiert werden:

(1) Hans ist *Student*.
 → der Student Hans
(2) Der Lehrer ist *begabt*.
 → der begabte Lehrer
(3) Das Problem ist *von Bedeutung*.
 → das Problem von Bedeutung
(4) Die Zeitung ist *von heute*.
 → die Zeitung von heute

1.5. Objektsprädikativ

Das Objektsprädikativ ist ein nicht-verbaler Teil des Prädikats bei Verben wie *nennen, finden, halten für, bezeichnen als* u. a., der sich auf das Objekt bezieht.
Als Objektsprädikativ können auftreten:

(1) Substantiv (oder substantivisches Pronomen) im Akkusativ

Der Trainer nennt den Sportler einen Meisterschaftsanwärter.

(2) (Präposition +) Adjektiv (oder Partizip)

Er findet sie liebenswert.
Ich halte seine Worte für wichtig.

(3) Präposition + Substantiv

Alle finden es in Ordnung.

(4) Adverb

Man nennt ihn so.

Das Objektsprädikativ wird bei der Passivtransformation zum Subjektsprädikativ:

Er nennt sie ein Vorbild.
→ *Ein Vorbild wird sie von ihm genannt.*

2. Subjekt

Als Subjekt erscheinen Substantive oder substantivische Pronomina im Nominativ:

Der Arbeiter (er) liest ein Buch.

Für die Formen des Substantivs als Subjekt sind zwei Transformationen charakteristisch:

(1) Durch eine Nominalisierung wird das substantivische Subjekt zum Genitivattribut:

Der Arbeiter liest.
→ *das Lesen des Arbeiters*

(2) Im Passiv wird das substantivische Subjekt zum Präpositionalobjekt (mit *von* oder *durch*):

Der Arbeiter liest das Buch.
→ *Das Buch wird von dem Arbeiter gelesen.*

Dem entsprechen zwei Transformationen für das substantivische Pronomen als Subjekt:

(3) Durch eine Nominalisierung wird das substantivische Pronomen zum Possessivpronomen:

Er liest.
→ *sein* Lesen

(4) Im Passiv verhält sich das substantivische Pronomen wie das Substantiv als Subjekt (vgl. (2)):

Er liest das Buch.
→ Das Buch wird *von ihm* gelesen.

3.
Objekt

3.1.
Allgemeines

Folgende Arten von Objekten werden unterschieden:

Akkusativobjekt – Dativobjekt – Genitivobjekt – Präpositionalobjekt

Als Objekte erscheinen Substantive oder substantivische Pronomina im Akkusativ, Dativ, Genitiv oder mit Präposition:

Das Mädchen liest *ein Buch* (*es*).
Er hilft *seinem Freund* (*ihm*).
Der Ausländer erinnert sich *seines Freundes* (*seiner*).
Der Vater denkt *an seine Kinder* (*an sie*).

Die Objekte sind entweder obligatorisch (1) oder fakultativ (2):

(1) Er zeigt ihm *den Weg*.
 → *Er zeigt ihm.
(2) Er liest *ein Buch*.
 → Er liest.

3.2.
Akkusativobjekt

Das Akkusativobjekt wird im Passiv zum Nominativsubjekt des passiven Satzes:

Er liest *das Buch*.
→ *Das Buch* wird von ihm gelesen.

Das Akkusativobjekt wird durch eine Nominalisierung zum Genitivattribut:

Er liest *das Buch*.
→ das Lesen *des Buches*

3.3. Dativobjekt

Das Dativobjekt bleibt von der Passivtransformation unberührt:

Er hilft *seinem Freund*.
→ *Seinem Freund* wird geholfen.

Das Dativobjekt wird durch eine Nominalisierung zum präpositionalen Attribut:

Er hilft *dem Freund*.
→ seine Hilfe *für den Freund*

3.4. Genitivobjekt

Das Genitivobjekt bleibt von der Passivtransformation unberührt:

Die Bevölkerung gedachte *der Befreiungskämpfer*.
→ *Der Befreiungskämpfer* wurde gedacht.

Das Genitivobjekt wird durch eine Nominalisierung zum präpositionalen Attribut:

Sie erinnern sich *des Befreiungstages*.
→ ihre Erinnerung *an den Befreiungstag*

Das Genitivobjekt wird häufig in ein Präpositionalobjekt transformiert:

Er erinnert sich *seines Freundes*.
→ Er erinnert sich *an seinen Freund*.

3.5. Präpositionalobjekt

Das Präpositionalobjekt bleibt von der Passivtransformation unberührt:

Man wartete *auf die ausländischen Gäste*.
→ *Auf die ausländischen* Gäste wurde gewartet.

Das Präpositionalobjekt wird durch eine Nominalisierung zum präpositionalen Attribut:

Die Regierung hofft *auf verbesserte Beziehungen*.
→ die Hoffnung (der Regierung) *auf verbesserte Beziehungen*

Das Präpositionalobjekt kann in einigen Fällen in ein Kasusobjekt transformiert werden:

Sie erinnert sich *an die Befreiung*.
→ Sie erinnert sich *der Befreiung*.

Das Präpositionalobjekt kann – falls das im Objekt dargestellte Substantiv keine Person ist – durch ein Pronominaladverb substituiert werden:

Sie dachten *an das Geschenk.*
→ Sie dachten *daran.*

3.6.
Objekt zum Prädikativ

Das Objekt zum Prädikativ hängt nicht vom finiten Verb, sondern von einem Adjektiv als Prädikativ ab.

Das Objekt zum Prädikativ kann auftreten als Substantiv (im Akkusativ, Dativ, Genitiv oder mit Präposition) oder als entsprechendes substantivisches Pronomen (bzw. Pronominaladverb):

Diese Ware ist *ihr Geld* (*es*) wert.
Der Sohn ist *seinem Vater* (*ihm*) ähnlich.
Der Junge ist wütend *über den Vorwurf* (*über ihn, darüber*).

Wie alle anderen Objekte, so kann auch das Objekt zum Prädikativ obligatorisch (1) oder fakultativ (2) sein:

(1) Der Sohn ist *seinem Vater* ähnlich.
  → *Der Sohn ist ähnlich.
(2) Er ist *seinem Vater* dankbar.
  → Er ist dankbar.

4.
Adverbialbestimmung

4.1.
Syntaktische Beschreibung

Es gibt folgende Unterschiede zwischen Objekten und Adverbialbestimmungen:

(1) Objekte können in der Regel durch Personalpronomina, Adverbialbestimmungen durch Adverbien substituiert werden:

Er las *den ganzen Roman.*
→ Er las *ihn.*
Er las *den ganzen Tag.*
→ Er las *damals/dann.*

(2) Bei Präpositionalobjekten ist die Präposition syntaktisch vom finiten Verb regiert (ist folglich ohne erkennbare Semantik), bei adverbialen Präpositionalgruppen ist die Präposition nicht vom finiten Verb determiniert, sondern sie spezifiziert semantisch die Beziehung zu dem von ihr regierten Wort:

Objekt
Er wartet *auf* den Freund.

Adverbialbestimmung
Er wartet { *auf* / *vor* / *neben* / *hinter* } dem Bahnhof.

(3) Daraus ergibt sich, daß beim Präpositionalobjekt nur ganz bestimmte Präpositionen vom übergeordneten Verb oder Adjektiv her gefordert und zulässig sind (in den meisten Fällen nur eine einzige), daß dagegen präpositionale Adverbialbestimmungen in der Regel mehrere Präpositionen zulassen.

Als Adverbialbestimmungen treten auf:

(1) (Präposition +) Adverb (oder Partizip)

Der Lehrling arbeitet *fleißig*.
Er arbeitet *bis morgen*.

(2) Substantiv im Akkusativ

Das Mädchen liest *den ganzen Tag*.

(3) Substantiv im Genitiv

Er kommt *eines Morgens*.

(4) Präposition + Substantiv oder substantivisches Pronomen (bzw. Pronominaladverb)

Er arbeitet *mit Begeisterung*.

Die Adverbialbestimmungen verhalten sich nach ihrer Bindung an das Verb verschieden:

(1) In der Regel sind die Adverbialbestimmungen frei:

Sie arbeitet *gern*.
→ Sie arbeitet.

(2) Lokalbestimmungen sind teilweise fakultativ:

Er fährt *dorthin*.
→ Er fährt.

(3) Einige Lokal-, Temporal- und Modalbestimmungen sind obligatorisch:

Ich wohne *dort*.
→ *Ich wohne.

Anmerkung:
Wie es ein Objekt zum Prädikativ gibt, so gibt es vereinzelt auch eine Adverbialbestimmung zum Prädikativ, die sich – im Unterschied von

den bisher genannten Adverbialbestimmungen – nicht auf das finite Verb bezieht:

Er ist wohnhaft *in Leipzig.*

4.2.
Semantische Klassen

1. Temporalbestimmung

Mein Freund kommt *heute (jeden Tag).*

2. Lokalbestimmung

Er arbeitet *dort (im Betrieb).*

3. Modalbestimmung

Die Sekretärin schreibt *schnell (mit großer Geschwindigkeit).*

4. Kausalbestimmung

Kausalbestimmung im engeren Sinne

Ich habe ihm *wegen seiner Verletzung* beim Einsteigen geholfen.

Konditionalbestimmung

Mit etwas Fleiß könnte er seine Leistungen verbessern.

Konzessivbestimmung

Er kam *trotz seiner Erkältung.*

Konsekutivbestimmung

Die beiden Schwestern sehen sich *zum Verwechseln* ähnlich.

Finalbestimmung

Die Familie fährt *zur Erholung* ins Gebirge.

5.
Ergänzungsangabe

Noch loser als die Adverbialbestimmung sind die Ergänzungsangaben mit dem finiten Verb verbunden. Nach ihrer Abhängigkeit sind Ergänzungsangaben zum ganzen Satz und solche zu einzelnen Gliedern im Satz zu unterscheiden.

5.1.
Ergänzungsangabe zum Satz

Als Ergänzungsangabe zum Satz können auftreten:

(1) Substantiv (oder substantivisches Pronomen) im Dativ

Er trägt *seiner Mutter (ihr)* das Gepäck.
Dieses Problem ist *meinem Freund* wichtig.

(2) Präposition + Substantiv oder substantivisches Pronomen (bzw. Pronominaladverb)

Er trägt *für seine Mutter* das Gepäck.
Dieses Problem ist *für meinen Freund* (*für ihn*) wichtig.
Er kauft ein Buch *dafür*.

Die Ergänzungsangabe zum Satz ist frei:

Er trägt *für seine Mutter* das Gepäck.
→ Er trägt das Gepäck.

5.2.
Ergänzungsangabe zu einzelnen Gliedern

5.2.1.
Prädikatives Attribut

Die prädikativen Attribute stehen in der Position von Adverbien im konkreten Satz. Sie hängen aber im Unterschied zu den Adverbien primär nicht vom Verb, sondern von einem substantivischen Glied (vom Subjekt oder vom Objekt) ab. Nach dieser Beziehung werden zwei Arten von prädikativen Attributen unterschieden: das prädikative Attribut zum Subjekt und zum Objekt. Beide haben gemeinsame Merkmale:
Als prädikative Attribute können erscheinen:

(1) Adjektiv oder Partizip

Er kommt *gesund* an. – Er traf sie *verärgert* an.

(2) Adverb

Er kommt *so* an. – Ich traf ihn *so*.

(3) Präposition + Substantiv (oder substantivisches Pronomen)

Er kommt *im dunklen Anzug* an. – Sie traf ihn *im dunklen Anzug*.

Die prädikativen Attribute sind frei:

Er kommt *gesund* an.
→ Er kommt an.
Er traf sie *verärgert* an.
→ Er traf sie an.

Die prädikativen Attribute haben einen sekundären – zeitlichen – Bezug zum Prädikat: Sie drücken keine dauernde Eigenschaft, sondern nur eine Eigenschaft für den im Prädikat genannten Zeitraum aus.

1. Prädikatives Attribut zum Subjekt
Das prädikative Attribut zum Subjekt läßt sich in ein Prädikativ zum Subjekt transformieren:

Er kommt *gesund* an.
→ Er kommt an. Er ist *gesund* (in diesem Zeitpunkt).
→ Wenn er ankommt, ist er *gesund*.

2. Prädikatives Attribut zum Objekt

Das prädikative Attribut zum Objekt läßt sich in ein Prädikativ zum Objekt transformieren:

Er aß die Mohrrüben *roh.*

→ Er aß die Mohrrüben. Die Mohrrüben waren *roh* (in diesem Zeitpunkt).

→ Als er die Mohrrüben aß, waren sie *roh.*

5.2.2.
Possessiver Dativ

Die possessiven Dative stehen in der Position von Objekten im konkreten Satz. Sie hängen aber im Unterschied zu den Objekten nicht vom Verb, sondern von einem substantivischen Glied (von Subjekt, Objekt oder Adverbialbestimmung) ab. Sie haben folgende gemeinsame Merkmale:

Als possessiver Dativ erscheint ein Substantiv oder ein substantivisches Pronomen im Dativ:

Dem Kranken (*ihm*) tat der Magen weh.
Der Arzt operierte *dem Kranken* (*ihm*) den Magen.
Er hat *seinem Freund* (*ihm*) in die Augen gesehen.

Der possessive Dativ kann in einen Genitiv transformiert werden, wenn er durch ein Substantiv repräsentiert ist:

→ Der Magen *des Kranken* tat weh.
→ Der Arzt operierte den Magen *des Kranken.*
→ Er hat in die Augen *seines Freundes* gesehen.

Der possessive Dativ kann in ein Possessivpronomen transformiert werden, wenn er durch ein Personalpronomen repräsentiert ist:

→ *Sein* Magen tat weh.
→ Der Arzt operierte *seinen* Magen.
→ Er hat in *seine* Augen gesehen.

Der possessive Dativ ist immer frei:

→ Der Magen tat weh.
→ Der Arzt operierte den Magen.
→ Er hat in die Augen gesehen.

Satzgliedstellung

1.
Bedingungen für die Satzgliedstellung

Die Satzgliedstellung wird durch Faktoren verschiedener Ebenen bedingt:
1. syntaktische Faktoren; 2. morphologische Faktoren; 3. intentionale Faktoren

Die syntaktischen Bedingungen gelten vor allem für den Bereich des Prädikats und seiner Teile, während die morphologischen Bedingungen den vom Prädikat unabhängigen Bereich betreffen. Durch beide Faktoren wird die Normalstellung der Satzglieder teils obligatorisch, teils fakultativ festgelegt. Durch die Sprecherintention werden diese grammatischen Regularitäten in verschiedener Weise modifiziert.

1.1. Syntaktische Bedingungen

1.1.1. Stellungstyp

Der Stellungstyp regelt:
1. die Stellung des finiten Verbs
2. die Stellung der übrigen Prädikatsteile

1. Es sind drei obligatorische Stellungstypen des finiten Verbs zu unterscheiden:

Stellungstyp 1:

Glied 1	fin. Verb	Glied 3	Glied n	(Zweitstellung)
Er	liest	das Buch	heute.	

Stellungstyp 2:

fin. Verb	Glied 2	Glied 3	Glied n	(Spitzenstellung)
Liest	er	das Buch	heute?	

Stellungstyp 3:[1]

Konj.	Glied 1	Glied 2	fin. Verb	(Endstellung)
..., daß	er	das Buch	liest.	

[1] Wenn statt einer Konjunktion ein Relativpronomen (bzw. ein Fragewort) steht, wird Glied 1 zu Glied 2, Glied 2 zu Glied 3, da das Relativpronomen (bzw. das Fragewort) selbst als erstes Glied gilt.

Nach dem Stellungstyp 1 werden gebildet:

(1) der Aussagesatz:

Er *liest* ein Buch.

(2) die Ergänzungsfrage (Wortfrage):

Was *liest* er?

(3) der uneingeleitete Nebensatz (Objektsatz):

Ich denke, er *liest* das Buch noch.

Nach dem Stellungstyp 2 werden gebildet:

(1) die Entscheidungsfrage (Satzfrage):

Liest er das Buch?

(2) der Aufforderungssatz (Imperativsatz):

Lies nun endlich das Buch!

(3) der uneingeleitete Nebensatz (Konditional- und Konzessivsatz):

Liest er das Buch nicht, so gibt er es bald zurück.

(4) der Hauptsatz im Satzgefüge, wenn er nach dem Nebensatz steht:

Wenn er Zeit hat, *liest* er das Buch.

Nach dem Stellungstyp 3 werden die eingeleiteten Nebensätze gebildet:

Ich denke, daß er das Buch noch *liest*.

2. Die Stellung der übrigen Prädikatsteile hängt von den Stellungstypen des finiten Verbs ab:

Stellungstyp 1:

Glied 1	fin. Verb	Glied 3	Glied n	Prädikatsteil	(Endstellung)
Er	hat	das Buch	gestern	gelesen.	

Stellungstyp 2:

fin. Verb	Glied 2	Glied 3	Glied n	Prädikatsteil	(Endstellung)
Hat	er	das Buch	gestern	gelesen?	

Stellungstyp 3:[1]

Konj.	Glied 1	Glied 2	Prädikatsteil	fin. Verb	(vorletzte Stelle)
..., daß	er	das Buch	gelesen	hat.	

[1] Wenn statt einer Konjunktion ein Relativpronomen (bzw. ein Fragewort) steht, wird Glied 1 zu Glied 2, Glied 2 zu Glied 3, da das Relativpronomen (bzw. das Fragewort) selbst als erstes Glied gilt.

3. Aus dem Zusammenwirken der Stellungstypregeln für das finite Verb und der übrigen Prädikatsteile ergibt sich der *verbale Rahmen*. Beim Stellungstyp 2 stehen alle nicht zum Prädikat gehörigen Satzglieder in einem solchen Rahmen, beim Stellungstyp 1 steht nur das erste Glied außerhalb des Rahmens. Beim Stellungstyp 3 wird ein Rahmen ähnlicher Art, in den alle nichtprädikativen Satzglieder eingeschlossen sind, aus dem Einleitungswort (Konjunktion, Relativpronomen bzw. -adverb, Interrogativpronomen bzw. -adverb) und dem finiten Verb bzw. den übrigen Prädikatsteilen gebildet. Während hier der Rahmen satztypisch ist, hängt die Rahmenbildung im Stellungstyp 1 und 2 vom Vorhandensein eines grammatischen oder lexikalisch-idiomatischen Prädikatsteils ab. Aber auch beim Fehlen dieser Glieder kann es auf Grund des Wirkens anderer syntaktischer Regularitäten zu einer Art Rahmenbildung kommen. Häufig entsteht ein solcher Rahmen durch das Auftreten eines Prädikativs oder obligatorischer Adverbialbestimmungen.

Die Rahmenbildung ist ein Grundprinzip des deutschen Satzes. In der deutschen Gegenwartssprache wird der Rahmen jedoch öfters durchbrochen. Verschiedene Glieder treten hinter das rahmenschließende Glied. Diese Erscheinung wird *Ausrahmung* genannt. Es sind zwei Arten der Ausrahmung zu unterscheiden:

1. die durch die Art der Satzglieder bedingte Ausrahmung (grammatikalisierte Ausrahmung)
2. die durch die Sprecherintention bedingte Ausrahmung (stilistische Ausrahmung)

Die grammatikalisierte Ausrahmung betrifft vor allem folgende Fälle:

(1) Satzglieder mit den Präpositionen *wie* und *als* (Komparativbestimmungen)

Er ist diesmal noch schneller geschwommen *als im Länderkampf gegen Polen.*

(2) Nebensätze (vor allem Attributsätze)

Er hat mich in das Wochenendhaus eingeladen, *das seinen Eltern gehört.*

(3) Infinitive mit *zu*

Es hat aufgehört *zu regnen.*

(4) Aufzählung gleichartiger Satzglieder

Sie hat ihm das Geld ausgehändigt *und die Quittungen und die Rechnungen dazu.*

Der stilistisch bedingten Ausrahmung sind vor allem präpositionale Gruppen fähig. Sie erfolgt, wenn die zwischen finitem Verb und Prädikatsteil stehenden Satzglieder sehr umfangreich oder zahlreich sind und die Gefahr besteht, daß das Prädikat nicht als Ganzes erfaßt wird:

Die Delegation setzt sich zusammen *aus mehreren Vertretern des Ministeriums und einer Expertengruppe.*

1.1.2.
Syntaktische Verbnähe

Das Prinzip der syntaktischen Verbnähe äußert sich in einer generellen Regel, die besagt, daß im Hauptsatz (Aussagesatz) die dem finiten Verb enger verbundenen, in syntaktischer Hinsicht näher stehenden Glieder sich stellungsmäßig weiter entfernt vom Verb befinden (syntaktische Verbnähe = topologische Verbferne):

Er hat damals nicht in Dresden gewohnt.
    0   4   3   2   1

Das Prinzip der syntaktischen Verbnähe kommt weiterhin in einigen speziellen Regeln zum Ausdruck, die bestimmt werden:

1. durch die Valenzbeziehungen der Satzglieder zum Verb
2. durch die verschiedenen Beziehungen der Satzgliedarten zum Verb

1. Valenzbeziehungen der Satzglieder zum Verb
Die Valenzbeziehung kann für ein Satzglied eine bestimmte Position im Satz festlegen. So stehen notwendige (obligatorische und fakultative) Adverbialbestimmungen in der Regel nach freien Adverbialbestimmungen:

Er fährt in diesem Sommer *an die Ostsee.* (freie Temporalbestimmung + notwendige Lokalbestimmung)
Sie sieht heute *sehr blaß* aus. (freie Temporalbestimmung + notwendige Modalbestimmung)

2. Beziehungen der Satzgliedarten zum Verb
Die Satzgliedart schränkt in vielen Fällen die Stellungsmöglichkeiten der notwendigen Glieder weiter ein. Das betrifft vor allem die Reihenfolge des Subjekts und der verschiedenen Objekte, wenn diese nebeneinander zu stehen kommen. Dabei ergibt sich ein gewisses Zusammenspiel der Satzglieder und der Wortklasse.
Für die pronominalen Satzglieder ist die folgende Reihenfolge obligatorisch:

Subjekt – Akkusativobjekt – Dativobjekt
Heute zeigt er sie ihnen.

Wenn diese Satzglieder Substantive sind, lautet die Reihenfolge gewöhnlich:

Subjekt – Dativobjekt – Akkusativobjekt
Heute zeigt der Lehrer den Schülern die Dias.

1.2.
Morphologische Bedingungen

Die morphologischen Bedingungen für die Stellung der nichtprädikativen Glieder engen die von den syntaktischen Bedingungen her gegebenen Wahlmöglichkeiten weiter ein. Folgende Arten von morphologischen Bedingungen beeinflussen die Satzgliedstellung:

1. Die Repräsentation eines Satzglieds (Objekt, Ergänzungsangabe) durch ein Substantiv oder durch ein substantivisches Pronomen kann die Stellung des Satzglieds verändern:

Der Lehrer zeigt den Schülern *die Dias*.
→ Der Lehrer zeigt *sie* ihnen.

2. Die Repräsentation eines Satzglieds (freie Adverbialbestimmung) durch eine Gruppe „Präposition + Substantiv" bzw. durch ein Adverb kann die Stellung des Satzglieds verändern:

Er bleibt am Sonnabend *wegen seiner Erkältung* zu Hause.
→ Er bleibt *deshalb* am Sonnabend zu Hause.

3. Die Repräsentation durch einen reinen Kasus oder durch einen Präpositionalkasus legt die Reihenfolge der Glieder fest.

Er schreibt *dem Freund* den Brief.
→ Er schreibt den Brief *an den Freund*.

4. Der Artikelgebrauch bei substantivischen Satzgliedern kann die Stellung dieser Glieder verändern:

Er zeigt einem Freund *ein Bild*.
→ Er zeigt *das Bild* einem Freund.

1.3.
Sprecherintention

In der sprachlichen Kommunikation werden durch die Sprecherintention die syntaktischen und morphologischen Bedingungen der Satzgliedstellung teils eingehalten, teils aber auch modifiziert. Im ersten Falle sprechen wir von neutraler Satzgliedstellung (Normal- oder Nullstellung), im zweiten Falle von hervorhebender Satzgliedstellung.

1.3.1.
Neutrale Satzgliedstellung

Die kommunikative Grundfunktion der Stellung der prädikativen Teile (finites Verb, grammatischer und lexikalisch-idiomatischer Prädikatsteil) ist es, die verschiedenen Satzarten zu realisieren (Aussagesatz, Fragesatz usw.). Auf Grund des (unbedingt-) obligatorischen Charakters dieser Regel spricht man hier von grammatischen Regularitäten. Davon zu unterscheiden sind die sogenannten kommunikativen Regularitäten, die entweder alternative (bedingt-obligatorische) oder fakultative Varianten zulassen. Diese Regularitäten betreffen vor allem den nichtprädikativen Bereich und haben im wesentlichen zwei kommunikative Funktionen zu erfüllen:

1. die Funktion der Satzverflechtung
2. die Funktion der Differenzierung des Mitteilungswertes der Satzglieder

1. Der Begriff der *Satzverflechtung* besagt, daß am Satzanfang bzw. im vorderen Teil des Satzes die Glieder stehen, die den Anschluß an den vorhergehenden Satz herzustellen haben. Satzverflechtende Elemente sind neben einigen Nichtgliedern (Konjunktionen, Partikeln) besonders das Subjekt (vor allem in pronominaler Form) und verschiedene Adverbialbestimmungen (vor allem temporaler und lokaler Art):

Klaus war in den Ferien an der Ostsee. Dort hat er sich eine Sammlung von Seesternen und Muscheln angelegt.

2. Die Reihenfolge der Satzglieder im Satz wird nach dem *Mitteilungswert* geregelt. Danach steht das Satzglied mit dem geringsten Mitteilungswert (das Bekannte) am weitesten vorn, gefolgt von dem Satzglied mit dem nächsthöheren Mitteilungswert usw. Das Satzglied mit dem höchsten Mitteilungswert (das Neue) steht demzufolge in der letzten nicht obligatorisch-grammatisch besetzten Position. Von hierher finden viele Regularitäten des nichtprädikativen Bereichs ihre Erklärung. So stehen Objekte, die durch substantivische Pronomina morphologisch repräsentiert werden, vor substantivischen Objekten, weil sie einen geringeren Mitteilungswert haben (Bekanntes ausdrücken). Hinzu kommt, daß sie den Anschluß zum vorhergehenden Satz herstellen, Mittel der Satzverflechtung sind.

1.3.2.
Hervorhebende Satzgliedstellung

Durch die Regeln der neutralen Satzgliedstellung werden nur die von der Sprechergemeinschaft allgemein akzeptierten Stellungsregularitäten erfaßt. Der Einzelsprecher hat nun die Möglichkeit, diese Regeln in verschiedener Weise zu modifizieren. Dies geschieht dadurch, daß die der Satzgliedstellung zukommenden Funktionen von anderen Sprachmitteln übernommen werden. Solche Sprachmittel sind die Betonung (Hervorhebung) und die Intonation, die eine unterschiedliche Wirkung auf die Satzgliedstellung haben. Während die Hervorhebung verschiedene Stellungsregularitäten (sogar der Stellungstypen) aufheben kann (1), führt eine besondere Intonation zur Aufhebung der Funktionen der Satzgliedstellung (2). Dafür zwei Beispiele:

(1) Im allgemeinen ist die Stellung des grammatischen Prädikatsteils im Aussagesatz auf die Endstellung beschränkt. Bei Hervorhebung ist jedoch auch Erststellung möglich:

Morgen wird er den Brief *schreiben*.
→ *Schreiben* wird er den Brief morgen.

(2) Die Entscheidungsfrage hat im allgemeinen die durch den Stellungstyp 2 festgelegte Satzgliedstellung. Durch eine interrogative Intonation kann jedoch auch ein Aussagesatz zum Fragesatz werden:

Die Schüler haben ein Diktat geschrieben?

2.
Stellung der einzelnen Satzglieder[1]

2.1.
Prädikat

2.1.1.
Finites Verb

Die Stellung des finiten Verbs ist durch die drei Stellungstypen festgelegt. Man vgl. dazu in diesem Kapitel unter 1.1.1.

2.1.2.
Grammatischer Prädikatsteil

1. Die Stellung der grammatischen Prädikatsteile, die durch infinite Verbformen repräsentiert werden, ist durch die drei Stellungstypen festgelegt. Vgl. dazu in diesem Kapitel unter 1.1.1.

Anmerkung:

Besteht der grammatische Prädikatsteil aus mehreren infiniten Verbformen, dann gilt für die Reihenfolge dieser Formen folgende Grundregel: Die infinite Form, die zuerst in eine finite Form transformiert werden kann, steht in der letzten Position der infiniten Gruppe; vor ihr steht die infinite Form, die nach dieser in eine finite Form transformiert werden kann usw. Diese Regel gilt für alle drei Stellungstypen.

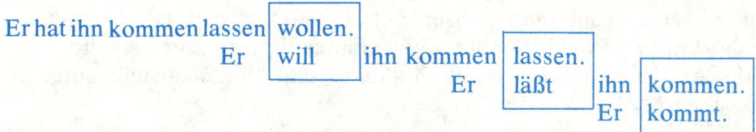

2. Der grammatische Prädikatsteil *sich* steht

(1) im Stellungstyp 1 mit Subjekt *vor* dem finiten Verb unmittelbar nach dem finiten Verb,
(2) im Stellungstyp 2 mit Subjekt *nach* dem finiten Verb und in den Stellungstypen 2 und 3 unmittelbar vor, manchmal auch unmittelbar nach dem Subjekt.

[1] Die Stellungsbeschränkungen für die nichtprädikativen Satzglieder in der Ergänzungsfrage, die sich aus der obligatorischen Erststellung der Fragewörter ergeben, werden mit den folgenden Regeln nicht berücksichtigt, da sie aus den betreffenden Regeln für den der Ergänzungsfrage entsprechenden Stellungstyp 1 abzuleiten sind.

(1) Der Mann schämt *sich* heute seiner Bemerkung.
(2) Heute schämt *sich* der Mann (der Mann *sich*) seiner Bemerkung.
Schämt *sich* der Mann (der Mann *sich*) seiner Bemerkung?
Sie glaubt, daß *sich* der Mann (der Mann *sich*) seiner Bemerkung schämt.

Anmerkung:
Wenn bei (2) das Subjekt durch ein substantivisches Pronomen repräsentiert ist, steht *sich* nur nach dem Subjekt:

Heute schämt er *sich* seiner Bemerkung.

Ein pronominales Akkusativobjekt tritt in der Regel vor dativisches *sich*:

Erregt verbat es *sich* die Frau (die Frau es *sich*).

2.1.3.
Lexikalisch-idiomatischer Prädikatsteil

Für den lexikalisch-idiomatischen Prädikatsteil – die trennbaren Verbteile – gelten prinzipiell die gleichen Regeln des Stellungstyps wie für den grammatischen Prädikatsteil:

Stellungstyp 1
Er fährt am Wochenende gern *Auto*.

Stellungstyp 2
Fährst du gern *Auto*?

Stellungstyp 3
Er sagt, daß er gern *Auto* fährt.

Erscheint im Stellungstyp 1 und 2 neben dem lexikalisch-idiomatischen Prädikatsteil ein grammatischer Prädikatsteil, tritt der lexikalisch-idiomatische Prädikatsteil vor den grammatischen. Zumeist wird dabei die Abtrennung des lexikalisch-idiomatischen Prädikatsteils aufgehoben.

Er ist gestern *ab*gefahren.

2.1.4.
Prädikativ (= Subjektsprädikativ)

Das Prädikativ steht in den Stellungstypen 1 und 2 im allgemeinen in der letzten Position, im Stellungstyp 3 in der vorletzten Position (vor dem finiten Verb).

Er ist gern *Lehrer*. Er ist *begabt*.
Ist er gern *Lehrer*? Ist er *begabt*?
Sie sagt, daß er gern *Lehrer* ist. Sie sagt, daß er *begabt* ist.

Anmerkung:

(1) Wenn in den Stellungstypen 1 und 2 die letzte und im Stellungstyp 3 die vorletzte Position durch einen grammatischen Prädikatsteil besetzt ist, steht das Prädikativ unmittelbar vor dem Prädikatsteil.

Er ist gern *Lehrer* geworden.

(2) Freie Adverbialbestimmungen stehen nach dem Prädikativ, wenn dieses durch das Pronomen *es* repräsentiert wird:

Er ist gern *Lehrer* geworden.
→ Er ist *es* gern geworden.

2.1.5. Objektsprädikativ

Das Objektsprädikativ bei Verben wie *nennen, bezeichnen* usw. entspricht in seiner Stellung dem Prädikativ beim Verb *sein:*

Alle bezeichnen seine Entscheidung *als falsch.*

2.2. Subjekt

1. Die Stellung des *pronominalen* Subjekts ist im Rahmen der Stellungstypen obligatorisch festgelegt:

(1) Das Subjekt steht im Stellungstyp 1 unmittelbar vor oder nach dem finiten Verb (1. oder 3. Position):

Er will heute einen Brief an seine Eltern schreiben.
Heute schreibe *ich* ihnen einen Brief.

(2) Das Subjekt steht im Stellungstyp 2 unmittelbar nach dem finiten Verb (2. Position):

Wirst *du* den Brief heute schreiben?

(3) Das Subjekt steht im Stellungstyp 3 unmittelbar nach der einleitenden Konjunktion:

Er hat gesagt, daß *er* den Brief heute schreiben will.

2. Das *substantivische* Subjekt unterscheidet sich in seiner Stellung vom pronominalen Subjekt, wenn im Satz pronominale Objekte im reinen Kasus erscheinen. Diese können noch vor das Subjekt treten und es somit von seiner Position unmittelbar nach dem finiten Verb bzw. nach der einleitenden Konjunktion verdrängen.

Morgen zeigt *der Lehrer* es ihnen.
→ Morgen zeigt es *der Lehrer* ihnen.
→ Morgen zeigt es ihnen *der Lehrer*.

2.3. Objekt

2.3.1. Objekt zum finiten Verb

Die Stellung der Objekte im Rahmen der Stellungstypen ist relativ frei: Die Objekte stehen in den Stellungstypen 1 und 2 zwischen dem finiten Verb und dem grammatischen bzw. lexikalisch-idiomatischen Prädikatsteil (soweit vorhanden), im Stellungstyp 3 zwischen der einleitenden Konjunktion und dem finiten Verb (bzw. dem grammatischen oder lexikalisch-idiomatischen Prädikatsteil).
Stellungsbeschränkungen ergeben sich für die Objekte

1. durch Regularitäten in der Stellung gegenüber dem Subjekt und den Adverbialbestimmungen
2. durch Regularitäten für die Reihenfolge mehrere Objekte

1. Die Stellung der Objekte zum Subjekt und zu den Adverbialbestimmungen

Während die Stellung der Objekte zu den Adverbialbestimmungen – vor allem zu den freien Adverbialbestimmungen – auf Grund der relativ freien Stellung beider Gliedarten nur teilweise durch Regeln zu erfassen ist, läßt sich die Reihenfolge von Subjekt und Objekt durch eine allgemeine Regel bestimmen. Dabei muß der Fall ausgeschlossen werden, daß im Stellungstyp 1 das Subjekt vor dem finiten Verb erscheint. In diesem Fall stehen die Objekte (unmittelbar oder getrennt durch Adverbialbestimmungen bzw. das Reflexivpronomen *sich*) *nach* dem finiten Verb. Sonst gilt die Regel, daß die Objekte (unmittelbar oder getrennt durch Adverbialbestimmungen bzw. *sich) nach* dem Subjekt stehen. Eine Ausnahme bilden die pronominalen Objekte in einem reinen Kasus: Wenn das Subjekt durch ein Substantiv repräsentiert wird, können sie *vor* oder *nach* dem Subjekt stehen.

Heute schreibt der Student *seinen Eltern.*
Heute schreibt er *seinen Eltern.*
Heute schreibt er *ihnen.*
Heute schreibt der Student *ihnen* (oder: *ihnen* der Student).
(Aber nur: Heute schreibt der Student *an sie.*)

2. Die Reihenfolge mehrerer Objekte

Die Objekte treten in folgenden Kombinationen auf:

(1) Akkusativ + Dativ
(2) Akkusativ + Präpositionalkasus

Die Kombination eines Akkusativobjekts mit dem seltenen Genitivobjekt entspricht stellungsmäßig der Kombination (2), ebenso die seltene Kombination Dativ + Präpositionalkasus. Eine Kombination von Akkusativ-, Dativ- und Präpositionalobjekt kommt kaum vor.

(1) Für die Kombination *Akkusativ + Dativ* gelten folgende Regeln:
Pronominales Akkusativobjekt steht *vor* Dativobjekt:

Er zeigt *es* dem Freund.
Er zeigt *es* ihm.

Substantivisches Akkusativobjekt steht *nach* pronominalem Dativobjekt:

Er zeigt ihm *das Bild.*

Substantivisches Akkusativobjekt steht *vor oder nach* substantivischem Dativobjekt:

Er zeigt dem Freund *das Bild/das Bild* dem Freund.

Dabei hat das zuletzt stehende Objekt meist den höheren Mitteilungswert.

Eindeutig festgelegt wird die Stellung der substantivischen Objekte durch den Artikelgebrauch: Ein Akkusativobjekt mit unbestimmtem Artikel oder Nullartikel steht *nach* einem Dativobjekt.

Er zeigt dem Freund *ein Bild/Bilder.*

(2) Für die Kombination *Akkusativ + Präpositionalkasus* gilt die morphologische Regel, daß der Präpositionalkasus gewöhnlich nach dem reinen Kasus steht:

Er fragt den Verkehrspolizisten *nach dem Hotel/danach.*

2.3.2.
Objekt zum Prädikativ

Objekte im reinen Kasus stehen (unmittelbar oder getrennt durch Adverbialbestimmungen) vor dem Prädikativ:

Er ist *Kälte* gewöhnt. (A)
Ist er *seinem Vater* ähnlich? (D)

Präpositionalobjekte stehen *vor oder nach* dem Prädikativ:

Er ist *an dem Unfall* schuld/schuld *an dem Unfall.*

Anmerkung:
(1) Wie Objekte verhalten sich auch einige notwendige Adverbialbestimmungen zum Prädikativ:

Der Wagen ist *vier Meter* lang.
Er ist *in Leipzig* wohnhaft (wohnhaft *in Leipzig*).

(2) Stehen bei einem Prädikativ zwei Objekte, folgt der präpositionale Kasus gewöhnlich dem reinen Kasus:

Er ist dem Lehrer *für die Ratschläge* dankbar (oder: dem Lehrer dankbar *für die Ratschläge*).

2.4.
Adverbialbestimmung

2.4.1.
Notwendige Adverbialbestimmung

Die notwendige Adverbialbestimmung steht in den Stellungstypen 1 und 2 des rahmenlosen Satzes gewöhnlich in der letzten Position, im Stellungstyp 3 in der vorletzten Position (vor dem finiten Verb). Ist die letzte bzw. vorletzte Position durch einen grammatischen oder einen lexikalisch-idiomatischen Prädikatsteil besetzt, so steht die Adverbialbestimmung unmittelbar vor diesem.

Er fährt heute *nach Dresden.*
Wird er morgen *nach Dresden* fahren?
Sie sagt, daß er morgen *nach Dresden* fährt (fahren wird).

2.4.2.
Freie Adverbialbestimmung

Die Stellung dieser Adverbialbestimmung im Rahmen der Stellungstypen ist relativ frei:

Im *Stellungstyp 1* steht die Adverbialbestimmung vor dem finiten Verb oder zwischen dem finiten Verb bzw. dem Subjekt und den übrigen Prädikatsteilen (soweit vorhanden):

Trotz seiner Erkältung ist der Student gekommen.
Der Student ist *trotz seiner Erkältung* gekommen.
Gestern ist der Student *trotz seiner Erkältung* gekommen.

Im *Stellungstyp 2* steht die Adverbialbestimmung zwischen dem finiten Verb + Subjekt und den übrigen Prädikatsteilen (soweit vorhanden):

Werden die Freunde *am Sonntag* kommen?

Im *Stellungstyp 3* steht die Adverbialbestimmung zwischen der einleitenden Konjunktion + Subjekt und dem finiten Verb (bzw. den übrigen Prädikatsteilen):

Sie sagt, daß ihr Sohn *auf Grund seines Fleißes* Sieger geworden ist.

Zur Stellung der Adverbialbestimmungen zu den Objekten (1.) und zur Reihenfolge mehrerer Adverbialbestimmungen (2.):

1. Die Stellung der Adverbialbestimmungen zu den Objekten ist prinzipiell frei (1). Sie wird nur durch morphologische Bedingungen beschränkt: Pronominale Objekte im reinen Kasus stehen gewöhnlich vor der Adverbialbestimmung, substantivische Objekte mit unbestimmtem Artikel stehen gewöhnlich nach der Adverbialbestimmung (2).

(1) Peter schreibt *heute* dem Vater den Brief.
    Peter schreibt dem Vater *heute* den Brief.
    Peter schreibt dem Vater den Brief *heute.*

(2) Peter schreibt ihm *heute*.
Peter schreibt *heute* ihm. (hervorhebende Wortstellung)
Peter schreibt *heute* einen Brief.
Peter schreibt einen Brief *heute*. (hervorhebende Wortstellung)

2. Wie die Stellung der Adverbialbestimmungen zu den Objekten, so ist auch die Reihenfolge mehrerer Adverbialbestimmungen prinzipiell frei (1). Sie wird jedoch teilweise dadurch beschränkt, daß bestimmte Adverbialbestimmungen (Modal- und Lokalbestimmungen) an das Satzende streben, während andere (Konjunktionaladverbien) nach vorn treten (2).

(1) Er könnte seine Leistungen in kurzer Zeit bei intensiver Arbeit verbessern. (Temporalbestimmung – Konditionalbestimmung)
Er könnte seine Leistungen bei intensiver Arbeit in kurzer Zeit verbessern. (Konditionalbestimmung – Temporalbestimmung)
(2) Er ist an diesem Tag trotz der nassen Fahrbahn *mit hoher Geschwindigkeit* gefahren. (Modalbestimmung)
Er arbeitet seit einigen Tagen wegen seiner Erkältung *zu Hause*. (Lokalbestimmung)
Er arbeitet *deshalb (trotzdem)* seit einiger Zeit sehr eifrig. (Konjunktionaladverb)

2.5. Ergänzungsangabe

1. Ergänzungsangabe zum Satz
Die Ergänzungsangaben im Dativ verhalten sich stellungsmäßig wie die entsprechenden Objekte (zum finiten Verb und zum Prädikativ):

Er trägt *seiner Mutter* das Gepäck. Aber: Er trägt es *ihr*.

Die Ergänzungsangaben im Präpositionalkasus entsprechen in der Stellung den Präpositionalobjekten:

Er hat ein Radio *für die Prämie* gekauft. Und: Er hat *für die Prämie* ein Radio gekauft.

2. Ergänzungsangabe zu einzelnen Satzgliedern

(1) Das prädikative Attribut
Das prädikative Attribut entspricht stellungsmäßig einer freien Modalbestimmung:

Er kam *krank* nach Hause.

(2) Der possessive Dativ
Die Stellung des *possessiven Dativs zum Subjekt* hängt von der morphologischen Repräsentation des Subjekts ab: Wenn das Subjekt ein Substantiv ist, folgt der possessive Dativ den Stellungsregeln für das Subjekt, während das Subjekt sich stellungsmäßig wie ein Dativobjekt verhält. Ist das Subjekt ein substantivisches Pronomen, verhält sich der possessive Dativ stellungsmäßig wie ein Dativobjekt:

Dem Kranken hat heute der Magen weh getan.
Er sagt, daß *ihm* heute der Magen weh tut.
Hat er (= der Magen) *dir* weh getan?

Der *possessive Dativ zum Objekt* und *zur Adverbialbestimmung* entspricht in der Stellung dem Dativobjekt zum finiten Verb:

Heute hat der Arzt *dem Kranken* den Magen operiert. Aber: Heute hat *ihm* der Arzt (oder der Arzt *ihm*) *den Magen operiert.*
Plötzlich sah der Mann *dem Mädchen* in die Augen. Und: Plötzlich sah er *ihr* in die Augen.

Attribut

1. Attribut und Satzglieder

Das Attribut unterscheidet sich in zweifacher Hinsicht von den Satzgliedern:

(1) Während die Satzglieder im Satz allein verschiebbar sind, kann das Attribut in der Regel nur gemeinsam mit einem Satzglied verschoben werden (da es nur Satzgliedteil ist):

Er beantwortet den Brief des Freundes heute.
→ *Des Freundes beantwortet er den Brief heute.

(2) Außerdem ist das Attribut grundsätzlich eine potentielle Prädikation, meist in nominalisierter Form, d.h., es läßt sich auf eine prädikative Grundstruktur zurückführen:

das kleine Kind
← Das Kind ist klein.

2. Attribut und Wortklassen

Das Attribut wird durch verschiedene Wortklassen repräsentiert. Welche Wortklassen im einzelnen als Attribut erscheinen, wird durch die beiden oben genannten Merkmale bestimmt.
Nach dem Stellungsmerkmal sind alle Wörter Attribut, die vor oder nach einem Satzglied stehen und mit diesem verschoben werden:

(1) In Vorderstellung erscheinen Artikelwörter, Präpositionen, Partikeln, Adjektive und Partizipien. Von diesen sind auf Grund des Prädikationsmerkmals nur die Adjektive und Partizipien Attribute:

der interessante Vortrag
← Der Vortrag ist interessant.
die geplante Reise
← Die Reise ist geplant.

(2) In Nachstellung erscheinen Substantive (bzw. substantivische Pronomina), Adverbien und Infinitive. Sowohl bei den Substantivwörtern als auch beim Adverb und beim Infinitiv ist die Zurückführung auf eine Prädikation möglich, so daß sie sämtlich als Attribute anzusehen sind:

das Haus meines Vaters (das Haus von ihm)
← Mein Vater hat ein Haus. (Er hat ein Haus.)
der Student dort
← Der Student ist dort.
seine Hoffnung zu gewinnen
← Er hofft, daß er gewinnt.

3.
Die einzelnen Attribute

3.1.
Adjektiv und Adverb

Das attributive Adjektiv und das attributive Adverb sind prinzipiell aus der gleichen Prädikation – dem *sein*-Satz – abzuleiten (vgl. oben). Trotz ihrer prinzipiell gleichen prädikativen Grundstruktur gibt es jedoch bestimmte Unterschiede zwischen Adjektiv und Adverb im konkreten Satz:

1. Die Attribuierung ist beim Adjektiv ein allgemeines Merkmal. Nur wenige, zumeist aus Substantiven gebildete Adjektive sind nicht attributfähig. Bei den Adverbien hat die Attribuierung als Ausnahme zu gelten. Attribuierbar ist nur eine kleine Zahl ursprünglicher Adverbien mit temporaler oder lokaler Bedeutung. Vgl. dazu Kapitel „Adjektiv" (S. 125 ff.) und „Adverb" (S. 138).

2. Das attributive Adjektiv erscheint gewöhnlich vorangestellt-flektiert, das Adverb nachgestellt-unflektiert.

Anmerkung:
(1) Kardinalia stehen auch nach dem substantivischen Bezugswort. Die Kardinalzahl hat dabei die Bedeutung einer Ordinalzahl.

Lektion *acht,* Zimmer *vierzig*

(2) Adjektive (und Partizipien) können nachgestellt werden, um sie besonders hervorzuheben. Diese Nachstellung ist nur möglich, wenn die Adjektive in einer Reihe auftreten oder nähere Bestimmungen bei sich haben. Sie werden dabei in Kommas eingeschlossen und nicht flektiert (im Plural kommen auch die flektierten Formen vor).

Kalbfellmantel, *schwarz, neuwertig,* 500 M, zu verkaufen
Der Junge, *siebzehn Jahre alt,* kam in die Lehre.
Viele Angestellte, *städtische wie staatliche,* demonstrierten.

(3) Besonders lokale Adverbien stehen gelegentlich auch vor dem Bezugswort:

rechts das Haus, *oben* auf dem Berg; *links* außen

3. Das attributive Adjektiv kann durch notwendige (valenzgebundene) und nichtnotwendige (valenzunabhängige) Glieder erweitert sein. Einer Erweiterung in diesem Sinne ist das Adverb nicht fähig.

3.2. Partizip I und II

1. Die attributiven Partizipien I sind syntaktisch abzuleiten

(1) aus dem Präsens Aktiv transitiver und intransitiver Verben:

das lesende Mädchen
← Das Mädchen liest.

(2) aus dem Präsens reflexiver Verben:

der sich nähernde Zug
← Der Zug nähert sich.

(3) aus dem Passiv mit modaler Bedeutung (= Notwendigkeit, Möglichkeit) bei transitiven Verben:

die anzuerkennende Leistung
← Die Leistung ist anzuerkennen.
← Die Leistung muß/kann anerkannt werden.

2. Die attributiven Partizipien II sind syntaktisch abzuleiten

(1) aus dem Perfekt Vorgangspassiv bei transitiven Verben:

das gelesene Buch
← Das Buch ist gelesen worden.

(2) aus dem Perfekt Aktiv bei intransitiven Verben, die perfektiv sind und ihre zusammengesetzten Vergangenheitsformen mit *sein* bilden:

der eingefahrene Zug
← Der Zug ist eingefahren.

Das Partizip II der übrigen Intransitiva ist nicht attribuierbar.

(3) aus dem Perfekt der Reflexivkonstruktion über das Zustandsreflexiv bei reflexiven Verben:

das verliebte Mädchen
← Das Mädchen ist verliebt.
← Das Mädchen hat sich verliebt.

3.3. Substantiv

3.3.1. Substantiv im Genitiv

Attribute, die durch ein Substantiv im Genitiv repräsentiert werden, müssen auf verschiedene Weise abgeleitet werden, da ihnen verschiedene Arten von Prädikationen zugrunde liegen, denen auch verschiedenartige inhaltliche Beziehungen entsprechen (Subjekt, Objekt, Prädikativ und andere). Zum Beispiel:

(1) Genitivus possessivus (= Haben-Verhältnis)

das Haus meines Vaters
←Mein Vater hat ein Haus.

(2) Genitivus definitivus (= Sein-Verhältnis)

die Pflicht der Dankbarkeit
← Die Dankbarkeit ist eine Pflicht.

(3) Genitivus subjectivus (= Subjekt-Prädikats-Verhältnis)

die Lösung des Schülers
← Der Schüler löst (die Aufgabe).

(4) Genitivus objectivus (= Objekt-Prädikats-Verhältnis)

die Lösung der Aufgabe
← (Der Schüler) löst die Aufgabe.

Anmerkung:
(1) Infolge der verschiedenartigen Beziehungen, die der attributive Genitiv ausdrücken kann, entstehen manchmal mehrdeutige Äußerungen. In der Äußerung *das Bild Goethes* z. B. kann Goethe der Besitzer des Bildes, der Schöpfer des Bildes oder das auf dem Bild dargestellte Objekt sein.
(2) Eigennamen mit Nullartikel stehen als Genitiv-Attribut vor oder nach dem Substantiv. Bei Vorderstellung des Attributs wird auch das substantivische Bezugswort mit Nullartikel gebraucht:

das Haus *Goethes – Goethes* Haus
die Seen *Mecklenburgs – Mecklenburgs* Seen

3.3.2.
Substantiv im Präpositionalkasus

Wie dem substantivischen Attribut im Genitiv, so liegen auch dem substantivischen Attribut im Präpositionalkasus verschiedenartige inhaltliche Beziehungen zugrunde. Im einzelnen handelt es sich um solche Beziehungen, die sich durch Objektsbeziehungen und durch adverbiale Beziehungen ausdrücken lassen:

die Teilnahme (des Schülers) am Wettbewerb
← Der Schüler nimmt am Wettbewerb teil. (*Objekt*)

die Abhängigkeit (der Entscheidung) vom Zufall
← Die Entscheidung hängt vom Zufall ab. (*Objekt*)

die Ankunft (des Gastes) am Abend
← Der Gast kommt am Abend an. (*temporal*)

die Ähnlichkeit (der Brüder) zum Verwechseln
← Die Brüder ähneln sich zum Verwechseln. (*konsekutiv*)

3.3.3.
Substantiv im Präpositionalkasus mit „von"

Die Präposition *von* nimmt unter den übrigen Präpositionen eine Sonderstellung ein, da sie als Ersatzform des Genitivs auch verschiedene inhaltliche Beziehungen des Genitivattributs ausdrücken kann:

das Bild Goethes – das Bild von Goethe

Der Präpositionalkasus mit *von* tritt an die Stelle des Genitivs, wenn dieser formal nicht deutlich wird. Das ist zum Teil dann der Fall, wenn das attributive Substantiv mit Nullartikel gebraucht wird.

1. Attributives Substantiv im Singular mit Nullartikel:

die Gewinnung von Kohle, der Einfluß von Wind und Wetter

2. Attributives Substantiv im Plural mit Nullartikel:

der Bau von Kraftwerken, die Aufführung von Dramen

3. Attributive Eigennamen mit Nullartikel:
Attributive Eigennamen ohne Genitivzeichen (Personennamen und geographische Namen auf *-s, -x, -z*; Namen von Institutionen) stehen obligatorisch im Präpositionalkasus mit *von*:

das „Kapital" von Marx, die Küste von Tunis, eine Sendung von Radio DDR

Attributive Eigennamen mit Genitivzeichen stehen fakultativ im Präpositionalkasus mit *von*:

die Bilder von Dürer/die Bilder Dürers

Anmerkung:
Häufige Ersatzform für den Genitiv ist der Präpositionalkasus mit *von* auch bei den substantivischen Pronomina, soweit sie attributfähig sind (vor allem Personal- und Indefinitpronomina):

das Haus von *ihm,* die Hälfte *von diesem/davon,* die Pflicht *von allen,* die Größe *von jedem,* die Aufgabe *von jemandem*

Bei einigen dieser substantivischen Pronomina ist aber auch die Genitivform möglich, die dann zum Teil in Vorderstellung erscheint:

die Hälfte *dessen, aller* Pflicht (lit.), die Größe *eines jeden* (nur bei unbestimmtem Artikel), *jemandes* Aufgabe

3.3.4.
Substantiv im merkmallosen Kasus

Die meisten Maß- und Mengenangaben haben substantivische Attribute ohne Kasuskennzeichen bei sich. Dabei ist zu unterscheiden zwischen *bestimmten* Maß- und Mengenangaben, bei denen das Attribut ohne Artikel und Präposition stehen muß (1.), und *unbestimmten* Maß- und Mengenangaben, bei denen das Attribut auch mit der Präposition *von* stehen kann (2.):

1. Attribut bei bestimmten Maß- und Mengenangaben

(1) Maß- und Mengenangaben im Singular und Plural (vor allem Feminina)

eine Flasche Sekt – drei Flaschen Sekt

(2) Maß- und Mengenangaben zumeist nur im Singular (vor allem Neutra)

ein Stück Zucker – drei Stück Zucker

2. Attribut bei unbestimmten Maß- und Mengenangaben

eine Menge Fehler – eine Menge von Fehlern

3.4.
Infinitiv mit *zu*

Dem attributiven Infinitiv mit *zu* liegt – wie verschiedenen substantivischen Attributen – eine Objektsbeziehung zugrunde, die auf eine Prädikation zurückgeht:

seine Hoffnung zu gewinnen ← Er hofft, daß er gewinnt.

seine Hoffnung auf einen Gewinn ← Er hofft auf einen Gewinn.

Zum Nebensatz als Attribut vgl. das Kapitel „Zusammengesetzter Satz" (S. 267, 275 ff.).

4.
Das mehrgliedrige Attribut beim Substantiv

4.1.
Erweiterung des adjektivischen und partizipialen Attributs

In zahlreichen Fällen sind das attributive Adjektiv und das attributive Partizip durch zusätzliche Glieder erweitert. Diese Glieder übernehmen das Adjektiv und das Partizip aus der prädikativen Form, von der sie abgeleitet sind. Dabei ist zwischen notwendigen Gliedern (im Sinne der Valenz: obligatorischen und fakultativen Aktanten) und nichtnotwendigen Gliedern (im Sinne der Valenz: freien Angaben) zu unterscheiden.

1. Notwendige Erweiterungsglieder

Das Adjektiv und das Partizip verhalten sich gegenüber den notwendigen Erweiterungsgliedern prinzipiell gleich. Unterschiede bestehen allein in quantitativer Hinsicht: Während das Adjektiv selten mehr als eine notwendige Ergänzung bei sich hat, kann das Partizip – entsprechend der Valenz des Verbs im einfachen Satz – bis drei notwendige

Glieder bei sich haben.¹ In beiden Fällen entspricht ihre Stellung der Satzgliedstellung des eingeleiteten Nebensatzes. Die Rolle der einleitenden Konjunktion des Nebensatzes übernimmt dabei das die Erweiterungskette einleitende Artikelwort. Auf diese Weise entsteht wie im Nebensatz ein Rahmen. Dieser sogenannte *nominale Rahmen* stellt eine für das Attribut im Deutschen typische Konstruktion dar:

der in Leipzig wohnhafte Professor
das (von dem Lehrer) auf den Tisch gelegte Buch

2. Nichtnotwendige Erweiterungsglieder
Über die notwendigen Glieder hinaus können das attributive Adjektiv und das attributive Partizip nichtnotwendige Glieder verschiedener Art (Adverbialbestimmungen, Ergänzungsangaben, Modalwörter, Partikeln) aufnehmen. Die Stellung dieser Glieder entspricht ebenfalls der Satzgliedstellung im eingeleiteten Nebensatz. Auf diese Weise wird der nominale Rahmen weiter aufgefüllt. Er kann syntaktisch beliebig erweitert werden, hat jedoch (durch die Verträglichkeit) semantische und (durch die Verständlichkeit) kommunikative Grenzen:²

das auf der Dresdner Kunstausstellung wegen seiner Maltechnik von vielen Betrachtern immer wieder gelobte Bild

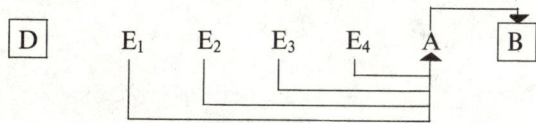

Die Auflösung dieses Rahmens erfolgt über einen Relativsatz

das Bild, das auf der Dresdner Kunstausstellung wegen seiner Maltechnik von vielen Betrachtern immer wieder gelobt worden ist,

in einen Hauptsatz

Das Bild ist auf der Dresdner Kunstausstellung wegen seiner Maltechnik von vielen Betrachtern immer wieder gelobt worden.

Wie das Schema zeigt, stehen alle Erweiterungsglieder in einem koordinativen Verhältnis zueinander. Subordinative Beziehungen kommen im nominalen Rahmen mit Erweiterungsgliedern zum Ausdruck, wenn ein substantivisches Erweiterungsglied (E_1) seinerseits zum Bezugswort (B_2) eines adjektivischen oder partizipialen Attributs (A_2) wird und dieses ein Erweiterungsglied (E_2) hat:

¹ Die scheinbare Reduktion beim Partizip um ein Glied gegenüber dem Verb kommt dadurch zustande, daß ein notwendiges Glied als Bezugswort des Attributs erscheint. Beim passivischen Partizip II ergibt sich darüber hinaus die Verwandlung des obligatorischen Subjekts in ein fakultatives Glied. Diese erfolgt jedoch nicht bei der Attribuierung, sondern bereits beim Verb durch die Transformation des Aktivs ins Passiv.
² Zeichenerklärung: A = Attribut, B = Bezugswort, D = Artikel, E = Erweiterungsglied

das wegen der vom Maler angewandten Maltechnik gelobte Bild

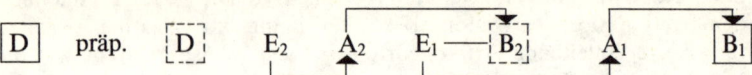

4.2.
Verbindung von adjektivischen und partizipialen Attributen

Von der „Erweiterung" ist die „Verbindung" zu unterscheiden: Während jene darin besteht, daß das partizipiale/adjektivische Attribut ein oder mehrere Glieder aufnimmt, handelt es sich bei dieser darum, daß ein substantivisches Bezugswort zwei oder mehrere Attribute aufnimmt. Die Erweiterung ist also eine Fähigkeit des Attributs, die Verbindung dagegen (primär) eine Fähigkeit des Bezugswortes. Bei der Verbindung ist ein koordinatives und ein subordinatives Verhältnis der verschiedenen Attribute zueinander möglich.
Beide Arten der Verbindung lassen sich im Vergleich zur Erweiterung schematisch darstellen:

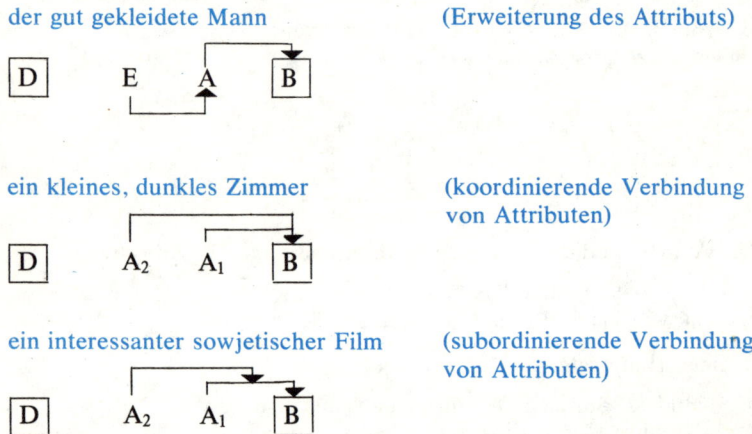

Wie die Schemata zeigen, entsteht auch durch die Verbindung mehrerer adjektivischer oder partizipialer Attribute ein nominaler Rahmen.

Die diesen Verbindungen zugrunde liegenden Beziehungen (koordinierend – subordinierend) und das unterschiedliche Bezugsprinzip lassen sich durch zwei Transformationen nachweisen. Die Konjunktionstransformation (1) zeigt, ob im konkreten Falle ein koordinatives Verhältnis vorliegt oder nicht. Die Wortstellungstransformation (2) macht darüber hinaus die unterschiedlichen Wortstellungsregularitäten deutlich: Bei der koordinativen Verbindung sind die einzelnen Attribute frei austauschbar; für die subordinative Verbindung gilt die generelle Regel, daß das untergeordnete Glied vor dem übergeordneten Glied steht.

ein kleines, dunkles Zimmer
(1) → ein kleines und dunkles Zimmer
(2) → ein dunkles, kleines Zimmer

ein interessanter sowjetischer Film
(1) → *ein interessanter und sowjetischer Film
(2) → *ein sowjetischer interessanter Film

Eine Komplizierung erfährt der aus solchen Verbindungen gebildete Rahmen durch Erweiterungsglieder, die von den adjektivischen bzw. partizipialen Attributen aufgenommen werden:

ein kleines, *auch bei Sonnenschein* dunkles Zimmer
ein *vor allem durch seine Kameraführung* interessanter sowjetischer Film.

4.3. Mehrgliedrige substantivische Attribute

Eine Mehrgliedrigkeit, wie sie sich in den verschiedenen Rahmenbildungen des adjektivischen und partizipialen Attributs zeigt, ist auch beim substantivischen Attribut möglich. Dabei ist zwischen einer koordinativen und einer subordinativen Mehrgliedrigkeit zu unterscheiden. Beide Formen kommen sowohl beim Genitivattribut als auch beim Präpositionalattribut vor. Für die Stellung der Attribute gelten dabei folgende Regeln: Bei der Koordination ist die Stellung der einzelnen Attribute frei, bei der Subordination steht das untergeordnete Attribut stets nach dem übergeordneten Attribut.

Koordination
die Muskeln der Arme, Beine, des Nackens und des Halses   (Genitivattribute)
die Wanderung zur Weinlese nach Freyburg   (Präpositionalattribute)

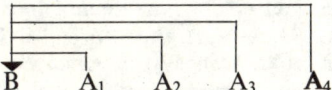

B A_1 A_2 A_3 A_4

Subordination
die Diskussion der Punkte der Tagesordnung der Konferenz der Außenminister   (Genitivattribute)
der Verzicht auf die Reise ins Ausland   (Präpositionalattribute)

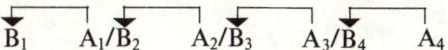

B_1 A_1/B_2 A_2/B_3 A_3/B_4 A_4

Im konkreten Satz treten das Genitivattribut und das Präpositionalattribut häufig miteinander verbunden auf. Außerdem ist es möglich, daß Subordination und Koordination miteinander abwechseln. Für die koordinative Verbindung gilt in diesem Falle die Regel, daß der Präpositionalkasus nach dem reinen Kasus steht (die Stellung der subordinativen Attribute ist durch die Regel festgelegt, daß das untergeordnete Glied nach dem übergeordneten steht):

die Freiheit der Arbeiterklasse nach dem Sturz des Kapitalismus

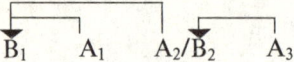
B_1 A_1 A_2/B_2 A_3

5.
Attribut bei substantivischen Pronomina

Im Gegensatz zum Substantiv, wo das Auftreten von Attributen generell möglich ist, können die substantivischen Pronomina nur beschränkt Attribute zu sich nehmen. Bei den *Personalpronomina* und den *Interrogativpronomina* kommen vereinzelt substantivische Attribute im Präpositionalkasus vor:

Ihr *in der Stadt* habt kürzere Wege zur Arbeitsstelle.
Wer *in diesem Haus* ist Arzt?

Der Präpositionalkasus mit *von* hat in der Regel partitive Bedeutung. Mit ihm werden auch substantivische Pronomina als Attribut angeschlossen:

Wer *von euch* kennt die Lösung?

Häufiger als die Personal- und Interrogativpronomina kommen die *zurückweisenden Demonstrativpronomina* – *derjenige* sogar nur – und die *Indefinitpronomina* (außer *man*) mit Attributen vor. Wenn das Attribut ein Substantiv ist, ist neben der präpositionalen Form des Attributs auch der Genitiv möglich (außer bei den nur substantivisch gebrauchten Indefinitpronomina wie *jemand*, *etwas* usw.):

Neben fernbeheizten Wohnungen gibt es auch solche *mit Ofenheizung*. Der Vorschlag des Gruppenleiters und der *seines Vertreters* wurden diskutiert. Ich habe keines *seiner Bücher* (oder: keines *von seinen Büchern*) gelesen. Der Lehrer kennt jeden *der Gruppe* (oder: jeden *von/ aus der Gruppe*). Hast du jemanden *von der Gruppe* (aber: *jemanden der Gruppe) getroffen?

Regelmäßig ist die Ersatzform mit *von* auch bei substantivischen Pronomina als Attribut:

Der Lehrer kennt jeden *von uns*.

Anmerkung:
Neben den Substantivwörtern kommen vereinzelt auch Adjektive, Adverbien und Infinitive als Attribute bei substantivischen Pronomina vor:

Wir *vier* arbeiten zusammen.

(Kardinalzahl beim Personalpronomen in Nachstellung)

Ich habe nichts *Neues* gehört.
(Substantivisch gebrauchtes Adjektiv in neutraler Singularform des Deklinationstyps   bei nur substantivisch gebrauchten Indefinitpronomina)

Er/wer/alle usw. dort ...
(Lokaladverb in Nachstellung)

Hast du etwas *zu lesen* für mich?
(Infinitiv bei nur substantivisch gebrauchten Indefinitpronomina)

6.
Apposition

Auch die Apposition ist eine Art Attribut. Die Besonderheit der Apposition besteht darin, daß

1. sie nur durch ein Substantiv repräsentiert werden kann (morphologisch),
2. sie referentiell mit ihrem Bezugswort identisch ist (semantisch),
3. sie im Satz ihr Bezugswort ersetzen kann (syntaktisch).

In formaler Hinsicht ist zwischen einer engen und einer lockeren Apposition zu unterscheiden. Die enge Apposition ist nicht durch Kommas vom Bezugswort abgetrennt und kommt in Vorder- und Nachstellung vor. Die lockere Apposition wird durch Kommas abgetrennt und ist immer nachgestellt. Die enge und die lockere Apposition unterscheiden sich auch in der Flexion: Während die lockere Apposition in der Regel mit dem Bezugswort im Kasus übereinstimmt, ist die enge Apposition oft morphologisch nicht gekennzeichnet. Diese fehlende Kennzeichnung der engen Apposition erlaubt auch eine eindeutige Bestimmung dessen, welches Wort Bezugswort und welches Wort Apposition ist. Deutlich wird dies besonders dann, wenn Bezugswort und Apposition gemeinsam als Genitiv-Attribut erscheinen. (Die Zahlen hinter den folgenden Beispielen beziehen sich auf die Gliederung unter 6.1.):

die Romane *Heinrich* Manns (1.)
das Haus *Onkel* Gerhards, die Vorlesung *Professor* Schmidts (Ausnahmen: Der Vortrag *Herrn* Meiers, der Diskussionsbeitrag *Genosse(n)* Wieners) (2.)
das Haus meines Onkels *Gerhard*, die Vorlesung des Professors *Schmidt* (Ausnahme: das Buch des Dr. (= Doktor) *Klein*) (3.)
die Planerfüllung des Bezirks *Dresden* (4.)

6.1.
Enge Apposition

1. Vornamen
Bezugswort ist der Familienname oder ein zweiter Vorname. Die Apposition steht vor dem Bezugswort.

Heinrich Mann, *Johann* Sebastian

Anmerkung:

Beinamen erscheinen in Nachstellung und werden gemeinsam mit dem Bezugswort flektiert:

Nathan *der Weise* – die Ringparabel Nathans *des Weisen*

2. Verwandtschaftsbezeichnungen, Berufsbezeichnungen, Titel, Anredeformen

Bezugswörter sind Vornamen oder Familiennamen. Die Apposition steht mit Nullartikel vor dem Bezugswort:

Onkel Gerhard, *Klempnermeister* Schulze, *Professor* Schmidt, *Dr.* (= *Doktor*) Klein, *Herr* Meier, *Genosse* Wiener

3. Personennamen

Bezugswörter sind Verwandtschaftsbezeichnungen, Berufsbezeichnungen, Titel und Anredeformen mit einem anderen Artikelwort als dem Nullartikel. Die Apposition steht nach dem Bezugswort.

mein Onkel *Gerhard,* der Professor *Schmidt,* der Dr. *Klein,* dieser Herr *Meier*

4. Sachnamen

Bezugswörter sind Gattungsnamen. Die Apposition steht nach dem Bezugswort.

der Bezirk *Dresden,* der VEB *Gießereianlagen,* das Hotel „*Stadt Erfurt*", die Komödie „*Der Revisor*", der Monat *Juli*

5. Verbindung mehrerer Appositionen

Öfters stehen bei einem Bezugswort gleichzeitig mehrere Appositonen:

Johann Sebastian Bach, (der) Rektor Professor Dr. Schmitt, der VEB Bibliographisches Institut Leipzig

6.2.
Lockere Apposition

Die lockere Apposition wird bei der Verbindung mehrerer Appositionen bevorzugt, besonders wenn diese umfangreicher sind:

Professor Dr. Schall, *Ärztlicher Direktor des Kreiskrankenhauses Neustadt,* hält morgen einen Vortrag.

Sonnabend, *der 7. September 1974,* ist der Abgabetermin für die Belegarbeiten.

Anmerkung:

Die lockere Apposition stimmt im allgemeinen mit dem Bezugswort im Kasus überein. Daneben kommt auch fehlende Kennzeichnung des Kasus vor, bei Datumsangaben auch der Akkusativ.

Der Vortrag Professor Dr. Schalls, *des Ärztlichen Direktors* (auch: *Ärztlicher Direktor*) *des Kreiskrankenhauses Neustadt,* fällt aus.

Am Sonnabend, *dem* (auch: *den*) 7. *September 1974*, sind die Belegarbeiten abzugeben.

6.3. Apposition bei substantivischen Pronomina

Vereinzelt kommt die Apposition auch bei substantivischen Pronomina vor. Bezugswort kann nur das Personalpronomen der 1. und 2. Person sein. Die Apposition (eng oder locker) erscheint immer in Nachstellung.

Ich *Dummkopf* habe ihm alles geglaubt.
Für Sie, *liebe Kommilitonen*, beginnt nun ein neuer Lebensabschnitt.

Satzarten

Nach den verschiedenen Sprecherintentionen, die mit Unterschieden in der Satzstruktur und Intonation verbunden sind, sind folgende Satzarten zu unterscheiden:
Aussagesatz – Fragesatz – Aufforderungssatz

Daraus darf jedoch nicht auf eine direkte Entsprechung von (syntaktischer) Satzart und (kommunikativer) Sprecherintention geschlossen werden. So können z. B. Aufforderungen auch durch Aussagesätze (*Ich habe tüchtigen Hunger.*) oder durch Fragesätze (*Kannst Du mir sagen, wie spät es ist?*) ausgedrückt werden.

1. Aussagesatz

Im Aussagesatz wird ein Sachverhalt in allgemeinster und intentional neutraler Form beschrieben. Der Aussagesatz ist eine nicht ableitbare Grundstruktur. Im nicht zusammengesetzten Aussagesatz steht das finite Verb gewöhnlich an zweiter Stelle. Die Intonation ist terminal.

Er will sich ausruhen.

Anmerkung:

Vom Aussagesatz unterscheidet sich der *Ausrufesatz*, mit dem ein spontanes Gefühl geäußert wird. Der Ausrufesatz ist durch Expressivität und eine stärkere Betonung gekennzeichnet (graphisch durch ein Ausrufezeichen markiert). In der Satzstruktur kann er den anderen Satzarten entsprechen. Die Intonation ist terminal.

H*eiß* ist es hier! Ist es hier h*eiß*!

2. Fragesatz

Wenn der Wirklichkeitsbezug eines Sachverhalts unsicher oder unbekannt ist, dann führt die Intention, diese Unsicherheit oder Unbekanntheit zu beseitigen, zur Formulierung eines Fragesatzes.

2.1.
Entscheidungsfrage (Satzfrage)

Die Entscheidungsfrage geht davon aus, daß es unsicher ist, ob die Sachverhaltsbeschreibung überhaupt einen Wirklichkeitsbezug hat oder haben wird. Sie wird durch eine Wortstellungstransformation aus dem Aussagesatz abgeleitet. Das finite Verb tritt in der Entscheidungsfrage an die Satzspitze. Die Intonation ist interrogativ.

Kommt Peter heute?
← Peter kommt heute.

Die Bestätigung der Entscheidungsfrage wird durch ein zusammenfassendes *ja*, die Ablehnung durch ein zusammenfassendes *nein* ausgedrückt. Bei einer Entscheidungsfrage mit Negationselement kehrt sich das Verhältnis von Bestätigung und Ablehnung in der Antwort um. Die der Bestätigung der Frage ohne Negation entsprechende Ablehnung wird dabei mit *doch* (anstelle von *ja*) ausgedrückt.

Sind Sie mit Ihrer Stellung zufrieden?
Ja, ich bin zufrieden.   (Bestätigung)
Nein, ich bin *nicht* zufrieden.   (Ablehnung)

Sind Sie mit Ihrer Stellung nicht zufrieden?
Nein, ich bin *nicht* zufrieden.   (Bestätigung)
Doch, ich bin zufrieden.   (Ablehnung)

2.2.
Ergänzungsfrage (Wortfrage)

Der Ergänzungsfrage liegt die Intention zugrunde, eine noch nicht bekannte Komponente eines Sachverhalts zu klären. Die Ergänzungsfragen sind aus Aussagesätzen mit indefiniten Elementen abzuleiten. Die Intonation ist terminal, das finite Verb steht an zweiter Stelle im Satz.

Wer geht mit mir ins Theater?
← *Jemand* geht mit mir ins Theater.

Die verschiedenen unbekannten Sachverhaltskomponenten (Person, Nicht-Person, Zeit, Ort usw.) werden durch spezielle Fragewörter (*w*-Wörter) erfragt. Die Antwort enthält die Spezifizierung der jeweils erfragten Komponente.

Unbestimmte Personen oder Nicht-Personen werden durch Fragepronomina erfragt:

Wer hilft dem Ausländer? – *Die Studenten* helfen dem Ausländer. (Person)
Was hilft dem Ausländer? – *Die Lehrbücher* helfen dem Ausländer. (Nicht-Person)
Wessen gedenken die Arbeiter? – Sie gedenken *des Widerstandskämpfers*. (Person) – Sie gedenken *des Kriegsausbruchs*. (Nicht-Person)

Über wen spricht der Dozent? – Er spricht *über Einstein.* (Person)
Worüber spricht der Dozent? – Er spricht *über die Relativitätstheorie von Einstein.* (Nicht-Person)

Unbekannte Begleitumstände (Zeit, Ort, Grund usw.) werden durch Frageadverbien erfragt:

Wann fährst du? – Ich fahre *am Sonntag.* (Zeitpunkt)
Wie lange bleibst du? – Ich bleibe *vier Wochen.* (Zeitdauer)
Wohin fährst du? – Ich fahre *nach Oberhof.* (Richtung)
Wo wirst du wohnen? – Ich werde *in einem Heim* wohnen. (Ort)
Wie kommst du dorthin? – Wir fahren *mit dem Bus.* (Mittel)
Warum fährst du dorthin? – Ich fahre *zur Erholung.* (Grund/Zweck)

Unbestimmte Eigenschaften von Personen, Sachen und Begleitumständen werden durch die Artikelwörter *was für* (*ein*) und *welch-* erfragt.

Was für ein Buch hast du gekauft? – Ich habe *einen Bildband* gekauft.
Welches Buch hast du gekauft? – Ich habe *den Bildband über Berlin* gekauft.

3.

Aufforderungssatz

Wenn die Beschreibung des Sachverhalts nichtexistente Tatbestände vorwegnimmt, dann führt die Intention, diese Tatbestände zu realisieren, zur Formulierung eines Aufforderungssatzes.
Die Grundform des Aufforderungssatzes ist der Imperativsatz, in dem das finite Verb die Form des Imperativs annimmt. Der Imperativ ist eine Aufforderung an die 2. Person Sing. (*du/Sie*) und Pl. (*ihr/Sie*). Er entspricht einem Aussagesatz mit einem voluntativen Element. Der Imperativsatz wird durch Spitzenstellung des finiten Verbs, eine terminale Intonation und besonders nachdrückliche Betonung gekennzeichnet.

Ich will, daß du liest. → Du sollst lesen. → *Lies (du)!*
Ich will, daß ihr lest. → Ihr sollt lesen. → *Lest (ihr)!*

Während die Personalpronomina *du* und *ihr* für die angesprochene Person im Imperativsatz zumeist nicht genannt werden, darf das Personalpronomen *Sie* nicht fehlen:

Ich will, daß Sie lesen. → Sie sollen lesen. → *Lesen Sie!*

Anmerkung:
Für den Imperativsatz gibt es zahlreiche Konkurrenzformen. Dabei ist zwischen syntaktischen (1,2) und lexikalischen (3) Mitteln zu unterscheiden. Bei den syntaktischen Konkurrenzformen ist die Aufforderung zusätzlich graphisch durch ein Ausrufezeichen, artikulatorisch durch eine nachdrückliche Betonung gekennzeichnet.

(1) Reduzierte Satzformen (Einwortsätze)
Infinitiv:

Absteigen! Singen! Aufhören!
Partizip II:

Hiergeblieben! Stillgestanden! Aufgepaßt!
Verschiedene Wortklassen:

Achtung! Hilfe! Feuer! Schnell! Leise! Auf! Weg! Zurück!
(2) Aussagesätze im Indikativ Präs. und Fut.

Du gehst jetzt! Du wirst jetzt gehen!
(3) Modalverben und andere Verben der Aufforderung

Du mußt mir helfen. Du sollst die Prüfung ablegen.
Ich brauche deine Hilfe. Ich fordere Sie zur Mitarbeit auf.

4.
Die Satzarten in indirekter Form

Sowohl der Aussagesatz als auch der Frage- und der Aufforderungssatz können außer in direkter Form auch in indirekter Form, d. h. durch eine andere Person vermittelt, vorkommen.

4.1.
Indirekter Aussagesatz

Die indirekte Aussage steht im mit der Konjunktion *daß* eingeleiteten Nebensatz. Daneben ist noch der uneingeleitete Nebensatz möglich.

Er sagte: „Ich gehe heute ins Kino."
→ Er sagte, daß er heute ins Kino geht.
→ Er sagte, er ginge heute ins Kino.

4.2.
Indirekter Fragesatz

Indirekte Fragesätze, die von Entscheidungsfragen abgeleitet sind, haben *ob* als Einleitungswort. Ihre Intonation ist terminal.

Er fragte: „Gehst du heute zur Vorlesung?"
→ Er fragte, ob ich heute zur Vorlesung gehe.

Indirekte Fragesätze, die von Ergänzungsfragen abgeleitet sind, haben das entsprechende Fragewort (*w*-Element) als Einleitungswort. Die Intonation ist gleichfalls terminal.

Er fragte: „Wer geht mit ins Theater?"
→ Er fragte, wer mit ins Theater geht.

4.3.
Indirekter Aufforderungssatz

Die indirekte Aufforderung steht wie die indirekte Aussage im Nebensatz mit der Konjunktion *daß* und im uneingeleiteten Nebensatz. Zusätzlich ist im indirekten Aufforderungssatz das Modalverb *sollen* (oder *mögen*) als finites Verb notwendig.

Er sagte: „Komm heute abend zu mir!"
→ Er sagte, daß ich heute abend zu ihm kommen solle/möge.
→ Er sagte, ich solle/möge heute abend zu ihm kommen.

Satzmodelle

1.
Wesen und Kriterien der Satzmodelle

1. Satzmodelle sind *Grundstrukturen* des deutschen Satzes. Als Strukturmodelle geben sie keinen direkten Aufschluß über den Inhalt eines Satzes; dieser Inhalt ist vielmehr von der lexikalischen Füllung der Satzmodelle abhängig. Die Struktur des Satzes hat ihr Zentrum im Verb. Das Verb legt durch seine Valenz einen Stellenplan für den Satz fest.

2. Unter *Valenz* wird die Fähigkeit der Verben verstanden, bestimmte Leerstellen im Satz zu eröffnen, die besetzt werden müssen bzw. besetzt werden können. Sie werden besetzt durch *obligatorische Aktanten* (die im Stellenplan des Verbs enthalten und in der Regel nicht weglaßbar sind) oder *fakultative Aktanten* (die auch im Stellenplan des Verbs enthalten, aber unter bestimmten Kontextbedingungen weglaßbar sind). Außer den obligatorischen und fakultativen Aktanten treten im Satz *freie Angaben* auf, die von der Valenz des Verbs nicht determiniert sind und deshalb in den Satzmodellen nicht enthalten sind. Sie sind – syntaktisch beliebig auftretende – Erweiterungen der Grundstrukturen:

Peter arbeitet *oft/manchmal/fleißig/gern.*

3. Als strukturelles Zentrum des Satzes, von dem die Valenz getragen wird und an das die Aktanten gebunden sind, wird das *finite Verb* in Verbindung mit dem *grammatischen* oder *lexikalisch-idiomatischen Prädikatsteil* aufgefaßt. Vgl. dazu das Kapitel „Satzglieder" (S. 207f.). Als Aktanten des Verbs werden aufgefaßt das Subjekt, das Prädikativ (Subjekts- und Objektsprädikativ), die Objekte und einige Adverbialbestimmungen, Nebensätze, Infinitive usw. Dabei sind Subjekte und Prädikativa in der Regel obligatorische Aktanten, die Objekte sind entweder obligatorische oder fakultative Aktanten. Die Adverbialbestimmungen sind meist frei, nur einige sind obligatorische oder fakultative Aktanten. Frei sind immer die Ergänzungsangaben (darunter das prädikative Attribut, der dativus commodi, der possessive Dativ) und die Attribute (als Satzgliedteile).

4. Bei der folgenden Liste der deutschen Satzmodelle handelt es sich um abstrakte Strukturmodelle, für die die verwendeten Verben nur als Illustrationsbeispiele dienen. Damit kann und soll kein Verzeichnis der

Verben nach ihrer Valenz geliefert werden. Zahlreiche Verben gehören vielmehr zu mehreren Satzmodellen, dann nämlich, wenn sie mehrere Varianten (1) haben (die sich in der Valenz unterscheiden) oder eine alternative Valenz mit Bedeutungsunterschied (2) aufweisen:

(1) Die Suppe *kocht.*
    Die Mutter *kocht* (die Suppe).
(2) Er *schreibt* (das Buch).
    Er *schreibt* (an dem Buch).

5. Eine andere Art von Alternativität liegt vor, wenn ein Satzglied durch einen Nebensatz oder durch eine Infinitivkonstruktion ersetzt werden kann:

(3) Er hofft *auf ein baldiges Wiedersehen.*
    Er hofft (darauf), *daß er ihn bald wiedersieht.*
    Er hofft (darauf), *ihn bald wiederzusehen.*

Obwohl es sich bei (3) nicht um verschiedene Varianten des Verbs, sondern um alternative Repräsentationen ohne semantischen Unterschied handelt – im Unterschied zu (1) und (2) –, gehen auch diese verschiedenen alternativen Repräsentationsformen in verschiedene Satzmodelle ein. Sie werden deshalb als verschiedene Satzmodelle behandelt, weil semantische Gleichheit oder Verschiedenheit kein Kriterium für Strukturmodelle sein kann.

6. Für die folgende Liste der Satzmodelle werden folgende *Konventionen* angenommen und folgende *Abkürzungen* verwendet:

(1) Da ein Substantiv als Subjekt oder Objekt immer durch ein entsprechendes Personalpronomen, eine adverbiale Präpositionalphrase (pS_A) immer durch ein entsprechendes Adverb ersetzt werden kann, werden ein Personalpronomen und ein Adverb überhaupt nicht vermerkt.

(2) Das Reflexivpronomen *sich* und das unpersönliche Pronomen *es* werden nur dann als Aktanten gewertet, wenn sie durch ein Substantiv (oder durch einen anderen Aktanten) substituierbar sind (z. B. Er wäscht *sich/das Kind. Es* (= das Geschenk) freut mich.). Sie werden nicht als Aktanten gewertet, wenn die Besetzung der entsprechenden Stelle nicht variabel ist (z. B.: Er schämt *sich.*) oder das Pronomen *es* bloßes Korrelat ist (z. B.: Ich hoffe *es,* daß er kommt.).

(3) Folgende Abkürzungen werden verwendet:

V	= Verb
A	= Aktant (durchnumeriert als A_1, A_2 usw.)
S_n	= Substantiv im Nominativ (als Subjekt)
S_{np}	= Substantiv im Nominativ (als Prädikativ)
S_a	= Substantiv im Akkusativ (als Objekt)
S_{aA}	= Substantiv im Akkusativ (als Adverbialbestimmung)
S_{ap}	= Substantiv im Akkusativ (als Prädikativ)
S_d	= Substantiv im Dativ

S_g	=	Substantiv im Genitiv
pS	=	Präposition + Substantiv (als Objekt)
pS_A	=	Präposition + Substantiv (als Adverbialbestimmung)
pS_p	=	Präposition + Substantiv (als Prädikativ)
Adj	=	Adjektivadverb (als Adverbialbestimmung)
Adj_p	=	Adjektiv (als Prädikativ)
p Adj	=	Präposition + Adjektiv (als Adverbialbestimmung)
$p Adj_p$	=	Präposition + Adjektiv (als Prädikativ)
NS	=	Nebensatz (als Objekt)
NS_S	=	Nebensatz (als Subjekt)
Inf_{zu}	=	Infinitiv mit zu (als Objekt)
Inf_{zuS}	=	Infinitiv mit zu (als Subjekt)
Inf	=	Infinitiv ohne zu

2.
Liste der Satzmodelle

1. Verben ohne Aktanten

(1) Es blitzt.

2. Verben mit keinem obl. und 1 fak. Aktanten

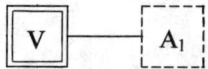

(2) (S_a) Es regnet (Blüten).

3. Verben mit 1 obl. Aktanten

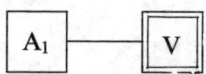

(3) S_n Die Pflanze geht ein.
(4) S_a Mich friert.
(5) S_d Es graut mir.
(6) pS   Es geht um eine wichtige Frage.
(7) Adj   Es geht lustig zu.
(8) NS_S Es heißt, daß das Raumschiff zurückgekehrt ist.
(9) $Inf_{zu\,S}$ Anzuklopfen gehört sich.

4. Verben mit 1 obl. und 1. fak. Aktanten

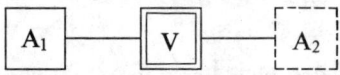

(10) S_n, (S_a) Die Mutter kauft (Milch) ein.
(11) S_n, (S_d) Das Kind folgt (seiner Mutter).
(12) S_n, (pS_A) Der Arzt steigt (in die Straßenbahn) ein.

(13) S_n, (pS)   Die Schneiderin arbeitet (an einem Kleid).
(14) S_n, (NS)   Das Kind wartet ab (, ob jemand kommt).
(15) S_n, (Inf_{zu})   Er weigert sich (, das Vorhaben zu unterstützen).
(16) S_n, (Inf)   Die Mitarbeiterin hilft (schreiben).
(17) S_d, (pS)   Ihm graut (vor dem Krankenhaus).
(18) S_d, (NS)   Ihm graut (davor, daß er ins Krankenhaus muß).
(19) S_d, (Inf_{zu})   Ihm graut (davor, ins Krankenhaus zu müssen).
(20) NS_S, (S_d)   Es gelingt (dem Arzt), daß er den Patienten rettet.
(21) Inf_{zuS}, (S_d) Es gelingt (dem Arzt), den Patienten zu retten.

5. Verben mit 1 obl. und 2 fak. Aktanten

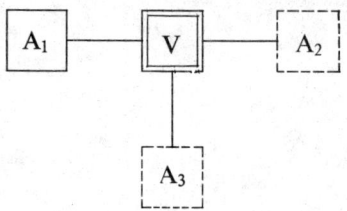

(22) S_n, (S_a), (S_d)   Die Mutter erzählt (den Kindern) (eine Geschichte).
(23) S_n, (S_d), (pS)   Der Lehrer dankt (dem Schüler) (für die Hilfe).
(24) S_n, (S_d), (NS)   Der Lehrer dankt (dem Schüler), (daß er ihm geholfen hat).
(25) S_n, (S_d), (Inf_{zu}) Der Polizist hilft (dem Kind), (über die Straße zu gehen).
(26) S_n, (S_d), (Inf)   Das Kind hilft (der Mutter) (arbeiten).
(27) S_n, (p_1S), (p_2S) Das Kind bedankt sich (bei dem Polizisten) (für die Hilfe).
(28) S_n, (pS), (NS)   Der Messegast bedankt sich (bei dem Polizisten), (daß er ihm geholfen hat).

6. Verben mit 1 obl. und 3 fak. Aktanten

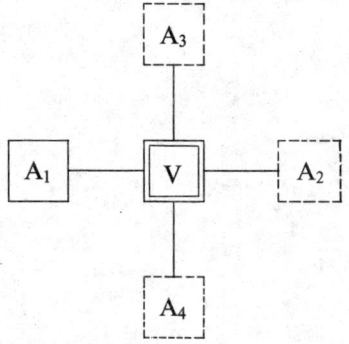

(29) S_n, (S_d), (pS_a), (NS) Der Arzt antwortet (dem Patienten) (auf seine Frage), (daß er komme).
(30) S_n, (S_a), (p_1S), (p_2S) Der Schriftsteller übersetzt (das Buch) (aus dem Russischen) (in das Deutsche).

7. Verben mit 2 obl. Aktanten

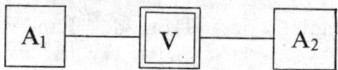

(31) S_n, S_a Der Direktor erwartet seine Gäste.
(32) S_n, S_d Der Raum gehört der Universität.
(33) S_n, S_g Die Klasse gedachte des verstorbenen Schülers.
(34) S_n, pS Der Dozent verweist auf das neue Buch.
(35) S_n, pS_A Der Arzt wohnt in Leipzig.
(36) S_n, S_{np} Das Mädchen wird Lehrerin.
(37) S_n, Adj_p Die Lehrerin ist krank.
(38) S_n, pS_p Er wird zum Verräter.
(39) $S_n, pAdj$ Die Kritik geht zu weit.
(40) S_n, S_{aA} Die Versammlung dauerte zwei Stunden.
(41) S_n, NS Der Arzt findet, daß der Patient besser aussieht.
(42) S_n, Inf_{zu} Das Pferd droht zusammenzubrechen.
(43) S_n, Inf Der Schüler geht einkaufen.
(44) NS_S, S_a Daß er nicht kommt, ärgert den Lehrer.
(45) NS_S, S_d Es gefällt ihm, daß er eingeladen wird.
(46) NS_S, S_g Daß er in Dresden war, bedarf keines Beweises.
(47) NS_S, pS Aus der Verfassung der DDR folgt, daß sich die DDR für den Frieden verantwortlich fühlt.
(48) NS_S, Adj_p Daß er kommt, ist bekannt.
(49) Inf_{zuS}, S_a Es freut den Arzt, seinen Kollegen wiederzusehen.
(50) Inf_{zuS}, S_d Es gefällt ihm, eingeladen zu werden.
(51) Inf_{zuS}, Adj_p Ihn zu sehen ist wichtig.
(52) S_a, pS Den Kranken verlangt nach Ruhe.
(53) S_d, Adj Dem Lehrer geht es gut.

8. Verben mit 2 obl. und 1 fak. Aktanten

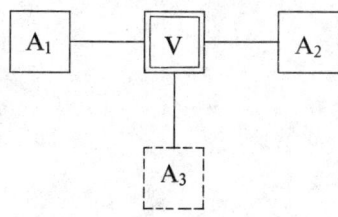

(54) $S_n, S_a, (S_d)$ Der Schüler beantwortet (dem Lehrer) die Fragen.
(55) $S_n, S_{a1}, (S_{a2})$ Das Studium kostet (die Familie) kein Geld.
(56) $S_n, S_a, (pS)$ Die Mutter verteilt den Kuchen (an die Kinder).
(57) $S_n, S_a, (S_g)$ Der Staatsanwalt klagt den Mann (des Mordes) an.
(58) $S_n, S_a, (pS_A)$ Der Sohn begleitet seinen Vater (in die Stadt).
(59) $S_n, S_a, (NS)$ Der Sektionsdirektor befragt den Studenten (, ob er den Forschungsauftrag übernehmen könnte).

Liste   253

(60) S_n, S_a, (Inf_{zu}) Die Mutter beauftragt die Tochter (, die Wäsche zu waschen).
(61) S_n, S_d, (pS_A) Der Lehrer begegnete dem Trotz des Kindes (mit Gelassenheit).
(62) S_n, pS_A, (S_a) Der Weg führte (die Touristen) ins Tal.
(63) S_n, p_1S, (p_2S) Der Fußgänger klagte (gegen den Autofahrer) auf Schadenersatz.
(64) S_n, NS, (S_d) Der Student verschwieg (dem Dozenten), daß er zu Hause war.
(65) S_n, NS, (pS) Der Schüler entgegnete (auf die Frage), daß er krank gewesen sei.
(66) S_n, NS, ($pAdj_p$) Der Arzt beurteilt (es als entscheidend), wie die Operation verlaufen ist.
(67) S_n, NS, (pS) Der Polizist bemerkt (am Geräusch), daß sich jemand nähert.
(68) S_n, Inf_{zu}, (Sa) Der Diskussionsleiter bittet (die Zuhörer), Fragen zu stellen.
(69) S_n, NS, (S_a) Der Referent bittet (die Zuhörer), daß sie Fragen stellen.
(70) S_n, S_a, (Inf) Er sieht sie (kommen).
(71) S_n, Inf_{zu}, (S_d) Der Direktor empfahl (einer Kommission), die Lehrpläne zu überarbeiten.
(72) NS_S, S_a, (pS) Daß er gut schwimmen konnte, rettete ihn (vor dem Ertrinken).
(73) NS_S, S_a, (S_d) Daß der Schüler verreist war, beantwortete (dem Lehrer) die Frage.
(74) NS_S, S_{a1}, (S_{a2}) Daß er studiert, kostet (die Familie) kein Geld.
(75) NS, pS, (S_a) Daß er sich aussprach, führte (ihn) zur Einsicht.

9. Verben mit 2 obl. und 2 fak. Aktanten

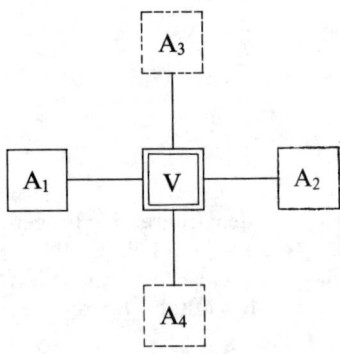

(76) S_n, S_a, (Inf), (pS_A) Der Arzt hat viele Patienten (im Wartezimmer) (sitzen).

(77) $S_n, p_1S, (S_a), (p_2S)$ Der Referent bittet (die Zuhörer) (für diesen Zwischenruf) um Verständnis.
(78) S_n, NS, (S_d), (pS) Der Schüler entgegnete (dem Lehrer) (auf dessen Frage), daß er aufgepaßt habe.

10. Verben mit 3 obl. Aktanten

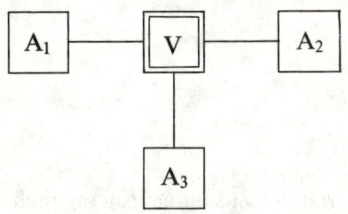

(79) S_n, S_a, S_{ap} Der Meister nannte die Frau eine gute Arbeiterin.
(80) S_n, S_a, Adj_p Der Lehrer nennt den Schüler fleißig.
(81) $S_n, S_a, pAdj_p$ Der Lehrer bezeichnet den Schüler als fleißig.
(82) S_n, S_a, pS_p Der Direktor bezeichnet den Mathematiker als guten Lehrer.
(83) S_n, S_a, S_d Der Hund brachte dem Mann eine Verletzung bei.
(84) S_n, S_a, S_g Sie bezichtigt den Nachbarn der Lüge.
(85) S_n, S_a, pS_A Der Lehrer legt das Buch auf den Tisch.
(86) S_n, S_a, NS   Die Mutter gewöhnt die Kinder daran, daß sie zeitig aufstehen.
(87) S_n, S_a, Inf_{zu} Die Mutter gewöhnt die Kinder daran, pünktlich aufzustehen.
(88) S_n, S_a, Inf   Die Mutter legt das Kind schlafen.
(89) S_n, S_d, Adj   Das Rauchen bekommt ihm schlecht.
(90) S_n, S_d, NS   Der Dozent bringt den Studenten bei, wie sie einen Text interpretieren sollen.
(91) S_n, S_d, Inf_{zu} Der Dozent bringt den Studenten bei, einen Text komplex zu interpretieren.
(92) S_n, Adj, Inf   Der Mann hat gut reden.
(93) S_n, S_a, pS   Der Polizist hindert den Einbrecher an der Flucht.
(94) $S_n, pAdj_p$, NS   Die sozialistische Gesellschaft betrachtet es als notwendig, daß die Jugend viel lernt.
(95) $S_n, pAdj_p, Inf_{zu}$ Arbeiterkinder zu fördern, halten wir für nötig.
(96) S_n, pS_p, NS   Der sozialistische Staat betrachtet es als wichtige Aufgabe, daß der Sport gefördert wird.
(97) S_n, pS_p, Inf_{zu} Der sozialistische Staat betrachtet es als wichtige Aufgabe, den Sport zu fördern.

Zusammengesetzter Satz

1.
Allgemeines

Zusammengesetzte Sätze entstehen durch die Zusammenfügung mehrerer Grundstrukturen zu einer komplexen Einheit. Die Zusammenfügung erfolgt durch *koordinative* oder *subordinative* Verbindung.

1.1.
Koordinative Verbindung (= Nebenordnung, Parataxe)

Wird das Prinzip der koordinativen Verbindung auf zwei oder mehrere Hauptsätze angewandt, so entsteht eine *Satzverbindung*.

1. Formen der Koordination in der Satzverbindung

Die beiden Teile der Satzverbindung können entweder asyndetisch oder syndetisch verknüpft sein.
Bei der *asyndetischen* Konstruktion fehlt ein formales Verknüpfungszeichen (Konjunktion, Konjunktionaladverb) zwischen den beiden Teilen der Satzverbindung. Trotzdem wird der enge Zusammenhang der beiden Sätze durch die Semantik und durch die Intonation deutlich.

Die Lesefähigkeit wird entwickelt, die Sprachbeherrschung wird verbessert.

Bei der *syndetischen* Konstruktion sind die beiden Teile der Satzverbindung durch ein formales Verknüpfungszeichen (koordinierende Konjunktion, Konjunktionaladverb) verbunden. Diese Verknüpfungszeichen leiten den zweiten Satz ein (Konjunktionen, Konjunktionaladverbien) oder stehen nach dem finiten Verb (Konjunktionaladverbien).

Ich gehe nicht mit ins Kino, *denn* ich muß noch arbeiten.
Er ist krank, *deshalb* fährt er zur Kur (..., er fährt *deshalb* zur Kur).

2. Inhaltliche Beziehungen der Koordination in der Satzverbindung

(1) Kopulative Satzverbindung
Die beiden Hauptsätze werden nur aneinandergereiht und nebeneinandergestellt, ohne daß eine logische Verbindung zwischen ihnen hergestellt wird. Das kopulative Verhältnis wird hergestellt durch Konjunktionen (*und, sowohl ... als auch, weder .... noch, nicht nur ... sondern auch*) oder durch Konjunktionaladverbien (*auch, außerdem, fer-*

ner, *zudem*, *überdies*, *ebenso*, *ebenfalls*, *gleichfalls*); es können jedoch Hauptsätze auch in kopulativer Weise asyndetisch aneinandergereiht werden.

Der Ingenieur war viel im Ausland, (*und*) er lernte die Lebensbedingungen in fremden Ländern kennen.

Anmerkung:
1. Innerhalb der kopulativen Satzverbindung kann manchmal eine Hervorhebung (*sogar, überdies, nämlich, und zwar*) oder eine Einteilung (*teils ... teils, einerseits ... andererseits, erstens ... zweitens*) besonders akzentuiert sein.
2. Von den zweiteiligen kopulativen Konjunktionen werden durch *sowohl ... als auch* und durch *nicht nur ... sondern auch* beide Sätze bejaht, durch *weder .... noch* beide Sätze verneint.

(2) Disjunktive Satzverbindung
Durch den Sachverhalt des zweiten Hauptsatzes wird der Sachverhalt des ersten Hauptsatzes ausgeschlossen. Das disjunktive (alternative) Verhältnis wird hergestellt durch Konjunktionen (*oder, entweder ... oder*) oder durch Konjunktionaladverbien (*sonst, andernfalls*).

Er ist *entweder* schon zur Arbeit gegangen, *oder* er ist noch zu Hause.

(3) Adversative Satzverbindung
Der Sachverhalt des zweiten Hauptsatzes ist dem Sachverhalt des ersten Hauptsatzes entgegengesetzt. Das adversative Verhältnis wird hergestellt durch Konjunktionen (*aber, doch, jedoch, sondern*) oder durch Konjunktionaladverbien (*dagegen, hingegen, indessen, vielmehr*); es können jedoch Hauptsätze auch in adversativer Weise asyndetisch nebeneinanderstehen.

Einsichten sind gut, (*aber*) Veränderungen sind besser.

(4) Restriktive Satzverbindung
Der zweite Hauptsatz schränkt den Sachverhalt des ersten Hauptsatzes ein. Das restriktive Verhältnis wird hergestellt durch Konjunktionen (*aber, doch, allein, jedoch*) oder durch Konjunktionaladverbien (*freilich, zwar ... aber, wohl ... aber, nur, indessen*).

Er hat die DDR mehrmals besucht; *jedoch* in Dresden ist er noch nicht gewesen.
Er hat *zwar* die DDR mehrmals besucht, *aber* in Dresden ist er noch nicht gewesen.

(5) Kausale Satzverbindung
Der zweite Hauptsatz enthält den Grund für den Sachverhalt des ersten Hauptsatzes. Das kausale Verhältnis wird hergestellt durch Konjunktion (*denn*) oder Konjunktionaladverb (*nämlich*); es kann aber auch unbezeichnet (asyndetisch) sein.

Er konnte das Problem nicht lösen, (*denn*) ihm fehlte die Sachkenntnis.

Allgemeines

(6) Konsekutive Satzverbindung
Der zweite Hauptsatz gibt die Folge des im ersten Hauptsatz genannten Sachverhaltes an. Das konsekutive Verhältnis wird durch Konjunktionaladverbien ausgedrückt (*also, folglich, daher, darum, demnach, deshalb, deswegen, mithin, somit, infolgedessen*) oder bleibt formal unbezeichnet.

Dem Schüler fehlt die Sachkenntnis, *deshalb* konnte er das Problem nicht lösen.

(7) Konzessive Satzverbindung
Der zweite Hauptsatz gibt eine Folge an, die im Gegensatz zu der im ersten Hauptsatz genannten Voraussetzung steht. Die konzessive Satzverbindung wird signalisiert durch Konjunktionaladverbien (*trotzdem, gleichwohl, nichtsdestoweniger, dessenungeachtet*).

Es regnete in Strömen; *trotzdem* gingen wir spazieren.

1.2.
Subordinative Verbindung (= Unterordnung, Hypotaxe)
Das Prinzip der subordinativen Verbindung wird bei der Einbettung eines Nebensatzes in einen Hauptsatz angewandt. Bei dieser Einbettung entsteht ein *Satzgefüge*.

1.2.1.
Formen der Subordination im Satzgefüge
Der Nebensatz kann in den übergeordneten Hauptsatz eingebettet werden entweder mit Hilfe eines Einleitungswortes (= eingeleiteter Nebensatz) oder ohne ein solches Einleitungswort (= uneingeleiteter Nebensatz).

1. Subordination eines eingeleiteten Nebensatzes

(1) Relativsätze
Relativsätze werden eingeleitet durch ein Relativpronomen (a) oder durch ein Relativadverb (b):

(a) Die DDR ist ein Land, *das* mitten in Europa liegt.
    Wer wagt, gewinnt.
(b) Die Länder, *wo* es am heißesten ist, liegen in der Nähe des Äquators.

(2) Konjunktionalsätze
Konjunktionalsätze werden eingeleitet durch subordinierende Konjunktionen:

Er besucht uns, *wenn* er in Berlin ist.
Der Student erkundigt sich, *ob* die Prüfung stattfindet.

(3) Eingeleitete Nebensätze mit *w*-Fragewort
Eingeleitete Nebensätze mit *w*-Fragewort werden eingeleitet durch Interrogativpronomina (a) oder durch Interrogativadverbien (b):

(a) Man wußte nicht, *wer* die Prüfung bestanden hat.
(b) Der Lehrer wollte wissen, *wohin* die Schüler zur Prüfung gehen müssen.

2. Subordination eines uneingeleiteten Nebensatzes
Bei uneingeleiteten Nebensätzen fehlt das formale Signal für die Subordination. Trotzdem wird das Abhängigkeits- und Einbettungsverhältnis durch die Semantik und durch die Intonation deutlich. Eine uneingeleitete Subordination ist bei folgenden Arten von Nebensätzen möglich:

(1) Objektsätze (ohne *daß*, mit finitem Verb an zweiter Stelle):

Ich dachte, *daß* er seine Prüfung abgelegt hätte.
→ Ich dachte, er *hätte* seine Prüfung abgelegt.

(2) Konditionalsätze (ohne *wenn*, mit finitem Verb an erster Stelle):

Wenn er morgen kommt, können wir alles besprechen.
→ *Kommt* er morgen, können wir alles besprechen.

(3) Konzessivsätze (ohne *obwohl*, aber mit Partikel *auch*; mit finitem Verb an erster Stelle):

Obwohl die Arbeit schwer ist, muß sie geschafft werden.
→ *Ist* die Arbeit *auch* schwer, sie muß geschafft werden.

1.2.2.
Inhaltliche Beziehungen der Subordination im Satzgefüge
Im Satzgefüge können mannigfaltige Beziehungen inhaltlicher Art zwischen Haupt- und Nebensatz ausgedrückt werden. Zu diesen Beziehungen vgl. das Kapitel „Nebensätze" (S. 267 ff.).

1.3.
Besondere Arten der Verbindung von Sätzen
1. Schaltsatz
Der Schaltsatz ist äußerlich eine Form der unverbundenen koordinativen Verknüpfung von Hauptsätzen; allerdings ist der eine Hauptsatz in den anderen „eingeschaltet". Inhaltlich handelt es sich jedoch nicht um Koordination; der eingeschaltete HS ist im Verhältnis zum anderen HS entweder übergeordnet (1) oder untergeordnet (2):

(1) Der Zeitschriftenartikel – ich möchte es dir heute schon mitteilen – wird in Kürze erscheinen.
← Ich möchte es dir heute schon mitteilen, daß der Zeitschriftenartikel in Kürze erscheinen wird.
(2) Die Prüfungstermine – sie waren vorverlegt worden – beunruhigten die Studenten.
← Die Prüfungstermine, die vorverlegt worden waren, beunruhigten die Studenten.

2. Satzperiode

Als Satzperiode wird ein vielfach zusammengesetzter Satz bezeichnet. Er entsteht durch die Nebenordnung mehrerer Satzgefüge oder durch Unterordnung mehrerer Nebensätze – die einander gleich- oder untergeordnet sein können – unter einen Hauptsatz. In der Satzperiode treten somit die koordinative und die subordinative Art der Verbindung gleichzeitig auf.

In Ländern wie in Frankreich, wo die Bauernklasse weit mehr als die Hälfte der Bevölkerung ausmacht, war es natürlich, daß die Schriftsteller, die für das Proletariat gegen die Bourgeoisie auftraten, an ihre Kritik des Bourgeoisregimes den kleinbürgerlichen und kleinbäuerlichen Maßstab anlegten ... (Marx/Engels: Kommunistisches Manifest)

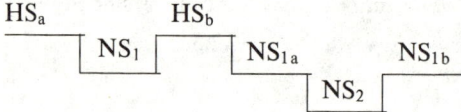

HS$_a$ (Hauptsatz, 1. Teil): *In Ländern wie in Frankreich,*
NS$_1$ (Nebensatz 1. Grades, Zwischensatz): *wo die Bauernklasse weit mehr als die Hälfte der Bevölkerung ausmacht,*
HS$_b$ (Hauptsatz, 2. Teil): *war es natürlich,*
NS$_{1a}$ (Nebensatz 1. Grades, 1. Teil, Nachsatz): *daß die Schriftsteller,*
NS$_2$ (Nebensatz 2. Grades, Zwischensatz): *die für das Proletariat gegen die Bourgeoisie auftraten,*
NS$_{1b}$ (Nebensatz 1. Grades, 2. Teil, Nachsatz): *an ihre Kritik des Bourgeoisregimes den kleinbürgerlichen und kleinbäuerlichen Maßstab anlegten.*

3. Zusammengezogener Satz

Der zusammengezogene Satz ist eine besondere Art der koordinativen Verbindung in der Satzverbindung. Er entsteht aus der Satzverbindung durch Reduktion. Ein zusammengezogener Satz liegt dann vor, wenn sich *ein* Satzglied auf *mehrere* andere Satzglieder der gleichen Art bezieht:

Er *studiert* in Leipzig, seine Schwester in Berlin.
　　　　　　　　　　　　　　　　　　　(gemeinsam: Prädikat)
Du hinterläßt mir eine Nachricht im Institut oder rufst mich zu Hause an.
　　　　　　　　　　　　　　　　　　　(gemeinsam: Subjekt)
Er besorgte und sie bezahlte *die Bücher*. 　　(gemeinsam: Objekt)
Er lief und sie fuhr *in die Stadt*. (gemeinsam: Adverbialbestimmung)

4. Infinitiv- und Partizipialkonstruktionen

Eine andere Form der Reduzierung stellen die Infinitiv- und Partizipialkonstruktionen dar. Sie sind reduzierte Nebensätze, üben die Funktion von Nebensätzen aus und bilden zusammen mit übergeordneten Sätzen Satzgefüge.

2.
Nebensätze

2.1.
Formenbestand

2.1.1.
Form der Nebensätze

An der Spitze des Nebensatzes steht gewöhnlich ein pronominales oder konjunktionales Anschlußwort, das die Verbindung zum übergeordneten Satz herstellt. Es hat im übergeordneten Satz ein obligatorisches, fakultatives oder aber ein im konkreten Satz nicht mehr auftretendes Korrelat.
Das finite Verb steht gewöhnlich am Ende des Nebensatzes. Folgende Nebensatzarten zeigen keine Endstellung des finiten Verbs:

1. Konzessivsatz ohne Konjunktion:
Spitzenstellung des finiten Verbs

Sei die Arbeit auch schwer, sie muß geschafft werden.

2. Konditionalsatz ohne Konjunktion:
Spitzenstellung des finiten Verbs

Kommt er morgen, (so/dann) können wir alles besprechen.

3. Objektsatz ohne Konjunktion:
Die Wortstellung ist wie im Hauptsatz. Konjunktionslose Objektsätze stehen nach den Verben des Sagens, Denkens und Fühlens.

Ich dachte, er *hätte* seine Prüfung abgelegt.

4. Irrealer Komparativsatz mit Konjunktion *als*:
Das finite Verb steht unmittelbar nach der Konjunktion *als*.

Es schien so, als *schliefe* sie fest.

2.1.2.
Stellung der Nebensätze

Der Nebensatz tritt in drei Positionen auf:

1. Vordersatz:
Weil seine Leistungen ausgezeichnet waren, bekam er eine Aspirantur.

2. Nachsatz:
Er bekam eine Aspirantur, weil seine Leistungen ausgezeichnet waren.

3. Zwischensatz:
Er bekam, weil seine Leistungen ausgezeichnet waren, eine Aspirantur.

Der häufigste Typ ist der Nachsatz.

2.1.3.
Grad der Abhängigkeit der Nebensätze

1. Gleichgeordnete Nebensätze gleichen Grades
Der Nebensatz ist Element einer Reihe gleichgeordneter Nebensätze, die vom Hauptsatz abhängen. Diese Nebensätze sind Nebensätze ersten Grades.

HS 1. Teil	*1. NS 1. Grades*	*2. NS 1. Grades*	HS 2. Teil
Die Studenten,	die ihre Prüfung abgelegt haben	und denen die Zeugnisse ausgehändigt wurden,	verlassen Leipzig Ende der Woche.

2. Nebensätze verschiedenen Grades
Der Nebensatz ist Element einer Kette von Nebensätzen verschiedenen Grades. Der vom Hauptsatz abhängige Satz ist ein Nebensatz ersten Grades, ein von einem NS ersten Grades abhängiger Satz ist ein NS zweiten Grades, ein von einem NS zweiten Grades abhängiger Satz ist ein NS dritten Grades usw.

HS
Die Beispiele zeigen,
    NS 1. Grades
    wie notwendig es ist,
        NS 2. Grades
        daß wir alle Belege prüfen,
            NS 3. Grades
            damit Fehler vermieden werden.

2.1.4.
Wortstellung im Hauptsatz

Die Wortstellung im HS entspricht den normalen Regeln der Wortstellung im Aussagesatz, wenn der NS ein Nach- oder Zwischensatz ist. Ist der NS dagegen ein Vordersatz, so steht im folgenden HS das finite Verb an erster Stelle, weil der voraufgehende NS als Äquivalent für ein Satzglied aufgefaßt wird:

Als er in Dresden ankam, *besuchte* er seinen Freund.

Von dieser Regel gibt es folgende Ausnahmen:

1. Wenn der NS als Vordersatz ein Konzessivsatz mit der Partikel *auch* ist (uneingeleiteter Konzessivsatz oder eingeleitet mit *wenn, wer, wem, wann, wo* usw.), steht im folgenden HS nicht das finite Verb, sondern das Subjekt an erster Stelle:

Wenn er auch krank war, er *kam* zur Arbeit.

2. Wenn ein Korrelat im HS (*so, da, dann* usw.) steht, nimmt nicht das finite Verb, sondern das Korrelat die erste Stelle im HS ein, da es nicht als eigenes Satzglied rechnet, sondern nur den Inhalt des vorangegangenen NS zusammenfaßt:

Wenn er pünktlich kommt, dann *kann* ich ihn abholen.

2.1.5. Infinitivkonstruktionen

Statt der Nebensätze können unter bestimmten Bedingungen auch Infinitivkonstruktionen verwendet werden.

1. Der *Subjektsatz* kann durch eine Infinitivkonstruktion vertreten werden,

(1) wenn das Subjekt des NS identisch ist mit dem Objekt des HS:

Daß *er* das Spiel gewonnen hat, freut *ihn*.
→ Das Spiel gewonnen zu haben freut ihn.

(2) wenn als Subjekt des NS das unbestimmt-persönliche *man* erscheint:

Daß *man* pünktlich kommt, ist ratsam.
→ Pünktlich zu kommen ist ratsam.

2. Der *Objektsatz* kann durch eine Infinitivkonstruktion vertreten werden,

(1) wenn das Subjekt des NS identisch ist mit dem Subjekt des HS:

Er entschließt sich (dazu), daß *er* bald abreist.
→ Er entschließt sich (dazu), bald abzureisen.

(2) wenn das Subjekt des NS identisch ist mit dem Objekt des HS:

Die Lehrerin erlaubt *dem Schüler*, daß *er* früher nach Hause geht.
→ Die Lehrerin erlaubt dem Schüler, früher nach Hause zu gehen.

(3) wenn das Subjekt des NS identisch ist mit dem logischen Subjekt des HS, das aber nur in der Grundstruktur, nicht im konkreten Satz als grammatisches Subjekt erscheint:

Sein Bemühen, daß *er* die Prüfung gut besteht, wurde belohnt.
→ *Sein* Bemühen, die Prüfung gut zu bestehen, wurde belohnt.
(← *Er* bemüht sich, daß *er* die Prüfung gut besteht).

3. Der *Adverbialsatz* kann durch eine Infinitivkonstruktion ersetzt werden,

(1) wenn das Subjekt des NS identisch ist mit dem Subjekt des HS:

Er ging durch den Regen, ohne daß *er* einen Mantel trug.
→ Er ging durch den Regen, ohne einen Mantel zu tragen.

(2) wenn das Subjekt des NS identisch ist mit dem logischen Subjekt des HS (das als grammatisches Objekt erscheint);

Ein kleiner Hinweis genügte *dem Schüler*, damit er die Aufgabe löste.
→ Ein kleiner Hinweis genügte *dem Schüler*, um die Aufgabe zu lösen.

(3) wenn als Subjekt des NS das unbestimmt-persönliche *man* erscheint:

Das Theater ist groß genug, daß *man* darin die Feier durchführen kann.
→ Das Theater ist groß genug, um darin die Feier durchführen zu können.

Anmerkung:

(1) Bei den Adverbialsätzen, die in Infinitivkonstruktionen verwandelt werden können, handelt es sich um solche, die mit *damit* (→ *um zu*), *ohne daß* (→ *ohne zu*), *als daß* (→ *um zu*) eingeleitet sind.
(2) Bei Identität des grammatischen Subjekts in HS und NS können auch Sätze mit *(an)statt daß* und *so .... daß* durch Infinitivkonstruktionen mit *zu* ersetzt werden.

2.1.6.
Partizipialkonstruktionen

In einzelnen Fällen können statt der Nebensätze auch Partizipialkonstruktionen verwendet werden. Diese Partizipialkonstruktionen haben grundsätzlich die Funktion von Attributsätzen im engeren Sinne (= Relativsätzen), da sie Reduzierungen von Relativsätzen darstellen:

Der Autofahrer, der am Kopf schwer verletzt worden war, mußte sofort in das Krankenhaus eingewiesen werden.
→ Der Autofahrer, am Kopf schwer verletzt, mußte sofort in das Krankenhaus eingewiesen werden.

Wie jedes Attribut, so ist auch jede Partizipialkonstruktion in verschiedener Weise (modal, temporal, kausal usw.) semantisch interpretierbar, z. B.:

Indem die Kinder ein frohes Lied sangen, zogen sie auf den Sportplatz.
→ Ein frohes Lied singend, zogen die Kinder auf den Sportplatz.
(= modal)
Nachdem er in Dresden angekommen war, suchte er sofort seinen Freund auf.
→ In Dresden angekommen, suchte er sofort seinen Freund auf.
(= temporal)

Ein Nebensatz kann im allgemeinen nur dann durch eine Partizipialkonstruktion ersetzt werden, wenn das Subjekt in HS und NS identisch ist. Nur in Ausnahmefällen ist ein anderer Bezug möglich

(1) auf ein Objekt des HS:

Der Arzt las ein *Buch*, überladen mit fremden wissenschaftlichen Termini.

(2) auf ein Glied im HS, das als logisches Subjekt fungiert:

Entsprechend seiner Gewohnheit langsam arbeitend, gelang *ihm* die Arbeit nicht.

Bei Partizipialkonstruktionen mit konditionaler Bedeutung liegt keine Identität der Subjekte vor; entweder enthält der HS (a) oder der NS (b) ein unbestimmt-persönliches Subjekt:

(a) Falls vom Arzt nicht anders verordnet, muß *man* drei Tropfen nehmen.
(b) Streng genommen hat der Kandidat seine Thesen nicht bewiesen.

Anmerkung:
(1) Die Partizipialkonstruktion kann manchmal noch weiter – um bedeutungsleere Partizipien wie *habend, seiend, haltend* – verkürzt werden. Auf diesem Wege entstehen verkürzte Partizipialkonstruktionen (oder „freie Fügungen"), meist bei Attributsätzen im engeren Sinne und mit Bezug auf das Subjekt des HS:

Der Direktor, der den Hut in der Hand hatte, betrat das Zimmer.
→(*) Den Hut in der Hand *habend (haltend)*, betrat der Direktor das Zimmer.
→ Den Hut in der Hand, betrat der Direktor das Zimmer.

(2) Sowohl bei den Infinitiv- als auch bei den Partizipialkonstruktionen regelt sich der Gebrauch von Infinitiv I und Infinitiv II, von Partizip I und Partizip II nicht nach der absoluten, sondern nach der relativen Zeit. Infinitiv I und Partizip I stehen bei Gleichzeitigkeit von HS und NS, Infinitiv II und Partizip II bei Vorzeitigkeit des NS vor dem HS:

Den Freund *zu treffen* freut mich.
Das Spiel *gewonnen zu haben* freut die Mannschaft.
Ein Lied *singend*, ging er über die Straße.
In Dresden *angekommen*, besuchte er seinen Freund.

2.2. Syntaktische Beschreibung der Nebensätze

1. Das Korrelat
Alle Nebensätze – mit Ausnahme der weiterführenden Nebensätze – werden als nähere Bestimmung zu einem Wort im übergeordneten Satz betrachtet.
Korrelate sind obligatorisch:
(1) um eine Aussage mit der sinnentleerten Konjunktion *daß* eindeutig zu machen:

Auf Grund der Tatsache, *daß* er krank war, wurde er von der Prüfung befreit.

(2) in Verbindung mit manchen Verben und Adjektiven, die einen bestimmten Kasus regieren:

Ich verlasse mich *darauf, daß* du mir hilfst.
Ich bin *es* überdrüssig, *daß* er immer zu spät kommt.

2. Subjektsatz

Der Nebensatz tritt alternativ zu einem Substantiv im Nominativ auf. Die Subjektsätze sind Hinzufügungen zu einem Korrelat im HS. Das Korrelat ist *das, es* oder ein bedeutungsleeres Substantiv. Subjektsätze werden eingeleitet durch *daß, ob* oder ein Fragepronomen. In bestimmten Fällen werden sie durch eine Infinitivkonstruktion repräsentiert.

Mich enttäuscht sein Nichtkommen.
→ Mich enttäuscht (*es/das/die Tatsache*), daß er nicht gekommen ist.

3. Objektsatz

Der Objektsatz tritt alternativ zu einem Substantiv in einem obliquen Kasus auf. Objektsätze werden eingeleitet durch *daß, ob* oder ein Fragepronomen.
Objektsätze sind Hinzufügungen zu einem vom Verb (oder Adjektiv) abhängigen Korrelat im HS, das in einem obliquen Kasus steht.

Er begreift seinen Fehler.
→ Er begreift (*es/das/die Tatsache*), daß er einen Fehler gemacht hat.

4. Adverbialsatz

Wie Subjekt- und Objektsatz haben auch Adverbialsätze ein Korrelat im HS, das entweder – je nach Konjunktion – obligatorisch oder fakultativ auftritt oder im konkreten Satz nicht sprachüblich ist. Dabei sind zwei Gruppen zu unterscheiden:

(1) Adverbialsätze treten alternativ zu einem valenzgebundenen Glied im HS auf:

Er wohnt in Berlin.
Er wohnt (dort), wo seine Eltern wohnen.

(2) Der Adverbialsatz tritt als freie Angabe auf, wenn er nicht durch die Valenz eines Verbs gebunden ist:

Er wurde wegen hervorragender Leistungen ausgezeichnet.
→ Er wurde (deshalb/deswegen) ausgezeichnet, da/weil er Hervorragendes geleistet hat.

5. Weiterführender Nebensatz

Der weiterführende Nebensatz unterscheidet sich von den übrigen Nebensätzen dadurch, daß er nicht als nähere Bestimmung zu einem Wort des übergeordneten Satzes (zu einem Korrelat) verstanden werden kann. Einem Satzgefüge mit einem weiterführenden NS liegen vielmehr *inhaltlich* zwei *koordinativ* nebeneinanderstehende, unabhängig voneinander existierende Sachverhalte zugrunde, von denen einer dem anderen *formal* – als *subordinierter* NS – untergeordnet wird:

Er hat mich gestern besucht. Das hat mich sehr gefreut.
→ Er hat mich gestern besucht, was mich sehr gefreut hat.

6. Attributsatz im engeren Sinne
Attributsätze im engeren Sinne sind Sätze, die sich auf vollsemantische Substantive beziehen:

Er kennt das Lehrbuch, das im Schaufenster liegt.

Attributsätze sind auf Grundstrukturen zurückzuführen:

Er kennt das Lehrbuch. Das Lehrbuch liegt im Schaufenster.
→ Er kennt das Lehrbuch, das im Schaufenster liegt.
→ Das Lehrbuch, das er kennt, liegt im Schaufenster.

2.3. Semantische Klassen der Nebensätze

2.3.1. Subjektsatz

Das Prädikat des übergeordneten Satzes kann ein Vollverb sein oder aus *sein/werden* und Prädikativ (Substantiv oder Adjektiv) bestehen.

1. Das Prädikat des übergeordneten Satzes ist ein Vollverb:

Daß er das Spiel gewonnen hat, freut ihn.
Das Spiel gewonnen *zu* haben freut ihn.

2. Das Prädikat des übergeordneten Satzes wird gebildet durch *sein/werden* und Adjektiv als Prädikativ:

Ob er die Einzelheiten kennt, ist unwesentlich.
Daß er kommt, ist sicher.

3. Das Prädikat des übergeordneten Satzes wird gebildet durch *sein/werden* und Substantiv als Prädikativ:

Daß man das Kind vernachlässigt, ist ein Verbrechen.
Das Kind *zu* vernachlässigen ist ein Verbrechen.

Anmerkung:
Zu den Subjektsätzen werden auch Sätze gerechnet, die den Attributsätzen im engeren Sinne sehr ähnlich sind:

Derjenige, der wagt, gewinnt.
→ Wer wagt, gewinnt.

2.3.2. Objektsatz

Der Objektsatz entspricht einerseits Objekten, die durch reine Kasus repräsentiert sind, andererseits Objekten, die durch präpositionale Kasus ausgedrückt werden. Bei reinen Kasus erscheint im übergeordneten Satz das Korrelat *es (das)*, bei präpositionalen Kasus erscheint ein Pronominaladverb als Korrelat:

Er bestreitet *es*, daß er dort war.
Daß er dort war, *das* bestreitet er.
Er wartet *darauf*, daß du kommst.

1. Das Prädikat des übergeordneten Satzes ist ein Vollverb:

Ich erfahre (*es*) morgen, *ob* ich geprüft werde.
Ich erfuhr (*es*) heute, *daß* ich geprüft werde.

2. Das Prädikat des übergeordneten Satzes wird gebildet durch *sein/werden* und einem Adjektiv als Prädikativ:

(1) Objektsätze mit fakultativem Korrelat (Pronominaladverb, *es*)

Ich bin froh (*darüber*), *daß* ich ihn sehe.
Ich bin froh (*darüber*), ihn *zu* sehen.

(2) Objektsätze mit obligatorischem Korrelat (Pronominaladverb, *es*)

Er ist *darauf* eingestellt, *daß* er ein paar Stunden warten muß.
Er ist *darauf* eingestellt, ein paar Stunden warten *zu* müssen.

3. Die indirekte Rede
Die indirekte Rede tritt auf nach Verben des Sagens, des Denkens und Fühlens.

Er sagt, *daß* er kommt.
Er sagt, *ob* er kommt.

2.3.3.
Adverbialsätze

2.3.3.1.
Temporalsatz

Die Temporalsätze stehen zum HS in einem bestimmten Zeitverhältnis (relative Zeit). Sie werden durch Konjunktionen eingeleitet, die zusammen mit dem Tempus des NS das Zeitverhältnis zum HS ausdrücken. Das Geschehen im NS kann zum Geschehen des HS im Verhältnis der Gleichzeitigkeit, der Vorzeitigkeit oder der Nachzeitigkeit stehen.

1. Nebensätze, die eine *Gleichzeitigkeit* des Geschehens ausdrücken

(1) Dauer eines Geschehens
gleiche Dauer

Während ich in Berlin studierte, ging ich oft ins Theater.

gleicher Anfangs- und Endpunkt

Solange ich ihn kenne, (solange) arbeitet er in diesem Betrieb.

gleiche Dauer bis Sprechergegenwart mit Anfangspunkt in der Vergangenheit (bei durativen Verben im Prät. und Präs.)

Seit(dem) ich ihn kenne, (seitdem) ist er Nichtraucher.

(2) Zeitpunkt eines Geschehens

einmaliges Geschehen in der Vergangenheit

Als wir spazierengingen, (da) trafen wir einige Bekannte.

einmaliges Geschehen in Gegenwart und Zukunft

Wenn morgen die Delegierten ankommen, (dann) werden sie vom Oberbürgermeister begrüßt.

wiederholtes Geschehen

Sooft/wenn ich ihn traf, (jedesmal/immer) erzählte er mir die gleiche Geschichte.

2. Nebensätze, die eine *Vorzeitigkeit* des Geschehens ausdrücken

einmaliges Geschehen in der Vergangenheit (Tempusgebrauch: Plusq. im NS, Prät. im HS)

Der Anruf kam (dann), *als* sie das Haus verlassen hatte.
Nachdem er sein Examen abgeschlossen hatte, fuhr er zu seinen Eltern.

wiederholtes Geschehen in der Vergangenheit (Tempusgebrauch: Plusq. im NS, Prät. im HS)

Wenn er seine Arbeit beendet hatte, (dann) ging er ins Café.

wiederholtes Geschehen in der Gegenwart (Tempusgebrauch: Perf. im NS, Präs. im HS)

Wenn ich aufgestanden bin, (dann) mache ich zuerst zehn Minuten Gymnastik.

einmaliges Geschehen in der Vergangenheit, Aufeinanderfolge (Tempus in HS und NS gleich)

Als der Wecker klingelte, (da) sprang er aus dem Bett.

wiederholtes Geschehen, Aufeinanderfolge (Tempus in HS und NS gleich)

Wenn/sobald/sowie der Wecker klingelte, (dann/da) sprang er aus dem Bett.

genauer Anfangspunkt in der Vergangenheit, Dauer bis Sprechergegenwart im HS (bei perfektiven Verben im Perf. oder Plusq.)

Seit(dem) er die Arbeit beendet hatte, (seitdem) war er zufriedener.

3. Nebensätze, die eine *Nachzeitigkeit* des Geschehens ausdrücken

Endpunkt eines Geschehens

Er blieb (solange) in der DDR, *bis* er mit dem Studium fertig war.

Aufeinanderfolge

Sie bringt das Kind in den Kindergarten, *bevor/ehe* sie zur Arbeit geht.

2.3.3.2. Lokalsatz

Der Lokalsatz gibt den Ort, die Richtung oder den Erstreckungsbereich eines Geschehens an. Er ist auf eine Lokalbestimmung zurückführbar:

Ich fand das Buch, wo ich es nicht vermutet hatte.
← Ich fand das Buch an einer unvermuteten Stelle.

Der Lokalsatz wird nicht mit Konjunktionen, sondern mit Lokaladverbien eingeleitet.

(1) Ort:

Er arbeitet (dort), *wo* man ihn braucht.

(2) Richtung:

Er stammt (dorther/von dort), *woher* auch ich stamme.

(3) Erstreckungsbereich:

Soweit das Auge reichte, (soweit) war alles überschwemmt.

2.3.3.3. Modalsätze

1. Instrumentalsatz

Der NS gibt das Mittel an, mit dem ein bestimmter Erfolg erzielt wird.

Er verbesserte seine Leistungen, *indem* er fleißig trainierte.
Er hat mir *dadurch/damit* sehr geholfen, *daß* er mir seine Bücher zur Verfügung gestellt hat.

2. Komparativsatz

(1) Verhältnis der Gleichheit
Der Vergleich erfolgt zum Geschehen des HS, das durch Verb + Adjektiv/Adverb dargestellt ist:

Das Wetter ist kühl, *wie* es schon in den letzten Tagen war.

Der Vergleich erfolgt zu der besonderen Qualität (Grad) des Geschehens im HS, die durch Verb + Adjektiv/Adverb dargestellt ist:

Im Februar war es (genau) so kalt, *wie* es im Januar war.

Der Vergleich erfolgt zu der besonderen Qualität (Grad) des Geschehens im HS, die durch ein Verb oder durch Verb + Substantiv dargestellt ist:

Er hat (so) ein Tonbandgerät, *wie* ich es brauche.

Vergleich der Art und Weise des Geschehens mit der Stellungnahme des Sprechers (Modalitätsangabe):

Er hat die Arbeit (genau so) gemacht, *wie* wir es erwartet hatten. (= entsprechend unserer Erwartung)

(2) Verhältnis der verneinten Gleichheit
Bei dem Verhältnis der Gleichheit kann es sich auch um ein Verhältnis der verneinten Gleichheit (Nichtentsprechung) handeln. Dieses Verhältnis wird durch ein Negationselement im HS (a) oder im NS (b) ausgedrückt.

(a) Er hat *kein* Tonbandgerät, wie ich es brauche.
(b) Er hat die Arbeit gemacht, wie es *niemand* erwartet hatte.

(3) Verhältnis der Ungleichheit
Die Ungleichheit ist eine andere Form des Ausdrucks der Nichtentsprechung. Im HS steht bei Nichtentsprechung des Geschehens *anders*, bei Nichtentsprechung der Gradangabe wird das Adjektiv/Adjektivadverb in den Komparativ gesetzt.

Er sieht anders aus, *als* ich ihn mir vorgestellt hatte.
Die Frau ist jünger, *als* sie aussieht.

(4) Hypothetisches Verhältnis der Gleichheit[1]
(a) NS als obligatorischer Aktant (bei „Eindrucksverben" wie: *aussehen, wirken, scheinen, tun*)

Es sieht so aus, *als ob* es regnen wolle.

(b) NS als freie Angabe:

Das Kind weinte, *als ob* es große Schmerzen habe.

3. Modalsatz des fehlenden Begleitumstandes
Durch *ohne daß* wird ein fehlender Begleitumstand ausgedrückt.

Er überquert die Straße. Er achtet nicht auf den Verkehr.
→ Er überquert die Straße, *ohne daß* er auf den Verkehr achtet.

4. Proportionalsatz

(1) Proportionalsatz mit Konjunktion *je ... desto/umso*
Eine Gradangabe (Adjektiv/Adjektivadverb) im HS befindet sich in einem direkten proportionalen Verhältnis (Abhängigkeitsbeziehung) zu einer Gradangabe im NS. Der HS wird mit *desto* oder *umso*, der NS mit *je* eingeleitet. Die Gradangaben stehen im Komparativ und folgen unmittelbar den Konjunktionen.

Je mehr ich lese, *umso/desto* reicher wird mein Wortschatz.

(2) Proportionalsatz mit Konjunktion *je nachdem*
Der Sachverhalt im HS wird abhängig gemacht von verschiedenen

---

[1] Zur Wortstellung im Komparativsatz mit *als* vgl. in diesem Kapitel unter 2.1.1.4.

Möglichkeiten, die im NS genannt werden. Die Art der Möglichkeit wird durch zusätzliche Fragewörter (*wie, wann, wer* usw.) nach der Konjunktion näher gekennzeichnet.

Die Atomphysik kann, je nachdem wie sie angewendet wird, das Leben auf der Erde bereichern oder zerstören.

5. Modalsatz der Spezifizierung
Im NS wird durch die Bestimmung des Geltungsbereichs die Aussage des HS eingeschränkt.

Er hat mir damit geholfen, daß er mir seine Bücher zur Verfügung stellte.
Eine Beurteilung der Lage ist insofern schwierig, als nicht alle Fakten bekannt sind.
Eine Entscheidung in dieser Frage ist umso wichtiger, als davon die Lösung anderer Fragen abhängt.

6. Restriktivsatz
Im NS erfolgt eine Einschränkung der Aussage des HS entweder durch eine subjektive Stellungnahme (*soviel, soweit*) oder durch den Anschluß des Nichtgeltungsbereichs (*außer/nur daß, außer wenn...*).

Soviel (wie) mir bekannt ist, arbeitet er in einem Projektierungsbüro.
Ich kann jederzeit kommen, außer wenn ich Training habe.
Der Aufsatz ist sehr gut, nur daß am Anfang die Gliederung fehlt.

2.3.3.4.
Kausalsätze

Die Gruppe der Kausalsätze wird in zwei Gruppen unterteilt.
Der NS gibt die *Ursache* (Grund, Bedingung, Gegengrund) an: Kausalsatz im engeren Sinne, Konditionalsatz, Konzessivsatz.
Der NS gibt die *Wirkung* (Folge, Zweck) an: Konsekutivsatz, Finalsatz.

1. Kausalsatz im engeren Sinne

(1) HS und NS umfassen naturnotwendige, gesetzmäßige Zusammenhänge von Ursache und Wirkung.

Das Auto begann (daher/darum/deshalb/deswegen/aus dem Grunde) zu schleudern, weil/da die Straße sehr glatt war.

(2) Der Nebensatz gibt einen zusätzlichen, verstärkenden Grund an.

Der Roman wurde viel diskutiert, zumal (da) er in einer ungewöhnlichen sprachlichen Form geschrieben ist.
Ich gehe ziemlich oft ins Kino, umsomehr als ich keinen Fernseher habe.

2. Konditionalsatz
Aus einer Bedingung wird eine Folge vorausgesagt.

Wenn/falls/sofern der Zug pünktlich ankommt, (so/dann) erreichen wir den Anschlußzug.

Anmerkung:
(1) Der Konditionalsatz kommt auch konjunktionslos (mit Spitzenstellung des finiten Verbs) vor:

Kommt der Zug pünktlich an, so erreichen wir den Anschlußzug.

(2) In Verbindung mit dem Konjunktiv Prät. des Modalverbs *sollen* drückt der Konditionalsatz (mit/ohne Konjunktion) zusätzlich eine Eventualität aus:

Falls er die Arbeit nicht allein schaffen *sollte*, werde ich ihm helfen.

3. Konzessivsatz

Ein erwarteter Kausalzusammenhang bleibt unwirksam. Der im NS genannte Grund hat nicht die nach dem Gesetz von Ursache und Wirkung zu erwartende Folge.

Obwohl/obgleich/trotzdem er krank war, (so) kam er (dennoch).

Anmerkung:
(1) Konzessive Bedeutung hat auch die Verbindung von *wenn* mit einem verschiebbaren *auch*:

Er zieht keinen Mantel an, *wenn* es *auch* kalt ist.

Die Konjunktion *wenn* kann auch ausfallen; das finite Verb tritt dann an die Spitze des NS:

Hat er *auch* keine gute Prüfung abgelegt, war er doch fleißig.

Eine hypothetische Nebenbedeutung bekommt der NS durch das Modalverb *mögen* oder *sollen* (im Konj. Prät.):

Er zieht keinen Mantel an, *mag (sollte)* es *auch* kalt sein.

Der dem NS mit *(wenn) auch* nachgestellte HS beginnt zumeist mit dem Subjekt (a). Das finite Verb steht im allgemeinen nur dann an erster Stelle, wenn der HS ein *doch* (und ein fak. *so*) enthält (b).

(a) Wenn es auch spät war, *niemand* wollte nach Hause gehen.
(b) Wenn es auch spät war, (so) wollte doch *niemand* nach Hause gehen.

(2) Ähnlich wie zu *wenn* tritt ein verschiebbares *auch* (und/oder *immer*) auch zu Fragewörtern: *wie auch (immer), wann auch (immer), wo auch (immer), wer auch (immer), wen auch (immer)* usw. Diese verallgemeinernden Verbindungen haben die Funktion von subordinierenden Konjunktionen und leiten Nebensätze ein, die konzessiven Charakter tragen. Bei Vorderstellung des NS steht im HS das Subjekt obligatorisch vor dem finiten Verb:

Wie morgen das Wetter *auch* sein wird, *ich* kann nicht bleiben.

4. Konsekutivsatz

(1) Die Folge ergibt sich aus dem Geschehen des HS, das durch ein Verb oder durch ein Verb + Adjektiv, Adverb, Substantiv dargestellt ist:

Nebensätze

Er ist krank, *so daß* er zu Hause bleiben muß.
Er hat Fieber, *so daß* er nicht aufstehen darf.

(2) Die Folge ergibt sich aus einer besonderen Qualität (Grad) des Geschehens im HS, die durch ein Verb oder durch ein Verb + Adjektiv, Adverb, Substantiv dargestellt ist:

Er ist *so* krank, *daß* er im Bett liegen muß.
Er hat *solches* Fieber, *daß* er phantasiert.

(3) Der NS nennt das Nichteintreten einer sich erwartungsgemäß aus dem HS ergebenden Folge (negativer Konsekutivsatz):

Ich habe tüchtig gefroren, *ohne daß* ich mich erkältet habe.   (= Ich habe mich nicht erkältet.)
Er verläßt nie die Wohnung, *ohne daß* er sie abschließt. (= Er schließt ab.)

(4) Im HS wird das Übermaß eines Sachverhalts angegeben, auf Grund dessen eine im NS zu erwartende Folge ausbleibt. Im NS erscheint häufig das Modalverb *können* oder/und Konjunktiv. Die Entsprechung zu (2) läßt sich wie folgt schematisieren:

so ... daß + neg + Indikativ Präs. = *zu ... als daß* + pos + Konjunktiv Prät.

Das Wasser ist so kalt, daß man nicht baden kann. Das Wasser ist zu kalt, als daß man baden könnte.

so ... daß + neg + Indikativ Prät. = *zu ... als daß* + pos + Konjunktiv Plusq.

Das Wasser war so kalt, daß man nicht baden konnte. Das Wasser war zu kalt, als daß man hätte baden können.

5. Finalsatz

Der Finalsatz ist an ein personales Subjekt gebunden. Er drückt eine Absicht, einen Zweck, ein Ziel aus. Der finale Sinn ist mit einem Willenselement verbunden, das auf die Realisierung eines Geschehens gerichtet ist.

(1) Das wollende Personalsubjekt und das realisierende Subjekt sind identisch:

Er beeilt sich, *damit* er den Zug noch erreicht.
← Er beeilt sich, weil er den Zug noch erreichen will   (d.h. er will, daß er den Zug noch erreicht).

(2) Das wollende Personalsubjekt und das realisierende Subjekt sind nicht identisch:

Er schreibt die Regeln an, *damit* wir sie abschreiben.
← Er schreibt die Regeln an, weil er will, daß wir sie abschreiben.

2.3.3.5.
anstatt daß-Satz

Der NS zeigt eine nicht wahrgenommene Möglichkeit, der HS als Ersatz eine andere Möglichkeit. Vielfach ist damit eine Stellungnahme des Sprechers verbunden, indem die vom Subjekt vorgezogene Möglichkeit (im HS) vom Sprecher als nicht richtig beurteilt wird.

(An)statt daß sie sich ins Bett legte, ging die Kranke zur Arbeit.

2.3.3.6.
Adversativsatz

Das Geschehen des NS steht im Gegensatz zum Geschehen des HS.

Während es gestern schön war, regnet es heute.

2.3.4.
Weiterführender Nebensatz

Der weiterführende NS wird wie der Attributsatz durch ein Relativpronomen eingeleitet. Im Unterschied zum Attributsatz hat er jedoch kein Korrelat im HS. Die Unterordnung unter den HS ist nur formaler Natur. Als Einleitungswörter stehen vor allem *was* (für Nominativ und Akkusativ) oder die Verbindung einer Präposition mit *wo-* (für Präpositionalkasus).

Er arbeitet völlig selbständig, *was* mir besonders gefällt.
Er hat das Examen mit Auszeichnung bestanden, *worüber* sich seine Eltern sehr freuten.

2.3.5.
Attributsatz im engeren Sinne

2.3.5.1.
Restriktiver Attributsatz

Der HS ist ohne den eingebetteten NS im gegebenen Kontext mißverständlich. Der NS unterscheidet einen Gegenstand von anderen Gegenständen der gleichen Klasse. Er spezifiziert, schränkt ein. An Stelle des bestimmten/unbestimmten Artikels beim Bezugswort im HS kann das selektierende Artikelwort *derjenige* stehen. Der restriktive Attributsatz hat enklitische Intonation, d. h., es entsteht keine Pause zwischen HS und NS.

Ich kaufe das Buch, das im Schaufenster liegt.
→ Ich kaufe dasjenige Buch, das im Schaufenster liegt.

2.3.5.2.
Nichtrestriktiver Attributsatz

Der NS ist eine vom Kontext her nicht notwendige Ergänzung. Er ist ein zweites logisches Prädikat. Der NS bietet eine zusätzliche In-

Nebensätze 275

formation zur Sache, er erläutert sie. An Stelle des bestimmten/unbestimmten Artikels beim Bezugswort im HS kann das demonstrative Artikelwort *dieser/jener* stehen. Der nichtrestriktive Attributsatz hat Parenthese-Intonation, d. h., es entsteht eine Pause zwischen HS und NS.

Das Auto, das mit großen Kisten beladen war, fuhr an uns vorüber.
→ Dieses Auto, das mit großen Kisten beladen war, fuhr an uns vorüber.

2.3.5.3.
Besonderheiten im Gebrauch der Relativpronomina

1. Das Relativpronomen *der* wird wie das gleichlautende substantivische Demonstrativpronomen nach Kasus, Genus und Numerus abgewandelt.[1] Der Kasus richtet sich nach der Satzgliedfunktion des Pronomens im NS (1), Genus und Numerus werden durch das Bezugswort im HS bestimmt (2):

(1) Der Schüler, *der* den Wettbewerb gewonnen hat, erhält eine Auszeichnung.
Der Schüler, *dessen* ich mich noch gut erinnere, studiert jetzt in Freiberg.
(2) Das Kind, *das* den Unterricht versäumt hat, muß die Arbeit nachholen.
Die Jungen, *die* an der Spartakiade teilnehmen, fahren nach Berlin.

In der Genitivform (Sing. mask./neutr. *dessen*, Sing. fem. und Pl. *deren*) dient das Relativpronomen *der* auch als possessives Relativpronomen zum Ausdruck der Zugehörigkeit:

Der Schüler, *dessen* Namen ich vergessen habe, ist zur Sprechstunde gekommen.
Die Schülerin, *deren* Vater im Sprechzimmer wartet, ist schon operiert.

Anmerkung:
Im allgemeinen ist das Bezugswort im HS ein Substantiv. Wenn das Bezugswort ein Personalpronomen der 1. oder 2. Person ist, wird dem Relativpronomen zumeist das Personalpronomen hinzugefügt:

Wir, die (*wir*) dir immer geholfen haben, verdienen keine Vorwürfe.

Die Höflichkeitsform *Sie* muß immer im NS wiederholt werden:

Sie, die *Sie* alles getan haben, verdienen keinen Vorwurf.

2. Die Relativpronomina *wer* und *was* werden – wie die gleichlautenden Interrogativpronomina – nur nach dem Kasus und nicht nach dem Genus und Numerus abgewandelt.

[1] Zu den Flexionsformen vgl. das Kapitel „Substantivwörter" unter 3.2.3. Das mit dem Interrogativpronomen formal identische Relativpronomen *welcher* ist mit *der* austauschbar. Es wird jedoch weit seltener gebraucht (vor allem aus stilistischen Gründen, etwa um Wiederholungen zu vermeiden).

was steht im Nominativ und im reinen Akkusativ, wenn das Bezugswort im HS ein neutrales substantivisches Pronomen oder ein neutrales substantivisch gebrauchtes Adjektiv im Superlativ bzw. ein unbestimmtes Zahladjektiv ist:

Manches/Vieles/Das Wichtigste, *was* wir gefordert haben, ist verwirklicht worden.

wer kann für das Relativpronomen *der* und das substantivische Demonstrativpronomen (als personales Bezugswort) stehen, wenn beide im Kasus übereinstimmen:

Denjenigen, *den* ich zuerst treffe, frage ich.
→ *Wen* ich zuerst treffe, frage ich.

3. Für relatives *der* und *was* erscheinen unter bestimmten Bedingungen Verbindungen von *wo-* plus Präposition (Pronominaladverb); vgl. dazu das Kapitel „Substantivwörter" (S. 105).

4. Wenn das Bezugswort im HS eine Lokalangabe ist, kann man an Stelle der Präposition (zumeist: *in*) und des Relativpronomens auch das Relativadverb *wo* verwenden:

Er verläßt die Stadt, *in der* er vier Jahre studiert hat.
→ Er verläßt die Stadt, *wo* er vier Jahre studiert hat.

Wenn die Lokalangabe ein Orts- oder Ländername ist, ist nur *wo* möglich:

Er verläßt Leipzig, *wo* er vier Jahre studiert hat.

Nebensätze

Sachregister

A

abgeleitetes Verb 38, 82
abgeleitete Zahl 129
Ablaut 19
Abstraktum 87, 94, 111 f., 149
absoluter Superlativ (vgl. Elativ)
absolute Tempora 54 ff.
Adjektiv 119 ff., 208 f.
Adjektiv (als Attribut) 119 f., 232 f., 238 f.
Adjektivadverb 42, 136, 140
adjektivisches Prädikativ 65, 267 f.
Adverb 136 ff., 183 f., 188 f., 190 f., 193, 208 f., 212 f.
Adverb (als Attribut) 136, 232
Adverbialbestimmung 54 ff., 63, 114 f., 212 ff.
Adverbialbestimmung (Stellung) 226 f., 228 f.
Adverbialbestimmung zum Prädikativ 213 f.
adverbialer Akkusativ 124
adverbialer Infinitiv 40 f.
adverbiales Partizip 41
adverbial gebrauchtes Adverb 136, 138 f.
Adverbialsatz 263 f., 266, 268 ff.
adversative Konjunktion 185, 257, 275
adversative Satzverbindung 257
Adversativsatz 275
Affiziertheit (des Objekts) 66
Agens 61 f., 64
Agensorientiertheit 62
Akkusativ 28, 30 f., 113 f.
Akkusativ (als Adverbialbestimmung) 63
Akkusativ (im Funktionsverbgefüge) 32

Akkusativ (des Inhalts) 28, 63, 114
Akkusativobjekt 27 f., 39 f., 63, 66, 113 f., 210, 220
Aktant 31, 249, 251 ff.
Aktionsart 31 f., 34, 52
Aktiv 60 ff., 65 f.
aktuelles Präsens 54
Aktzeit 53 ff., 73 f.
alternative Konjunktion 185
angesprochene Person 18, 95
anstatt daß – Satz 275
Apposition 115, 241 ff.
Apostroph 92
Artikel 144, 148 ff.
Artikel (und Satzgliedstellung) 221
Artikelwort 97 ff., 142 ff., 193, 246
Artikelwörter (Liste) 143 f.
asyndetische Satzverbindung 256
atemporales Präsens 55
Attribut 231 ff.
Attribut (Stellung) 232 ff.
Attribut (bei substantivischen Pronomina) 240 f.
Attribuierung des Adjektivs 232
Attribuierung des Adverbs 232
Attribuierung des Partizips 77, 233
Attribuierungstransformation 208
attributiv gebrauchtes Adjektiv 119, 124 f.
attributiv gebrauchtes Adverb 136, 138
Attributsatz 105, 219, 264, 267, 275 ff.
Aufforderungssatz 75 f., 218, 244, 246 f.
Ausrahmung 219
Ausrufesatz 199, 201 f., 244
Aussagesatz 218, 223, 244
Autosemantika 86 f.

B

berichtete Rede 70
besprochene Person 18
bestimmter Artikel 144, 148 ff.
Betrachtzeit 53 ff.
Bezugsadjektiv 126
Bruchzahl 108, 125, 129, 133 ff.

D

Dativ 28, 30 f., 114
Dativus commodi 79, 114
Dativus possessivus (vgl. possessiver Dativ)
Dativobjekt 39 f., 210 f., 220
Datumsangabe 133
Deklination (des Adjektivs) 119 ff.
Deklination (der Artikelwörter) 144 ff.
Deklination (der Substantive und der anderen Substantivwörter) 88 ff., 95 ff.
Deklination (der substantivisch gebrauchten Adjektive) 93 ff.
Deklinationstypen (des Adjektivs) 120 f.
Deklinationstypen (des Substantivs) 88 ff., 90 ff.
Demonstrativpronomen 87, 92 ff., 104 f., 144 f.
deverbatives Substantiv 108 f.
diminutives Substantiv 109
direkte Rede 56
disjunktive Konjunktion 257
disjunktive Satzverbindung 257
„Distanzierung" (durch Modus) 71
doppelter Akkusativ 30
doppeltes Genus 109 f.
doppelte Negation 199
dreigliedriges Passiv 61
duratives Verb 31 f., 52

E

Eigenname 87, 92 f., 111, 154 ff., 164
„Eindrucksverb" 271
einfache Konjunktion 181 f.
einfaches Verb 38
einfache Zahl 129
eingeleiteter Nebensatz 36, 72, 218, 258 f.
eingliedriges Passiv 61
Einwortsatz 247
e/i-Wechsel (vgl. Wechsel von e zu i)
Elativ (absoluter Superlativ) 123, 137
Emotionalität 192
Endstellung (des finiten Verbs) 217 f., 261
enge Apposition 241 f.
enklitische Intonation 275
Entscheidungsfrage (Satzfrage) 188, 191, 202, 218, 245
Ergänzungsangabe 79, 114 f., 124 f., 214 ff.
Ergänzungsangabe (Stellung) 229 ff.
Ergänzungsfrage (Wortfrage) 96, 188, 218, 245
erlebte Rede 56
Ersatzinfinitiv 37
Ersatzprobe 156, 206
Erweiterung des Attributs 236 ff.
ethischer Dativ 114

F

fakultative Adverbialbestimmung 213
fakultativer Aktant 236, 249, 251 ff.
Farbadjektiv 125
Femininum 106 ff.
Finalbestimmung 214
finale Konjunktion 185, 274
Finalsatz 274
finite Form des Verbs 18 f., 41 f., 36, 39, 41, 207
finites Verb (Stellung) 207, 217 f., 223
formales Objekt (Pronomen *es*) 156, 159 f.
formales Subjekt (Pronomen *es*) 156 ff., 159 f.
formal-reflexives Verb 78 ff.
Frageadverb (vgl. Interrogativadverb)
Fragepronomen (vgl. Interrogativpronomen)
Fragesatz 138, 199, 223, 244 ff.
freie Adverbialbestimmung 40 f., 213
freie Adverbialbestimmung (Stellung) 228 f.
freie Angabe 236, 249
freier Dativ 79, 214, 216
freie Fügung (vgl. verkürzte Partizipialkonstruktion)
Fremdpräfix 83, 198
Fremdwort 38, 89 ff., 109

Fügewort 162 ff., 198
Funktionsglied 162
Funktionsverb, Funktionsverbgefüge 32 ff., 63
Funktionswort 142 ff., 162 ff., 188 ff.
Futur I 18, 57 ff.
Futur II 18, 58 f.

Herkunftsbezeichnung 126 f.
hervorhebende Satzgliedstellung 221 ff.
Hilfsverb 21, 26, 39, 41 f., 43 f., 45 ff., 63
historisches Präsens 55
Höflichkeitsanrede, Höflichkeitsform 69, 95

G

Gattungsname 87, 110
Gattungszahl 129
Generalisierung (beim Artikel) 148, 150 ff.
Genera (des Verbs) 19, 60 ff.
generelles Präsens 55
Genitiv 28, 30, 88 f., 114 f., 233 f.
Genitiv (vorangestellt) 154
Genitivus definitivus 234
Genitivus objectivus 234
Genitivus possessivus 234
Genitivus subjectivus 234
Genitivattribut 209 f., 233 f., 239 f.
Genitivobjekt 124, 210 f.
Genus (Geschlecht) 106 f.
Genus (der Kardinalia) 107
Genus (der Negationswörter) 194
Genus (des Pronomens) 95 ff.
Genus (des Substantivs) 92, 106 ff.
geographische Namen 87, 93, 112, 148, 155
Geschlecht (vgl. Genus)
Gleichheit (im Vergleich) 122, 270 f.
Gleichzeitigkeit (bei Konjunktionen) 186, 268 f.
Gleichzeitigkeit (von Sätzen) 59, 70 f., 73, 265, 268 f.
Gliedteil 115 f., 231
Graduierbarkeit (des Adjektivs) 124 ff.
Graduierbarkeit (des Adverbs) 138 f.
Graduierung (des Adjektivs) 122 ff.
Graduierung (des Adverbs) 136 f.
grammatischer Prädikatsteil 207
grammatischer Prädikatsteil (Stellung) 223 f.
Grundzahl (vgl. Kardinalzahl)

H

Hauptsatz 183 f.
Hauptsatzform 56, 259, 261

I

Identifizierung (beim Artikel) 148 ff.
„Identifizierung" (durch Modus) 71
Imperativ 49, 69 f., 76, 201, 246
Imperativsatz 39, 246
imperfektives Verb (vgl. duratives Verb)
Indefinitnumerale (vgl. unbestimmtes Zahladjektiv)
Indefinitpronomen (unbestimmtes Pronomen) 87, 99 ff., 144 f., 240
Indeterminiertheit (beim Artikel) 150 f.
Indikativ 17 f., 67 f., 70, 73
indirekter Aufforderungssatz 72, 248
indirekter Aussagesatz 72, 247
indirekte Entscheidungsfrage 72, 247
indirekte Ergänzungsfrage 72, 247
indirekter Fragesatz 72, 247
indirekte Rede 48 f., 56, 70 ff., 268
Infinitiv 35 ff., 39 ff., 45 ff., 63, 82, 207 f., 219, 265
Infinitiv (als Attribut) 231 f., 236
infinite Verbformen 19, 35 ff., 218 f.
Infinitivgruppe, Infinitivkonstruktion 260, 263 f.
inneres Objekt 63, 114
instrumentale Konjunktion 186, 270
Instrumentalsatz 270
Interjektion 201 f.
Interrogativadverb (Frageadverb) 138, 246, 258 f.
Interrogativpronomen (Fragepronomen) 87, 96 f., 99, 104 f., 144, 240, 258 f.
interrogative Intonation 223, 245
Intonation 195 ff., 222 f., 244 ff.
intransitives Verb, Intransitivität 27 f., 52, 64
intransitive Verbvariante 52
intransitive Verwendung 51

irrealer Komparativsatz 50, 261
irrealer Konditionalsatz 50, 73 f., 199
irrealer Wunschsatz 75 f., 199

J

Jahreszahl 131 f.

K

Kardinalzahl (Grundzahl) 125, 129 ff., 232
Kasus 112 ff.
Kasusforderung (der Präpositionen) 162 f., 166 f.
Kasusobjekt 211
Kausaladverb 141
Kausalbestimmung 214
kausale Konjunktion 185, 257, 272
kausale Satzverbindung 257
Kausalsatz 272 ff.
Kollektivum (Sammelname) 109 ff., 149
Komparation 122 ff., 136
Komparativ (des Adjektivs) 122 ff.
Komparativ (des Adverbs) 136
Komparativbestimmung 219
komparative Konjunktion 186, 270 f.
Komparativsatz 50, 270 f.
Komparativsatz (mit *als ob*) 72, 271
Konditionalbestimmung 214
konditionale Konjunktion 186, 272 f.
konditionale Partizipialkonstruktion 265
Konditionalsatz 49 f., 73 ff., 259, 261, 272 ff.
Kongruenz (zwischen Artikelwort, Adjektiv und Substantiv) 143
Kongruenz (beim Pronomen *es*) 161
Kongruenz (zwischen Subjekt und finitem Verb) 18, 97
Konjugation (des Verbs) 14 ff., 19 ff.
–, regelmäßige Konjugation 14 ff., 19 ff.
–, unregelmäßige Konjugation 19 ff.
–, Mischtypen 26
Konjunktion 162 f., 181 ff., 185 ff., 189, 193, 256 ff.
Konjunktion (semantische Gruppen) 185 ff.
Konjunktionaladverb 137, 183, 229, 256 ff.

Konjunktionalsatz 258
Konjunktiv 67 ff., 70 ff., 73 f., 75 f.
Konkretum 87
Konsekutivbestimmung 214
konsekutive Konjunktion 186, 258, 273 f.
konsekutive Satzverbindung 258
Konsekutivsatz 74 f., 273 ff.
Kontraststellung 196 f.
Konzessivbestimmung 214
konzessive Konjunktion 186, 258, 273
konzessive Satzverbindung 258
Konzessivsatz 48, 259, 261 f., 273
Koordination von Attributen 238 ff.
Koordination von Sätzen 183 f., 256 ff.
koordinierende Konjunktion 181 f., 183 ff., 185 ff., 256 ff.
Koordinierungstransformation, Konjunktionstransformation 78, 238
kopulative Konjunktion 186, 256 f.
kopulative Satzverbindung 256 f.
Korrelat 37, 105, 156 ff., 182 f., 261, 263, 265 f., 267 ff.
Kurzwort 92

L

Ländername 108, 111 f., 148, 155, 277
Leerstelle 116, 249 ff.
lexikalisch-idiomatischer Prädikatsteil 114, 207 f.
lexikalisch-idiomatischer Prädikatsteil (Stellung) 224
lockere Apposition 241 ff.
Lokaladjektiv 125 f.
Lokaladverb (Ortsadverb) 125 f., 139 ff., 270
Lokalbestimmung 213 f., 229, 270
Lokalsatz 270

M

Maskulinum 106 ff.
Maßangabe 130, 134, 235 f.
mehrteilige Konjunktion 182, 199
Mengenangabe, Mengenbegriff 107, 130 f., 134, 235 f.
merkmalloser Kasus 167, 235 f.
Minutenangabe 132
Mischtypen von regelmäßiger und unregelmäßiger Konjugation 26

Mitteilungsperspektive 34
Mitteilungswert 34, 222
mittelbarer Kontakt 113
Mittelverben (pseudo-transitive Verben) 28, 51, 63
Modaladverb 140 f.
Modalbestimmung 213 f., 229
modale Konjunktion 186, 270 ff.
Modalfaktor 53 ff., 81
Modalsatz 270 ff.
Modalsatz des fehlenden Begleitumstandes 271
Modalsatz der Spezifizierung 272
Modalität 192, 271
Modalverb (modales Hilfsverb) 45, 46 ff., 52, 247
Modalverbverbindung 75 f.
Modalwort 53 ff., 188 f., 190 ff., 193, 201
Modus 19, 67 ff., 70 ff.

N

Nachsatz 159, 261
Nachzeitigkeit (bei Konjunktionen) 187, 269 f.
Nachzeitigkeit (von Sätzen) 60, 70 f., 269 f.
Nebensatz 158, 259 f., 261 ff., 265 ff., 267 ff.
Nebensätze gleichen Grades 183 ff., 262
Nebensätze verschiedenen Grades 262
Nebensatzform 70, 72, 261
Negation 193 ff.
Negation (*kein – nicht*) 197 f.
Negationstransformation 194
Negationswort 193 ff.
Negationswort *nicht* (Stellung) 191, 195 ff.
negativer Konsekutivsatz 274
Nennfall 113
neutrale Satzgliedstellung (Normal-, Nullstellung) 221 f.
„Neutralisierung" (durch Modus) 71
Neutrum 106 ff.
nichtrestriktiver Attributsatz 275 f.
nominaler Rahmen 237 ff.
Nominalisierung, Nominalisierungstransformation 209 ff.
Nominativ 28, 113
Nominativsubjekt 64, 210

Normalstellung 221 f.
notwendige Adverbialbestimmung 213
notwendige Adverbialbestimmung (Stellung) 228
Nullartikel 144, 152 f., 234 f.
Nullstellung (vgl. Normalstellung, neutrale Satzgliedstellung)
Nullsuffix 108
Numerus 18 f., 110 ff.
Numerus (der Pronomina) 95 ff.

O

Objekt 63, 77 ff., 82, 113 ff., 124 f., 210 ff., 213
Objekt (Stellung) 226 f.
Objekt zum finiten Verb 113 ff., 210 ff., 226 f.
Objekt zum Prädikativ 114 f., 212, 227
objektiv-reale Zeit 53 f., 59
Objektsakkusativ 124
Objektsdativ 124 f.
Objektsprädikativ 114 f., 209
Objektsprädikativ (Stellung) 225
Objektsatz 158 f., 259, 261, 263, 266 ff.
obligatorische Adverbialbestimmung 125, 213
obligatorischer Aktant 236, 249, 251 ff.
ohne daß – Satz 75
Ordinalzahl (Ordnungszahl) 127, 129, 132 f., 164
Ortsadverb (vgl. Lokaladverb)
Ortsname 111, 149, 155, 277
Ortsveränderung 52

P

Parenthese-Intonation 276
partielle Negation (vgl. Sondernegation)
Partikel 183 f., 188 ff.
Partizip 37 ff., 41 ff., 44 ff., 82, 207, 247, 265
Partizip (als Attribut) 41 f., 233
Partizipialgruppe, Partizipialkonstruktion 260, 264 f.
Passiv 33, 60 ff.
Passivtransformation 27 f., 61 ff., 66, 209 ff.

Sachregister **283**

Passivumschreibung (Konkurrenz-
 formen des Passivs) 33f., 81
Perfekt 18, 56f., 59, 65f.
perfektives Verb 32, 52, 55
Person 18f.
Personalendung (des Verbs) 17f.
Personalpronomen 72, 87, 95f.,
 104f., 212, 240
Personenname 92, 94, 111, 148f.,
 155, 242
persönliches Verb 27
persönliches Vorgangspassiv 61
Perspektive (des Sprechers) 53ff.,
 56
Platzhalter (vgl. auch Korrelat) 156ff.
Plural 18, 89ff., 92, 110ff.
Pluralbildung 89ff., 92
Pluralfähigkeit 86
Pluralitantum 86, 112
Plusquamperfekt 18, 57, 59
Positiv (des Adjektivs) 122f.
possessiver Dativ (Dativus possessivus) 79, 114, 216
possessiver Dativ (Stellung) 229
possessives Relativpronomen 276
Possessivpronomen 72, 87, 102f.,
 144f., 210
potentieller Konditionalsatz 73f.
potentielles Prädikat 231
Prädikat 26, 207ff., 223ff.
Prädikation 188f., 195, 231ff.
Prädikativ 28, 65, 113ff., 208f., 267f.
Prädikativ (Stellung) 224f.
prädikatives Attribut 116, 215f.
prädikatives Attribut (Stellung) 229
prädikativ gebrauchtes Adjektiv
 (prädikatives Adjektiv) 119, 124ff.
prädikativ gebrauchtes Adverb 136,
 138
Prädikatsteil 207f., 218
Präfix (des Adjektivs) 198
Präfix (des Substantivs) 90, 198
Präfix (des Verbs), Präfigierung 38,
 167, 208
Präposition 64, 112, 162f., 164ff.,
 212f., 168ff.
Präposition (alphabetische Liste)
Präpositionalgruppe 64, 212f., 219
Präpositionalgruppe (im Funktionsverbgefüge) 32
Präpositionalkasus 29ff., 112f.,
 115ff., 125, 221, 235, 267f.
Präpositionalkasus mit *von* (Ersatz-
 form für Genitiv) 168, 235

Präpositionalobjekt 209, 210ff.
präpositionales Attribut 211, 234,
 239f.
Präsens 17, 54f., 59
Präteritum 17f., 19f., 55f., 59
Pronomen 86ff., 95ff., 221f.
Pronomen (Mitteilungswert und Satz-
 verflechtung) 221f.
Pronomen *es* 156ff.
Pronominaladverb 87, 104f., 211f.,
 267f., 277
Pronominalisierung 32
Pronominalverschiebung 70, 72
proportionale Konjunktion 186, 271f.
Proportionalsatz 271f.
Prowort 87, 105, 156f.
Prozessualität 62, 82

Q

qualitatives Adjektiv 124ff.

R

Rahmen 34, 142, 166, 219
realer Konditionalsatz 73f.
redeeinleitendes Verb, Redeeinleitung
 70ff.
reduzierter Satz 247, 260
reflexives Verb 31, 40, 52, 63f., 76f.,
 78f.
(formal-)reflexive Verbvariante 78,
 80
Reflexivkonstruktion 77ff., 80ff.,
 160
Reflexivpronomen 76ff., 207, 223f.
Reflexivpronomen (im Akkusativ)
 78ff.
Reflexivpronomen (im Dativ) 79f.
Reflexivpronomen (im Präpositionalkasus) 79f.
regelmäßiges Verb 14ff., 17f., 19ff.
reiner Kasus 112ff., 221, 267f.
Rektion (der Adjektive) 127ff.
Rektion (der Präpositionen) 166f.
Rektion (der Substantive) 116ff.
Rektion (der Verben) 28ff.
relative Tempora 59f.
Relativadverb 258, 277
relative Zeit 140, 265, 268
relatives Possessivpronomen (vgl.
 possessives Relativpronomen)

Relativpronomen 87, 103 ff., 258, 276 f.
Relativsatz 99, 258, 264, 275 ff.
restriktiver Attributsatz 275
restriktive Konjunktion 186, 257, 272
restriktive Satzverbindung 257
Restriktivsatz 272
reziprokes Verb 31, 81
Reziprokpronomen 81
Richtungsadverb 139, 141

S

Sammelname (vgl. auch Kollektivum) 87, 110 f.
Sammelzahl 129
Satzart 72, 244 ff.
Satzäquivalent 193, 201 ff.
Satzfrage (vgl. Entscheidungsfrage)
Satzgefüge 258 ff.
Satzglied 113 ff., 183 ff., 189, 206 ff., 220, 231
Satzgliedstellung 217 ff., 223 ff.
Satzmodell 249 ff., 251 ff.
Satznegation (totale Negation) 193 f., 195 ff.
Satzperiode 260
Satzverbindung 256 ff.
Satzverflechtung 222
Schaltsatz 259
semantisch-reflexives Verb 77 ff., 81
Sexus (natürliches Geschlecht) 106
Singular 18, 110 ff.
Singularfähigkeit 86
Singularitantum 86, 110 ff.
Sondernegation (partielle Negation) 193 f., 195 ff.
spezifizierende Konjunktion 186, 272 [261
Spitzenstellung (des Verbs) 217 f.,
sprechende Person 18, 95
Sprecherintention 71, 217, 221 ff., 244 ff.
Sprechhaltung 54 ff.
Sprechzeit 53 ff.
Stammvokal (Wechsel des Stammvokals) 19 f., 38
Steigerungsstufe 122
Stellungsglied 162, 206
Stellungstyp 217 ff.
Stoffadjektiv 126
Stoffname 87, 110, 130, 152, 197

Stundenangabe 132
Subjekt
–, logisches Subjekt 27, 36 f., 39 f., 64, 81 f., 158
–, syntaktisches Subjekt 27, 36 f., 61, 81 f., 113, 157, 209 f.
–, syntaktisches Subjekt (Stellung) 220, 225
Subjektsnominativ 27 f.
Subjektsprädikativ 113, 115, 208 f.
Subjektsprädikativ (Stellung) 224 f.
Subjektsatz 158 f., 263, 266 ff.
Subordination von Attributen (subordinative Verbindung) 238 ff.
Subordination von Sätzen 258 ff.
subordinierende Konjunktion 181 ff., 185 ff., 258
Substantiv 86 f., 88 ff., 208 ff.
Substantiv (Kategorien) 106 ff.
Substantivierung 88, 93, 131
substantivierter Infinitiv 109, 157, 164
substantivischer Gebrauch (von Adjektiv und Partizip) 93 ff.
substantivischer Gebrauch (der Kardinalzahlen) 107, 131
substantivisches Prädikativ 267
substantivisches Pronomen 86 ff., 95 ff., 193, 209 f., 240 f., 243
Substantivwort 86 ff., 194
Suffix (des Adjektivs) 122
Suffix (des Substantivs) 108 f.
Suffix (des Verbs) 19
Suffix (bei Bruchzahl) 134
Suffix (bei Ordinalzahl) 133
Superlativ (des Adjektivs) 122 ff., 164
Superlativ (des Adverbs) 136 f.
syndetische Satzverbindung 256
Synsemantika 87

T

Temporaladjektiv 126 f.
Temporaladverb 126 f., 140
Temporalangabe, Temporalbestimmung 54 ff., 213 f.
temporale Konjunktion 186
Temporalsatz 268 ff.
Tempus 19, 51 ff., 59 f.
terminale Intonation 244 ff.
totale Negation (vgl. Satznegation)
transitives Verb, Transitivität 27 f., 51 f.

transitive Verbvariante 52
trennbare Verben (Verbteile) 36, 38, 82 ff.

U

Umlaut (i-Umlaut) 20, 68 f., 90 f., 122
Umstandsobjekt 114
Umstellprobe 206
unbestimmter Artikel 144 f., 150 f.
unbestimmte Gattungszahl 129
unbestimmtes Zahladjektiv 125, 129, 135
unbestimmt-persönliches Pronomen *man* 75, 81, 101
uneingeleiteter Nebensatz 72, 218, 259
Ungleichheit (im Vergleich) 122, 271
unmittelbarer Kontakt 113
unpersönliches Pronomen *es* 27, 61, 156 ff.
unpersönliches Verb 27, 52
unregelmäßiges Verb 19 ff.
unregelmäßige Verben (besondere Gruppen) 20
unregelmäßige Verben (alphabetische Liste) 21 ff.
untrennbare Verben (Verbteile) 38, 83

V

Valenz 28, 31, 141, 206, 220, 236 f., 249 ff.
Valenz (des Adjektivs und Partizips) 236 f.
valenzgebundene Adverbialbestimmung 141
Verb 14 ff.
Verb (Einteilung der Verben) 19 ff.
Verb mit trennbarem Glied 82 ff.
Verbalabstraktum 157
Verbvariante (homonyme) 26
Verbvariante (reflexive) 80
verbaler Rahmen 219
Verbindung von Attributen 238 ff.
Verbnähe 220
Vergangenheitsform (mit *haben* oder *sein*) 51 f.
verkürzte Partizipialkonstruktion (freie Fügung) 265
Vermutung 46 ff., 51, 53 f.

verneinte Gleichheit (im Vergleich) 271
Verneinung (vgl. Negation)
Verschmelzung von Präposition und Artikel (vgl. Zusammenziehung)
vertrauliche Form 69, 95
Vervielfältigungszahl 129
Vokalwechsel 19 f.
Vokativ 113
Vollverb 26, 39 ff., 267 ff.
vorausweisendes Demonstrativpronomen 99
Vordersatz 159, 261
Vorerwähntheit 87, 98, 100
Vorgangspassiv 35, 46, 60 ff., 62 ff.
Vorzeitigkeit (bei Konjunktionen) 187, 269
Vorzeitigkeit (von Sätzen) 42, 59, 70 f., 265, 269

W

Wechsel von *e* zu *i* 20, 69
weiterführender Nebensatz 105, 266, 275
Wiederholung 140, 269
Wiederholungszahl 129
Wortarten 5
Wortfrage (vgl. Ergänzungsfrage)
Wortstellung (im Hauptsatz) 262
Wortklassen 5, 193
Wortstellungstransformation 238, 245
Wunschsatz 76
würde-Form 68 f.
w-Wort, *w*-Fragewort 245 f., 258 f.

Z

Zahladjektiv 129 ff., 154
Zahlenverbindung 129 f., 133 f.
Zeitangabe 149, 153
Zeitdauer 140, 268
Zeitpunkt 140, 269
Zeitungstitel 149, 155
zurückweisendes Demonstrativpronomen 98 f., 240
zusammengesetzte Konjunktion 183
zusammengesetzter Satz 256 ff.
zusammengesetzte Tempusform 36, 68
zusammengesetztes Verb 38, 82, 84 f.
zusammengesetzte Zahl 129, 134

zusammengezogener Satz 184, 260
Zusammensetzung 89, 110, 130
Zusammenziehung (von Artikel und Präposition) 163 f.
Zustandspassiv 35, 46, 60 ff., 64 ff., 81 f.
Zustandsreflexiv 46, 64 f., 77, 81 f.
zweigliedriges Passiv 61
Zweitstellung (des finiten Verbs) 206, 217 f., 261
Zwillingsformeln 154, 167
Zwischensatz 261

Wortregister

ab   164, 168 f.
aber   182, 184 f., 186, 189 f., 257
alle   100, 120, 143 f., 146 f.
allein   182, 184 f., 189, 257
aller-   124, 137
allerdings   137, 192
allzu   123
als   122, 152, 163 f., 167, 182, 186 f., 197, 219, 269, 271
als daß   74 f., 182, 185 f., 199, 264, 274
als (ob)   72 f., 182, 186, 261, 271
als wenn   182, 186
also   189, 258
an   122, 127, 136, 163, 165 f., 169
ander   121, 135
anders   138, 200, 271
andernfalls   257
angeblich   192
anscheinend   192
anstatt, vgl. *statt*
auch   189 f., 256, 259, 262, 273
auf   127, 137, 163, 165 f., 169 f.
auffallen   52
augenscheinlich   192
aus   127, 166, 170 f.
außer daß   182, 185 f.
außer um ... zu   185 f.
außer wenn   186, 272
außerdem   137, 256
außerhalb   166
aussehen   271

backen   21
bald   137, 139
bedauerlicherweise   192
befehlen   21
beginnen   21
begreiflicherweise   192

bei   128, 163, 166, 171
bei weitem   124
beide   121, 129, 154
beinahe   189
beispielsweise   190
beißen   21
bekommen   33, 63
bereits   190
bergen   21
bersten   21
besitzen   63
besonders   123, 190
bestimmt   192
bevor   182, 187, 270
bewegen   21, 26
bezeichnen   209
beziehungsweise (bzw.)   182 f., 185
biegen   22
bieten   22
binden   22
binnen   166
bis   163 f., 166, 171 f., 187, 269
(ein) bißchen   125, 135
bitte   202 f.
bitten   22
blasen   22
bleiben   22, 36, 41, 44, 52, 97, 153, 157, 160
bleichen   22
bloß   189 f.
braten   22
brauchen   37, 45
brechen   22
brennen   20, 22
bringen   21 f., 32

da   185, 272
da-/dar-   87, 104 f.

dagegen 257
daher 137, 258
damit 182, 185, 264, 274
damit...daß 186, 270, 272
danke 202 f.
darum 258
das 104, 158 f., 266 ff.
das heißt (d. h.) 182 f.
daß 72, 182, 185, 247 f., 265 ff.
dein 102 f., 121
demnach 137, 258
denken 21 f.
denn 182 f., 185, 189 f., 257
der 98 f., 103 ff., 120, 143 f., 148 ff., 152, 155 f., 163 f., 276 f.
der gleiche 99
deren, vgl. *dessen*
derjenige 98 f., 120, 143 ff., 240, 267, 275
derselbe 99, 120, 143 ff.
deshalb 137, 258
dessen 121, 144 ff., 276
dessenungeachtet 258
deswegen 137, 258
dies 98
dieser 98 f., 120, 143 f., 146, 276
diesseits 166
dingen 22
doch 76, 182 f., 185, 189 f., 202, 245, 257, 273
doch eben 190
drei 131
dreschen 22
dringen 22
drohen 45
du 18, 69, 95, 246
durch 64, 163, 166, 172, 209
durch- 38, 84
durchaus 190
dürfen 22, 36 f., 43, 45 ff., 51, 76

eben 189 f.
ebenfalls 257
ebenso 122, 138, 257
ehe 182, 185, 187, 270
eigentlich 192
ein 120, 130, 134, 143 ff., 150 ff., 155
einander 81
einerseits...andererseits 257
einige 86, 100, 121, 143 f., 146 f.
einzeln 135
empfangen 22
empfehlen 22

empfinden 22
entgegen 165 f.
enthalten 28, 63
entlang 165, 167, 172 f.
entweder...oder 182, 185, 257
er 18, 96, 157
erfahren 33
erhalten 33, 63
erlöschen 22
erschrecken 22, 26
erst 189 f.
erstaunlicherweise 192
erstens...zweitens 257
erteilen 33
es 18, 27, 61, 96, 104 f., 154, 156 ff., 250, 266 ff.
essen 22
etliche 121, 143 f., 146 f.
etwa 189 f.
etwas 86, 100, 102, 135, 154, 190
euer 102 f., 121

fahren 22
fallen 22
falls 182, 186, 272
fangen 22
fast 189
fechten 22
ferner 256 f.
finden 22, 33, 36, 209
flechten 22
fliegen 22, 52
fliehen 22
fließen 22
folgend 121, 135
folglich 137, 258
fragen 22
freilich 192, 257
fressen 22
frieren 22
fühlen 37
führen 33
für 128, 163 f., 166, 173, 215

ganz 134, 189 f.
ganz und gar 190
gar 190
gären 22, 26
ge- 38 f., 82
gebären 22
geben 22, 33, 63
gedeihen 22

Wortregister **289**

gegen 128, 166, 173
gegenüber 165 f., 173 f.
gehen 20, 22
gelingen 22
gelten 22, 63
gemäß 165 f.
genauso 122
genesen 23
genießen 23
gerade 189 f.
geradezu 190
geraten 23
gern 137, 139
geschehen 23, 52
gewinnen 23
gewiß 192
gießen 23
gleichen 23
gleichfalls 257
gleichwohl 258
gleiten 23
glimmen 23
glücklicherweise 192
gottlob 192
graben 23
greifen 23
gut 123

haben 18, 23, 35 f., 42 f., 45 f., 51 f., 63, 68, 71, 77, 153
halb 134
halber 165 f.
halten 23, 209
hängen 23
hauen 23, 26
heben 23
heißen 23, 36 f.
helfen 23, 36
her 139 f.
hier- 104
hin 139 f.
hingegen 257
hinter 163, 166, 174
hinter- 38, 84
hoch 122 f.
höchst 123, 190
hoffentlich 192
hören 37

ich 18, 95
ihr 18, 69, 95, 102 f., 121, 246
Ihr 102 f.

immer 190, 273
in 128, 163, 165 f., 174 f., 277
indem 182, 186, 270
indessen 257
infolge 166
infolgedessen 258
inmitten 166
insofern 137, 186, 272
insoweit 186
irgendein/irgendwelche 100, 120, 143 ff., 147
irgend etwas, vgl. *etwas*
irgend jemand, vgl. *jemand*
irgendwer 100 f.

ja 189 f., 202, 245
je 166, 186
je...desto/umso 182, 186, 271
je nachdem 186, 271
jeder 100, 120, 143 ff.
jedoch 182, 184 f., 257
jemand 100 f., 154
jener 98 f., 120, 143 f., 146, 276
jenseits 166

kaum 112, 200
kaum daß 187
kein 100, 121, 144 ff., 147, 193 f., 197 f.
kein...mehr 200
keinesfalls 192 ff.
keineswegs 192 ff.
kennen 20, 23
klimmen 23
klingen 23
kneifen 23
kommen 23, 33
können 23, 36 f., 43, 45, 47, 51
kosten 63
kraft 166
kriechen 23

laden 23
längs 166
lassen 23, 36, 37
laufen 23
laut 166
legen 36
lehren 36
leiden 23
leider 192
leihen 23

leisten 33
lernen 36
lesen 23
lieber 192
liegen 23
lügen 23

machen 33, 36
mahlen 23, 26
mal 190
man 81, 86, 100 f., 240, 263 f.
mancher/manch ein 100, 120, 143 ff., 147
mehr 146
mehrere 86, 100, 121, 143 f., 146 f.
meiden 23
mein 102 f., 121, 144 ff., 147
melken 23, 26
messen 23
miß- 198
mißlingen 23
mit 64, 128, 166, 175
mithin 137, 258
mitnichten 192
mitsamt, vgl. *samt*
mittels 166
mögen 23, 36 f., 44 f., 47 f., 51, 72, 248, 273
möglicherweise 192
müssen 23, 36 f., 44 f., 48, 51, 76
mutmaßlich 192

nach 128, 164 f., 175 f.
nachdem 187, 269
nahe 122 f.
nahezu 189
nämlich 137, 257
natürlich 192
neben 166, 176
nehmen 23, 33, 198
nein 193, 202, 245
nennen 20, 23, 209
nicht 190 f., 193, 195 ff.
nicht eben 190
nicht einmal 190, 200
nicht gerade 190
nicht mehr 200
nicht nur... sondern auch 182, 199, 256 f.
nichts 86, 100, 102, 154, 193 f., 200
nichtsdestoweniger 258
nie 193 f.

niemals 193 f.
niemand 100 f., 154, 193 f.
nirgends 193 f.
nirgendwo 193 f.
nirgendwoher 193 ff.
nirgendwohin 193 ff.
noch 189 f.
noch nicht 200
Nullartikel 121, 143 f., 152 ff., 234 f., 242
nun 189
nur 76, 189 f., 257
nur daß 186, 272

ob 72, 247, 266 ff.
ob... oder (ob) 186
oberhalb 166
obgleich 182, 273
obwohl 182, 186, 273
oder 182 f., 185, 257
offenbar 192
offenkundig 192
offensichtlich 192
oft 137, 139
ohne 166, 176, 199
ohne daß 75, 182, 186, 198, 263 f., 271, 274
ohne... zu 36, 40 f., 186, 198, 263 f.

(ein) paar 125, 135
paddeln 52
passieren 52
per 166
pfeifen 23
pflegen 23, 45
preisen 23
pro 166

quellen 23

raten 23
recht 190
reiben 24
reißen 24
reiten 24, 52
rennen 20, 24
riechen 24
ringen 24
rinnen 24
rudern 52
rufen 24

salzen 24
(mit)samt 166
sämtlich 121, 135, 154
saufen 24
saugen 24
schaffen 24, 26
schallen 24
scheiden 24
scheinbar 192
scheinen 24, 45, 271
scheißen 24
schelten 24
scheren 24
schicken 36
schieben 24
schießen 24
schinden 24
schlafen 24
schlagen 24
schleichen 24
schleifen 24
schleißen 24
schließen 24
schlingen 24
schmeißen 24
schmelzen 24
schnauben 24
schneiden 24
schon 189 f.
schreiben 24
schreien 24
schreiten 24
schweigen 24
schwellen 24
schwerlich 192
schwimmen 24, 52
schwinden 24
schwingen 24
schwören 24
sehen 24, 37
sehr 123, 190
sein (Pronomen) 102 f., 121
sein (Verb) 18, 20, 24, 35, 36, 41 ff., 51 f., 60, 68, 70, 77, 82, 97, 151 ff., 157, 159 f., 208, 267
seit(dem) 163 f., 166, 177, 186 f., 268 f.
seitens 166
selbst 189 f.
selbstredend 192
selbstverständlich 192
senden 20 f., 24
setzen 33
sich 76 ff., 207, 223 f., 250
sicher 192

sicherlich 192
sie 18, 96, 157
Sie 69, 95, 246, 276
sieden 25
singen 25
sinken 25
sinnen 25
sitzen 25
so 122, 190
so(...)daß 74 f., 182, 186, 264, 274
sobald 182, 187, 269
sofern 186, 272
sogar 190, 200, 257
solange 186, 268
(ein) solcher/solch ein 98 ff., 120, 143 ff.
sollen 25, 36 f., 44 f., 48 f., 51, 72, 76, 248, 273
somit 258
sondern 182, 185, 257
sonst 137, 257
sooft 187, 269
soviel 186, 272
soweit 186, 270
sowie 186 f., 269
sowohl...als auch 256 f.
spalten 25 f.
speien 25
spinnen 25
sprechen 25
sprießen 25
springen 25
spüren 37
(an)statt 166, 177
(an)statt daß 182, 185, 198, 264, 275
(an)statt...zu 36, 40 f., 185, 198, 264
stechen 25
stecken 25 f.
stehen 20, 25
stehlen 25
steigen 25
stellen 34
sterben 25
stieben 25
stinken 25
stoßen 25
streichen 25
streiten 25

tatsächlich 192
teils...teils 257
tragen 25
treffen 25, 34

treiben 25
treten 25
triefen 25
trinken 25
trotz 166, 177
trotzdem 137, 186, 258, 273
trügen 25
tun 20, 25, 35, 271

über 128, 163, 166, 177
über- 38, 84
überaus 123, 190
überdies 257
überhaupt 190
übrig 135
um 128, 163, 166, 177 f.
um- 38, 84
um so...als 185, 272
um...willen 165 f.
um...zu 36, 40 f., 185, 264
umfassen 63
unbedingt 192
und 130, 182 f., 186, 256
und zwar 257
unfern 166
ungeachtet 165 f.
unglücklicherweise 192
unser 102 f., 121
unstreitig 192
unter 163, 166, 178
unter- 38, 84
unterhalb 166
unweit 166
unzweifelhaft 192

verderben 25
verdrießen 25
vergessen 25
verlieren 25
verlöschen 25
vermutlich 192
verschieden 121
versprechen 45
verstehen 45
viel 121, 123, 135, 137, 139, 146, 154, 190
vielleicht 192
vielmehr 257
voll- 38
von 64, 128, 163 f., 166, 168, 179, 209, 235 f., 240
vor 128, 163, 166, 179 f.

vorgeblich 192
vorher 140
vorhin 140
vorkommen 52

wachsen 25
wägen 25
während 163, 166, 180, 182, 185, 187, 268, 275
wahrhaftig 192
wahrlich 192
wahrscheinlich 192
wann 138, 140, 246
warum 138, 141, 246
was 86, 96 f., 103 ff., 245, 275 ff.
was für ein/welche 96 f., 246
waschen 25
weben 25
weder...noch 193, 256 f.
wegen 165, 180
weichen 25
weil 182, 185, 272
weisen 25
weit(aus) 124, 190
welcher/welch ein 96 f., 103, 120, 144 ff., 246, 276
wenden 20 f., 25
wenig 121, 135, 139, 154
wenn 73 f., 76, 182, 186 f., 269, 272
wenn...auch 182, 186, 273
wer 86, 96 f., 99, 103, 245, 267, 276 f.
werben 25
werden 18, 25, 35 f., 41 ff., 46, 51, 60, 68, 96, 152, 154, 157, 159 f., 267
werfen 25
weshalb 141
wessen 96, 144, 245
wider 166
wie 122, 138, 140, 163, 167, 186 f., 219, 246, 270 f.
wie auch 186, 273
wie wenn 186
wiegen 25, 63
wieviel 138
winden 26
wir 18, 95
wirken 271
wirklich 192
wissen 21, 26, 45
wo 138 f., 246, 270, 277
wo-/wor- 87, 104 f., 246, 275, 277
wohl 192
wohl...aber 257

Wortregister 293

wollen 26, 36 f., 44 f., 49 f., 51
womöglich 192
wringen 26
würde 68 f., 71, 73

zeihen 26
ziehen 26
ziemlich 189
zu 36 f., 39 f., 63, 82, 123, 128, 163, 166, 180 f., 190, 219, 236
zudem 257
zufolge 165
zugunsten 166
zuliebe 165 f.
zumal 185, 190, 272
zwar...(aber) 189 f., 257
zwei 131, 134
zweifellos 192
zweifelsohne 192
zwingen 26
zwischen 166, 181